数字平台的竞争新格局：跨界竞争、数据参与及治理对策

荆文君　著

中国财经出版传媒集团
中国财政经济出版社
·北京·

图书在版编目（CIP）数据

数字平台的竞争新格局：跨界竞争、数据参与及治理对策／荆文君著．--北京：中国财政经济出版社，2025.3．--ISBN 978-7-5223-3691-6

Ⅰ．F492.3

中国国家版本馆 CIP 数据核字第 2025KL1996 号

责任编辑：彭　波　　　　责任校对：张　凡
封面设计：孙俪铭　　　　责任印制：史大鹏

数字平台的竞争新格局：跨界竞争、数据参与及治理对策
SHUZI PINGTAI DE JINGZHENG XINGEJU：KUAJIE JINGZHENG、
SHUJU CANYU JI ZHILI DUICE

中国财政经济出版社 出版
URL：http：//www.cfeph.cn
E-mail：cfeph@cfeph.cn

社址：北京市海淀区阜成路甲 28 号　邮政编码：100142
营销中心电话：010-88191522
天猫网店：中国财政经济出版社旗舰店
网址：https：//zgczjjcbs.tmall.com
涿州汇美亿浓印刷有限公司印刷　各地新华书店经销
成品尺寸：170mm×240mm　16 开　13.75 印张　209 000 字
2025 年 3 月第 1 版　2025 年 3 月河北第 1 次印刷
定价：68.00 元
ISBN 978-7-5223-3691-6
（图书出现印装问题，本社负责调换，电话：010-88190548）
本社图书质量投诉电话：010-88190744
打击盗版举报热线：010-88191661　QQ：2242791300

前　言

平台经济是以互联网平台为主要载体，以数据为关键生产要素，以新一代信息技术为核心驱动力、以网络信息基础设施为重要支撑的新型经济形态。近年来我国平台经济快速发展，在经济社会发展全局中的地位和作用日益凸显。伴随着大型平台企业的出现，平台之间的竞争格局也进入了“2.0 时代”。2023 年 4 月召开的中共中央政治局会议指出，要推动平台企业规范健康发展，鼓励头部平台企业探索创新。明确当前平台经济发展中呈现的新型产业组织形态，提出相应的治理创新方向，是助力平台经济持续健康发展，充分发挥其在经济社会中积极作用的重要前提。

本书是一部来自现实问题的研究成果。本书重点介绍了平台竞争新格局的两个重要方向——“平台跨界”与“数据参与”。其中，“平台跨界”是近年来兴起的现象，它将平台竞争的范围从单一领域扩展到了多元化领域；“数据参与”下的平台竞争，是从新资源、新要素的视角，分析平台之间竞争机制的变化。

具体而言，本书由三个部分组成。第一篇以平台企业的跨界经营行为为重点，重点讨论了跨界竞争中巨头平台企业的竞争优势如何维持，市场势力是否会跨界传导等问题；第二篇分析数据参与下的平台竞争新场景，通过与经典双边平台模型进行对比，明确了数据在平台竞争中的作用，与已有研究形成了学术对话；第三篇是针对平台竞争新场景治理模式选择的探索，不仅包括结构层面的理论回溯，也包括行为层面的治理有效性探索，最终提出了一种较为新颖的治理方式——“威慑式治理”。

尽管作者在写作时力求严谨，但难免有所疏漏，加之数字经济的发展日新月异，书中定会有遗憾之处。希望本书能引起诸位读者的有益思考，更欢迎大家批评指正。

荆文君

2024 年 8 月

目　录

第一篇　平台跨界篇

第二篇　数据参与篇

第三篇 治理回应篇

第一篇

平台跨界篇

第 1 章　平台跨界的问题来源

1.1　研究背景与研究意义

1.1.1　研究背景

平台经济作为数字经济时代生产力新的组织方式，正在深刻改变人们的生产生活方式，其不仅是实现高质量发展的重要引擎，也是抢占数字经济的制高点和打造国际竞争力的重要抓手，更是培育新质生产力、实现中国式现代化的重要力量。2023 年 7 月 12 日，中共中央政治局常委、国务院总理李强在北京主持召开平台企业座谈会。李强总理在座谈会上表示，希望广大平台企业坚定信心向前看、练好“内功”加油干，努力破解“成长的烦恼”，在引领发展、创造就业、国际竞争中大显身手。当前，我国平台经济已经跨越过原始积累阶段，涌现出一批巨头平台企业，由此带来了滥用市场支配地位、排除限制竞争等产业组织问题，这不仅制约了平台经济对经济发展的积极作用，也暴露出当前治理体系中的政策缺位。2022 年 1 月 16 日，《求是》杂志发表习近平总书记的重要文章《不断做强做优做大我国数字经济》，针对目前数字经济发展中“不健康、不规范的苗头和趋势”，提出“规范数字经济发展”“防止平台垄断和资本无序扩张，依法查处垄断和不正当竞争行为”等重要指示。如何建立“既能激发活力又能保障安全的平台经济治理体系”①，需要对平台市场的产业组织属性有更为全面且深刻的理解。

---

① 何立峰，《国务院关于数字经济发展情况的报告——2022 年 10 月 28 日在第十三届全国人民代表大会常务委员会第三十七次会议上》。

诸多研究已将视野集中在平台经济中的产业组织问题。典型地，法国图卢兹学派认为平台经济领域的垄断或寡头化市场结构来源于网络外部性、双边市场等因素带来的锁定效应（Lock - in Effect，Evans & Shmalensee，2002；Armstrong，2006），相应的解释也得到了学界的广泛承认。但不可否认，平台经济的实践发展速度远高于理论演进速度。当学界把视野集中于某一领域的平台竞争时，巨头平台企业已经开始以打造商业生态系统（Business Ecosystem）为名，积极跨界经营，扩展业务范围。如百度、阿里巴巴、腾讯等大型平台企业，均在其主营业务之外，开始涉足文娱传媒、金融、教育等领域。基于消费者的协同效应，生态系统可能会提高产品或服务对消费者的价值，改进消费者福利。但是，一系列诸如平台包络（Platform Envelopment）、自我优待（Self - preferencing）、猎杀式并购（Killer Acquisitions）、收雇（Acqhired）等新型竞争行为，却具有明显的排他性。

值得注意的是，由于上述具有反竞争效应的行为是可见的。因此，总有办法对此予以规制，然而，相较于行为上的“可见性”，数字平台跨界的弊端却在结构上呈现出一定的“隐蔽性”。显著的网络外部性使大型平台企业具有了网络价值上的绝对优势。一方面，依靠其在主营业务领域积累起来的用户、资金、技术、数据等优势，发挥杠杆效应进入其他市场相对容易；另一方面，大型平台企业的竞争优势可能会通过提供接口、引导用户等方式传递到目标业务领域，有提高市场进入门槛、侵占中小企业生存空间、使垄断范围从“局部”向“全局”转化之嫌。遗憾的是，在以相关市场界定为前提的现行反垄断框架与经济学分析范式下，上述内容不仅难以被察觉，也缺乏分析工具。这迫使我们关注如下核心问题：数字巨头平台企业是否在其主营业务之外也具有潜在的竞争优势或垄断趋势？这是否会产生消极的经济后果？从更广泛的范围来看，平台跨界扩张将产生怎样的产业组织结构？上述问题既是规范平台经济发展中的重要内容，也是当前平台经济领域反垄断实践中的缺失环节。

尽管实践中问题已经凸显，但数字平台跨界扩张行为中存在着的主营业务领域与目标业务领域之间的动态关联，以及当前学界对跨界行为的经济后果关注不足，造成了传统理论的解释乏力与现有研究的相对滞后，无法很好地破解现实困境。一个核心问题是，平台跨界扩张产生的竞争效应缺乏理论归属——“竞争”在经济学中的范围往往存在于同质产品或服务之间，进而，产业组织理论中的各种解释范式都是基于这一基本框架进行的，对于因跨界产生的异质问题鲜有涉及，仅有一些研究从平台包络（Eisenmann et al.，2011；张小宁，2014；Choi & Jeon，2016）、整合战略（Levina & Vaast，2005；赵艺璇等，2022；王京，2021；李元旭和胡亚飞，2021）、大型平台资本运作（夏德建等，2020；华忆昕等，2020）、跨界与创新的关系（董媛媛和魏泽鹏，2021；郑小碧和孙晓雨，2021）、战略联盟的跨界合作（Chen et al.，2019）等角度，考察了平台跨界行为上的特性；但对在产业组织层面一般规律的关注与提炼不足，阻碍了对跨界行为背后竞争效应的深入理解。鉴于此，本研究针对以下问题展开：数字平台的跨界扩张行为将产生怎样的竞争结构？以及这种新型竞争结构又会导致怎样的经济后果？

可见，对平台经济中新现象的系统性解读与分析，既需要理论创新，又需要与经典理论形成衔接。鉴于此，本篇从产业组织的视角讨论平台企业跨界行为与由此形成的竞争关系，从以下三个方面展开：一是在对数字平台跨界扩张典型事实的梳理的基础上，分析平台企业跨界行为的动机，证明平台跨界的基本动因和新型竞争关系形成的必然性；二是引入“竞争—生态位—资源”分析框架，分析头部企业在跨界中是否能维持竞争优势，形成跨界产生的竞争关系初步认识；三是借助新实证产业组织理论（New Empirical Industrial Organization，NEIO），实际测度平台跨界下产生的市场势力变动，既为前文分析提供新的经验证据，又能直观反映平台跨界的经济后果。

1.1.2 研究意义

1. 理论意义

本部分研究的理论意义包括两方面。

第一，构造了平台跨界扩张行为到竞争关系的分析框架，为传统产业组织理论提供了新的应用场景。紧跟数字平台跨界扩张的发展实践，梳理该行为产生的竞争效应与一般规律。通过搭建企业跨界行为与市场竞争关系的逻辑链条，形成了跨界竞争的分析框架，既突破了传统分析中的业务界线桎梏，又与传统理论一脉相承，为平台经济领域竞争与垄断问题提供更全面的认识，也为后续研究奠定扎实的研究基础。

第二，以新实证产业组织（NEIO）理论为基础，实际测度了平台跨界背景下的市场势力变化程度。在测度过程中，同时考虑了平台网络外部性、创新驱动的特征，以及跨界中的特殊性，扩展了该方法的应用范围。

2. 实践意义

本部分的实践意义也包括两个方面。

第一，对平台企业跨界行为的典型事实归纳，有助于更全面地把握平台竞争的一般特征。本研究对现实中大型平台企业广泛存在的跨界行为进行了梳理，试图厘清平台经济中的各类竞争模式，加之本课题的理论分析过程和实证检验结果，可以对平台企业在业务类别方面的“垄断”程度有更为直观的认识，也将为充分发挥平台经济在我国经济发展中的积极作用扫清障碍。

第二，实际测度市场势力溢出，可以反映市场效率损失程度，为平台治理实践提供参考与落脚点。本研究的重要研究结论之一，是对“跨界”产生的效率变化形成一个具体参数，根据新实证产业组织理论的框架，这一数值反映了企业定价高于边际成本的程度，是政府纠正市场失灵的主要参考，因此，本研究的结论也将回答在平台跨界问题上，监管部门应如何介入、怎样治理等问题。

1.2 内容安排

本篇对平台跨界的竞争效应进行分析，主要包括五个主要研究内容。

第一，从“平台锁定效应”的角度梳理相关文献，重点梳理了平台企业从单一领域竞争到跨领域竞争演进过程中，网络外部性、双边市场结构、标准竞争、兼容策略选择等核心特征的基本表现。

第二，平台跨界的特征事实梳理。总体上看，平台跨界分为三个阶段——单一业务领域中的竞争、新的盈利空间吸引各类企业进入新业务领域、各类企业因业务重叠在市场中形成新竞争关系。这一跨界过程具有渐进性规模异质性和产业异质性。同时，指出平台跨界在实现方式和动机上与传统产业具有明显区别。

第三，跨界行为形成竞争关系的趋势性判断。该部分引入演化博弈理论，在跨界情景下，构建了平台企业间策略选择的复制动态微分方程，并求解演化稳定策略，明确平台跨界行为与竞争关系的逻辑关联，给出趋势性判断。这一部分是完成平台企业微观行为视角到产业组织视角开展研究的必要过渡。

第四，讨论跨界竞争中大型平台企业竞争优势的维持。这部分是对跨界竞争效应特征的研究。通过引入资源的视角，建立“竞争—生态位—资源”的分析框架，构建平台企业的生态位宽度指数和生态位重叠度指数，给出了大型平台企业在跨界过程中竞争优势是否会维持的经验证据。

第五，对大型平台企业市场势力多领域存在性的具体测度，是对跨界竞争结果的实证检验。本部分利用新实证产业组织理论，在综合考虑平台经济特征与跨界情景下，实际测度了平台企业市场势力溢价情况，结果表明，“赢者通吃”的平台竞争格局会在有限范围内延伸，同时，随着跨界范围的扩大，随着业务重叠加剧，大型企业之间会形成一定的制衡关系。

1.3　创新之处

平台经济中的竞争与垄断问题早已成为学界热点，然而，对于实践中广泛存在的平台企业跨界扩张、生态化布局等问题却缺乏关注与深入讨论，造成了理论与现实脱节。因此，本部分就这一“缺位”入手展开研究。与已有研究不同，本研究在遵照经典产业组织研究思路的基础上，考虑了平台竞争中的“异质性”领域，特色和创新之处体现在三个方面。

第一，对平台跨界经营行为产生的竞争关系进行了趋势性判断。通过演化博弈理论分析了平台跨界是否一定会形成竞争关系，演化博弈方法的属性有助于克服平台经济中由于经济环境与博弈问题本身的复杂性所导致的信息不完全和参与人的有限理性问题。明确了平台跨界的产业组织表现，建立了从微观个体到中观产业组织的过渡性框架。

第二，从资源的角度，创新性地搭建了平台跨界扩张与竞争态势的逻辑桥梁，突破了传统产业组织理论、双边市场等理论在跨界范畴上的应用局限。经济学中的"竞争"存在于同质产品或服务之间，无论是哈佛学派的SCP（Structure - Conduct - Performance，结构—行为—绩效）范式，抑或是图卢兹学派在双边市场理论中对价格结构的探讨，都有此含义，因此，完全依照传统理论无法全面解释平台经济中的跨界及与之相伴竞争行为。鉴于此，本研究在回溯产业组织对竞争与垄断基本定义的基础上，突破业务界线划分，选取资源占有这一角度，从更底层的逻辑描述企业之间的竞争关系，完成了个体行为到市场关系理论过渡，在描述跨界行为竞争效应的同时，也可补充完善相关理论。

第三，以市场势力变化为突破口，深入分析了平台跨界产生的竞争结构及与之相对应的经济后果，改善了当前平台经济领域研究"重行为描述、轻结果阐释"的研究局面，为平台竞争提供了新洞察。当前已有一些研究提出了平台跨界竞争问题，提出了平台包络、杀手并购等跨界竞争策略，但不难发现，上述结论皆是对平台跨界中行为的总结与提炼性描述。对跨界扩张行为产生的一般性后果却鲜有涉及。本研究从市场势力这一学界常用的、反映效率变化的结构性指标入手，考察了平台跨界的产业组织结果，得出了平台市场特有的"可竞争性"。对于平台经济中的系统性新现象，本研究没有抛弃传统理论中具有扎实基础和明显优势的解释视角——市场势力和经典学说的阐释结构，是在该理论的基础上进行创新，由此形成的结论将与相关经典学说一以贯之，可以作为传统理论的合理延续。

第2章　平台竞争与锁定效应：基于文献的分析

以法国图卢兹学派为代表，将网络外部性、双边市场特征等内容与平台经济发展结合，对平台竞争问题进行了深入研究，取得了丰硕成果，甚至使“平台经济学”由一种现象成为了一个学科。其核心观点认为，平台经济领域的垄断或寡头化市场结构来源于网络外部性、双边市场等因素带来的锁定效应（Lock - in Effect，Evans & Shmalensee，2002；Armstrong，2006），相应的解释也得到了学界的广泛承认。作为平台经济中与市场结构相关的核心特征，锁定效应在跨界竞争中也应具有重要的作用。这一特征可能成为准确描述平台竞争演变特征、提炼一般规律的突破口。鉴于此，本章从平台的锁定效应入手，梳理平台竞争的相关文献，尝试将成锁定效应的网络外部性、双边市场等因素的解释能力扩展至更广泛的范围。

2.1　锁定效应的基础：双边市场与网络外部性

与传统经济中将市场划分为买卖双方的单边市场不同，平台经济是以双边市场（Two - sided Market）为载体，通过实现两种或多种类型用户之间的供需平衡获取利润。从结构上看，由于平台企业面对的是两个或多个独立实体（Rysman，2004），因此，需要根据不同实体制定多种服务价格。Rochet 和 Tirole（2006）从价格角度给出了双边市场的定义：在平台向供需双方索取的总价格不变时，如果通过调整两边市场的价格水平，会对交易量产生影响。以上定义也成为当前最被广泛接受的双边市场定义。然而，Rochet 和 Tirole 关于双边市场的概念界定，仅考虑了价格结构在平衡双边用户需求时的影响，Armstrong（2006）则从平台特征的角度，给出了双边市场更一般化的定义：两组参与者需要通过中间层（Intermediary）或平台（Platform）进行交易，并且一边用户使用平台进行交易所获得的收益或效用会随着另一边用户数量的增加而增大。Tan 和 Zhou（2017）证明了 Armstrong 提出的定价规律可以用于多边平台的情况。从上述内容可以看出，平台经济中存在着显著的网络外部性——一种产品或服务对用户的价值随其他使用者数量增加而增加（Rohlfs，1974；Katz & Shapiro，1985）。从网络外部性的基本定义和提出年份可以看出，其并不是完全针对平台经济或数字经济，而是更多地用于解释电信、航空等行业的市场结构问题。

平台经济中的网络外部性，更重视“网络价值”（Network Value）的概念，如果把使用某家平台企业服务的用户看作一个网络，那么，平台经济中的网络外部性专指：连接到一个网络的价值取决于已经连接到该网络的其他人的数量（Economides & Himmelberg，1995）。可以认为，网络外部性实际上是为平台经济创造了一种新的需求场景——预期可实现需求（Fulfilled Expectations Demand）函数。该场景描述了在网络外部性显著的市场中，一个网络的价值会随着加入这个网络用户数量的增加而增加，高价值的网络又会吸引更多的用户加入该网络，因此，只要用户数量积累超过一定的临界容量（Critical Mass），就会形成“强者愈强”的正反馈效应（Arthur，1989；Katz & Shapiro，1994；Economides，1996）。对于用户而言，其更愿意选择规模更大的网络，而切换产品或服务又会产生新的转换成本（Switching Cost），这就形成了锁定效应——用户自发地选择用户基数较多的企业（Farrell & Saloner，1986）。同时，网络外部性对平台企业的影响往往不在同侧，亦被称作交叉网络外部性（Cross - network Externality，Armstrong，2006；Evans，2003），这意味着锁定效应也可能是跨边存在着——双边平台供需的相互锁定，高筑了其他企业的市场进入壁垒（Katz & Shapiro，1985）。平台经济中锁定效应的提出，是对平台市场中马太效应内在逻辑的准确提炼，也解释了“流量竞争”中的免费、补贴策略产生的主要原因。

也有一些研究对网络外部性进行了更为细致的划分，由此进一步形成了锁定效应的不同表现。一种典型的界定方法是将其划分为直接网络外部性与间接网络外部性（Katz & Shapiro，1985，1992），直接网络外部性是某产品或服务与使用的用户数量的相关价值，由此产生的“赢家通吃”是锁定效应的直接来源，间接网络外部性主要指由互补性的产品或服务带来的外部效应，这种间接的网络外部性在异质性业务的竞争与合作中，会发生相应的作用，更多地需要企业决策是否开放部分业务，是锁定效应自我弱化的体现，如典型的“硬件—软件”范式，即是间接网络外部性的具体表征（Hoberg & Phillips，2016）。另一种典型的界定方法，是从网络外部性产生效果的积极性角度将其划分为正外部性和负外部性，已有研究表明，网络外部性对平台参与方的影响，可能产生积极的，也可能产生消极的（Rysman，2019）。如 Wilbur（2008）验证了电视产业中的“负外部性”，他发现如果电视节目的广告时间减少 10%，若忽视竞争效应，观众的福利会增加 25%。Reisinger 等（2009）通过分析平台吸引双方用户互相竞争，建立了一个具有负面网络外部性的平台竞争模型，发现一侧用户数量随着另一侧用户数量的增加而下降。可以看出，积极的网络外部性会产生锁定效应，而消极的网络外部性会弱化锁定效应。

综上所述，在双边市场背景下，网络外部性产生的锁定效应将对平台竞争的结果产生重大影响。也有相应的政策研究或报告指出，平台经济领域的竞争或反垄断政策制定困境，在于网络外部性广泛存在，造成了诸多游离于供需之外的外部因素，使得执法过程缺乏适当的竞争基准（Scott et al.，2019；Furman et al.，2019）。锁定效应作为网络外部性产生的主要结果，被诸多学者作为切入点，开启了阐释平台经济中产业组织问题的研究。

2.2　锁定效应在平台单一领域竞争中的表现

网络外部性特征及由此产生的锁定效应是平台经济充满吸引力的重要原因之一，平台对用户的锁定效应使得在解释平台产业组织问题时存在一条区别于传统理论的新路径。然而，随着对锁定效应认识的逐渐深入，其在某个领域对竞争结果、市场结构形成却形成了两类相反的观点——锁定效应极易促成平台垄断，以及锁定效应不是平台垄断的必然因素。

2.2.1 锁定效应极易促成平台垄断

平台锁定效应的基础是网络外部性特征，显著的网络外部性已经改变了一些传统理论中的基本规律。如具有强大网络外部性的市场，其规模报酬不断增加（Arthur，1989；Shy，1996），这与规模经济假说相悖，由此导致最好的技术不一定能赢得市场青睐（David，1985；Katz & Shapiro，1986）。在此背景下，平台企业间的竞争，由技术创新牵引的成本竞赛转向了追求用户规模的“流量”竞争——唯有使用户规模达到触发锁定效应的临界容量，才能占领市场。因此，平台企业的竞争策略也倾向于如何扩大自身用户规模，已有研究主要从两个方面展开：一是分析锁定效应如何影响企业定价；二是讨论用户规模与服务质量的关系。

在前者的研究中，Rochet 和 Tirole（2003）的开创性研究指出平台企业在以价格为主要竞争手段下，定价的主要目的是吸引双边市场中的用户加入平台。这类研究的核心观点在于，在双边市场中，平台需要决策的是价格结构，而不是价格水平（Rochet & Tirole，2006），为追求交叉网络外部性带来的锁定效应，平台不会依照传统理论按照边际成本定价（Armstrong，2006），因此，双边市场中的存在非对称的定价现象。为激活锁定效应，平台企业常常会在双边市场的一边承诺一个较低的“推广价”（Introductory Price）去吸引更多的用户以触发临界值（Cabral et al.，1999；Hagiu，2006）。在这一过程中，平台两边的需求弹性是需要考虑的重要因素（Tirole，2004；Evans & Noel，2005），当买方市场中的买方数量增加时，平台所收取的费用会上升，而卖方的成本会降低，有吸引力的卖方可以通过买方的增加获得更高的间接收益（Cabral，2011；Hauser et al.，2014）。甚至有些企业会刻意减少产品的某些功能，以较低的价格销售这类低版本的产品（Csorba & Hahn，2006）。上述逻辑决定了企业间的竞争往往是零和博弈，“赢者通吃”的竞争结局也促成了平台市场极易形成寡头化的市场结构（Evans & Schmaleness，2002）。值得注意的是，在这类研究中，对于平台定价的理论分析多以数理模型为方法导向，并形成了一些典型的、包含网络外部性因素的双边市场定价模型，其中以 Armstrong

（2004）最为典型，该模型在刻画网络外部性时的核心思路是将网络外部性产生的积极作用抽象为网络外部性强度与用户规模的乘积，该思路在后续研究中被广泛参照。

在后者的研究中，学界主要从安装数量与产品或服务质量的角度进行了讨论。在 20 世纪 90 年代，平台经济尚处在探索式的发展阶段时，平台企业间的竞争总被称为“标准竞争”（Standard Battles，Joost R. & Schilling，2021）。这背后也是锁定效应在发挥作用——市场先入者会快速占领份额，形成价值极高的用户网络，该网络成为了实际的行业标准（Katz & Shapiro，1994）。对于试图在市场中推出新技术的企业而言，需要克服巨大的转移成本才能占有足够的市场份额。因此，最初进入市场的企业会因庞大的用户安装基础成为形成市场标准。一项新技术如果想突破已经标准，仅靠技术优势通常是不够的，通常需要综合考虑安装基础、互补品和功能上协同的新价值（Schilling，2003）。

鉴于锁定效应在平台竞争中的重要作用，平台企业不得不采取一些策略性行为，如通过强化网络外部性，尽可能地锁定用户。一般地，企业为了扩大自身对市场的独占性，在选择互补品时采取了排他性（Exclusive Complements）策略或签订或独家合同（Exclusive Agreement）。这是因为，平台作为双边市场中连接供需双方的重要场所，其两边形成的网络规模及其产生的价值，是平台竞争优势的重要来源。因此，大型平台往往会通过独家合同或排他性的协议，迫使两边供应商或用户加入自身网络中来。可以看出，锁定效应的存在加剧了大型平台企业的反竞争效应（Bernheim & Whinston，1998）。

2.2.2　锁定效应不是平台垄断的必然因素

前文研究认为，双边市场中的网络外部性，将使平台企业对用户产生锁定效应，促成寡头或垄断的市场结构形成。事实上，这一观点很好地印证了现实，在相当长的一段时间几乎占据着主流解释地位。然而，随着研究的不断深入，学界不再“迷信”锁定效应导致的垄断是平台竞争的必然结果。

一方面，对锁定效应的核心来源因素——网络外部性的内涵有了更深入的认识。其中，最典型的一种观点是网络外部性产生的正反馈效应程度是有差异的，如用户并非将整个网络纳入自身的考虑范围，而是选择性地关注网络中的局部节点，用户的互动并不是基于整个网络的，Adams 在 2012 年发布的报告指出，脸书（Facebook）用户平均每周仅与 4 人通信，每月仅与 6 人通信。进一步，网络中的核心用户与边缘用户对网络价值的贡献度是不同的，由此降低了由网络外部性带来的锁定效应（Liebowitz & Margolis，1995）。可以认为，在一个庞大的网络中，可能只有部分用户可以对网络价值产生明显的提升作用，因此，盲目地扩张网络，可能并不会显著地增加整个网络价值（Briscoe，2006）。此外，平台频繁地更新、对参与方的审查时间延长，都会削弱双边市场中的交叉网络外部性（Song et al.，2018）。同时，网络外部性不仅包括有积极影响的正外部性，同时也可能存在有消极影响的负外部性，一些用户可以以消极的方式影响到其他的用户（Evans，2012）。该问题的一般性结论是：对侧用户产生的网络外部性一般为正，而同侧用户产生的网络外部性一般为负（Reisinger et al.，2009），如在电视媒体产业中，如果忽略竞争效应，将广告时间减少 10%，用户福利会增加 25%（Wibur，2008）；类似地，在房屋租赁平台中，同侧用户增加会因强化竞争而对平台产生负面影响（Karle et al.，2020）。

另一方面，学界认为平台市场中的一些特性可以缓解锁定效应。首先，用户的多归属性（Multi－homing）使用户可以以较低的转移成本在多种相似产品或服务之间进行选择。直观地，多归属性不仅会使平台两侧的用户受益（Bellefamme & Peitz，2019），这实际上为用户在多产品之间的选择提供了激励，也因此弱化了因网络外部性而产生的锁定效应（Rysman，2004）。此外，与多归属性相关的低转移成本，也显著影响着在位企业的更迭、企业竞争策略的选择与平台经济领域的市场结构（Shapiro，1998），如 Dube 等（2009）指出在重复购买的商品动态竞争中，低转移成本可以促进竞争；Ho 等（2011）指出，较低的转化成本会使双边市场的新进入企业获得发展机会。其次，差异化（Differentiation）将提升平台市场中的竞争程度。一种常见的观点是，消费者偏好的异质性可以抵消网络外部性带来的用户锁定现象（Farrel & Saloner，1986；Katz & Shapiro，1994；

Liebowitz & Margolis，1996）。因此，从消费者的角度来看，平台的差异化程度越强，锁定效应对竞争过程的影响就越小，从而市场中可以共存多个平台企业。最后，互操作性（Interoperability）有助于缓解网络外部性造成的平台企业价值差异扩大。互操作性意味着两个或多个平台企业的网络价值趋于一致，这有助于提高竞争水平（Calvano and Polo，2020；Bruno & Wilfried，2021）。但是，互操作性的具体实践中存在一定障碍，Cremer（2000）指出，如果平台企业的规模很大，那么其开放与其他平台的接口，会使其竞争对手变得更具吸引力，因此，大型平台企业接受互操作性的动机将会很低。

多归属行为、差异化和互操作性使平台市场的竞争产生了动态效应。Cabral（2011）揭示了具有网络外部性的市场中，当两家用户规模不同的企业面对着持续流动的用户时，小型企业的低价策略与大型企业利用市场势力提高价格策略的组合，可以为小型企业提供生存空间，最终使市场形成垄断—竞争的交替周期（Alternating Periods）。可以认为，双边市场中，主导企业具有的在位优势可能会因动态竞争的原因弱化（Biglaiser et al.，2020），进一步，小规模企业同样具有了替代巨头企业的可能性（Halaburda et al.，2020）。以上内容说明，锁定效应尽管存在，但平台市场新的竞争特征削弱了锁定效应的实际影响。

2.3　锁定效应在平台跨界中的表现

对平台市场竞争的认识，是受现实驱动逐渐深入的。当前，随着平台经济的快速发展和日趋成熟，企业间的竞争不再是构建最大的网络（Cennamo & Santalo，2013），而是由单一领域、个体为主的市场份额争夺，转向跨多个领域、商业生态系统优劣比拼（Helfat & Raubitschek，2018）。相应地，学界也开始关注平台之间的跨界竞争、生态竞争问题。Cennamo（2019）指出，跨产业竞争，或跨界竞争是平台市场与传统市场在产业组织维度的主要差别之一。由于跨界竞争与传统竞争在研究对象上有着明显的区别，因此，在分析平台跨界竞争时，学者们往往选择了新的解释方向，如企业个体偏好、组织架构、创新需求等，但从已有研究中又发现，即使是跨界竞争，锁定效应也对竞争策略选择、竞争结果等有着深刻的影响，相关成果和传统同质竞争似乎又有一脉相承之处。

大型平台企业的生态化布局及由此产生的跨界竞争关系是近几年的新现象，但与之类似的多样化经营概念由来已久。甚至从企业的行为策略来看，在信息经济时代，常见的兼容、搭售、纵向一体化等行为背后，已经体现出了企业的多领域经营及由此产生的竞争问题。Burgelman 和 Grove（2010）界定了两种典型的跨界行为：一是企业在行业内部、产业链上下游的纵向跨界行为；二是指企业横跨不同行业体系的组织行为。在平台经济中，两类行为皆有，这种跨界从理论上看，是平台企业在竞争压力下，由对规模经济的追求向对范围经济追求的转化；在竞合关系表现上，平台企业之间呈现出兼容或竞争态势；在具体的行为上，表现为平台是否采取各种策略开放自身业务，寻求合作。后文将从这三个方面对平台跨界竞争的研究进展进行总结，并考察锁定效应在跨界竞争中的作用。

2.3.1 理论基础：规模经济与范围经济

平台企业为激发出对用户的锁定效应，受网络外部性的影响下，很长一段时间内，平台的竞争焦点在争夺用户规模。因此，平台经济中的规模效应往往体现在平台企业拥有巨大的用户数量，而非传统意义上的产量或销量（White & Weyl，2010）。此时，平台企业对规模的追求也可看成是一种规模经济，但与传统产业关注生产维度的降低成本不同，是一种需求牵引的规模经济。伴随着平台企业面临的某个市场领域接近饱和，逐利的本性驱使平台企业进入新市场，开辟新的利润来源。在传统产业中，产品的多元化形成的竞争格局，将有助于企业更有效率地使用资源，形成要素配置的帕累托改进，达到范围经济效应（Penrose，1995；Geringer et al.，2000）。在平台经济中，这一过程中的需求因素同样明显——用户显著的长尾效应分化了用户类别，平台企业此时面对着的是用户类别的丰富。

企业业务范围扩张，可以认为是数字技术冲击使市场边界模糊（李海舰和原磊，2005），平台企业的竞争已由同一领域开始向多个领域转变，跨界竞争成为了新的竞争模式（Cennamo，2019）。对于跨界竞争的研究可以看作“内部整合”和“外部扩散”两个层面。在内部层面，核心的观点是跨界竞争有助于企业更好地整合资源，尤其是更好地提升各类互补品的作用（Prahalad & Ramaswamy，2000；Jacobides et al.，2018），并充分发挥范围经济优势（鲁彦和曲创，2019）。一种常见的模式是平台通过提供基础设施吸引双边用户创造价值，并连接提供互补产品或服务的其他企业，进一步提升平台价值（Mcintyre & Srinivasan，2017）。也有学者以商业生态系统来阐释企业通过“抱团”形式进行竞争的特征，指出平台企业是整合生态系统的领导者，其可以有效利用网络效应，建立多个合作伙伴，满足用户多样化、异质性的需求（Adner，2017；胡岗岚等，2019）。可以认为，企业边界的模糊使平台企业之间的零和博弈开始转向“竞合关系”，但不可否认，合作也是为了更好地扩散产品，占领不同领域的市场。在外部层面，许多研究将大型平台企业的跨界扩展业务行为总结为平台包络（Platform Envelopment）策略，即大型平台利用自身基础资源优势，进入其他市场（Eisenmann et al.，2011；蔡宁等，2015；马琳等，2019），这一策略的实施，需要庞大的用户规模赋予企业进入其他市场的竞争优势（张小宁，2014）。鲁彦和曲创（2016）指出稳定的用户基础既是平台厂商的市场势力来源，也是其向其他领域扩展的基础；类似地，卢安文和王艳（2018）认为，依靠原有用户规模的产品扩散行为极易形成不正当竞争。

从规模经济到范围经济，反映出平台竞争范式的转变——在扩大用户规模的基础上，逐渐丰富用户类别。在这一过程中，锁定效应形成的规模经济是基础，用户类别丰富形成的范围经济是外延。但是仅以范围经济解释平台企业的跨界竞争过于宽泛，且忽略了平台经济中重要特征对竞争的作用，因此，部分学者进行了更为细致的讨论。

2.3.2　现实表现：兼容与竞争

当用户规模差异不大时，平台企业更多的竞争决策在于是否通过兼容（Compatibility）行为形成企业群，从而提高竞争优势。作为锁定效应的基础，早在 Katz 和 Shapiro（1985，1992）给出网络外部性定义之时，提出过间接网络外部性的概念——由互补性的产品或服务带来的外部性效应，也被称为“硬件—软件”范式（Hoberg & Phillps，2016）。该定义可以看作是当前平台兼容关系的早期理论基础——企业间的兼容很大程度上也是锁定效应和互补品的相互作用。

在早期的研究指出，平台企业可以通过兼容、搭售等策略实现抱团式的共生关系。Economides（1996）指出，产品之间的兼容可以使企业接触到更多的用户，从而提升整个网络的价值。平台企业具体的做法往往是在存在锁定效应的市场中，在位企业认为提供互补品的企业能为自身带来价值，那么这会激励在位者开放“接口”（Schilling，1998，2000）。开放“接口”，有助于企业从互补品的角度积累更多的安装基础，进而在平台市场中得以生存（Csorba & Hahn，2006；Liu，2010）。此时，平台企业之间的竞争逐渐由个体对个体，变成了企业群对企业群。这种企业之间通过提供“接口”实现的集体生产系统，与生物学中的生态系统类似，因此也被学界称为“平台生态系统”（Platform Ecosystems，Ceccagnoli et al.，2012；Ghazawneh & Henfridsson，2013；Song et al.，2018；Rietveld et al.，2020）。

从业务类别的角度看，平台兼容中涉及的相关业务存在着明显的互补关系，因此平台之间的“抱团”行为可以用垂直整合（Vertically Integrate）或纵向一体化的概念反映。然而，垂直整合对平台企业的必要性讨论却形成了不同观点。正面观点认为，通过实行纵向一体化可以使平台企业获得两个市场的用户（Economides & Katsamakas，2006），有助于提升平台企业在两个市场中的竞争优势。拥有一定市场势力的平台企业也会通过搭售等行为强化自身由纵向一体化形成的业务群的市场地位，主要路径是：在位平台企业通过搭售策略，将市场势力通过杠杆效应传递到相关业务市场（Choi & Jeon，2016），使其他平台难以获得足够的用户规模，并激发锁定效应，提高了多个相关市场的进入壁垒，起到了阻挡进入的作用（Whinston，1990；Choi，2010；Amelio & Jullien，2012）。反面观点认为，平台企业在整合中面临着如何应对整合对象在生态系统中权力和价值获取问题。一方面，平台企业会面临外部竞争转化为内部竞争的问题。双边市场中的核心企业（Hub Firm）会适当干预生态系统中个别成员的权力过大、运营范围过宽、侵占本企业的经营范围的问题（Jacobides et al.，2006；

Jacobides et al. , 2016）。网景（Netscape）和微软（Microsoft）的冲突以及IE 浏览器的诞生是对该问题的典型的现实映射（Windrum，2004）。另一方面，平台企业要恰当地选择互补品，解决双边市场中的“鸡蛋相生（chicken – and – egg）”问题（Mantovani & Ruiz – Alisada，2016）。因此，平台企业的范围决策主要考虑互补品是否会对其核心业务造成威胁（Hagiu & Spullber，2013）、平台企业自己的产品和互补品的用户反应（Foerderer et al. ，2018；Wen & Zhu，2019）、平台企业避免竞争的能力（Hagiu & Wright，2015）等因素。

企业之间的兼容行为与共生状态并未使各类平台企业走向持续的和解，一些大型平台企业仍会利用独家协议或排他性策略扩大自己在多个市场的影响力。尽管一些研究认为，在互补品之间采用排他性协议，有助于核心平台企业整合业务，提升服务质量（Segal & Whinston，2000），然而更多的研究仍是关注在位者是否会在多个领域形成竞争优势，加剧竞争和加剧垄断的结论皆而有之，并未达成一致。一种典型观点认为，排他性协议可以通过促进进入者的竞争，从而形成更为高效的生态系统，且消费者因具有更广泛的选择而受益（Lee，2013）。另一种典型观点指出，排他性的协议强化了间接网络外部性及由此产生的锁定效应，促进了平台竞争优势的跨平台溢出（Corts & Lederman，2009）。

当然，也不是所有的平台企业都青睐与其他企业的共生，大型平台企业对自身市场地位的重视，为平台间的兼容添加了限制条件。在位者在选择通过何种手段与其他企业兼容时往往会更加谨慎，如对于一些在位者，兼容策略会威胁到其市场地位（Woroch et al. ，1998），因此我们会经常看到，一些大型平台企业往往不会开放自己的相关业务，如苹果和微软在兼容策略上存在着明显差异——微软 Windows 系统的兼容性明显高于 Mac 系统。与谨慎地选择兼容策略相反，大型平台企业更愿意行使搭售行为。搭售行为使大型平台企业能更容易地进入相关市场，并可通过在主营业务领域积累的、来源对用户锁定的竞争优势实现跨市场传递（Landsman & Stremersch，2011；R. Lee，2013）。这不仅提高了该市场中，中小型平台企业获取用户的难度（Whinston，1990），也导致中小型企业无法获得足够的用户基数，从而激发锁定效应，相当于为其构筑了强大的市场壁垒（Choi，

2010；Amelio & Jullien，2012）。从社会福利的角度而言，按照上述逻辑，平台之间的合并，会提高大型企业的市场势力，有可能损害社会福利，但是也有部分研究发现，在具有网络效应的市场中，企业出于对锁定效应的珍视，合并并不会导致更高的价格，因此也没有明显的福利损失（Correia - da - Silva et al.，2019；Zou & Jiang，2020）。

2.3.3 典型行为：平台开放与平台封闭

平台经济中显著的长尾效应不断地细分市场，也在各类市场中形成了更丰富的业务，这些业务为平台企业创造了新的生存空间和利润来源。当我们再回顾近几年各大巨头平台企业的业务扩张，可以发现此时的整合活动所涉及的领域已经非常丰富，且与其主营业务差异非常明显，甚至毫不相关。这就涉及平台在扩展业务时，目标市场的选择问题。这时以纵向整合或纵向一体化的思路阐释平台大幅地跨界行为和由此产生的竞争关系就显得解释力不足。对该问题的研究，学界选择了比“兼容”更为细致的角度进行——平台是否选择开放接口，在早期研究中，通常用“开放”与“封闭”表示平台大幅扩展业务的两种极端情况。

“开放”与“封闭”的概念早期出现在与平台经济联系非常紧密的信息产业。1991年，Linux操作系统出现，这是一种开源的软件系统，即该操作系统是对用户开放源代码的，用户不仅可以获得大量的应用程序，也可以任意地修改和补充它们。Linux操作系统开放性的实践，说明开放性的选择除了与每个公司的应用程序范围、信息技术能力有关外，也与企业所处的网络相关——开放策略可以减少因网络外部性形成的转移成本，并从弱化锁定效应的角度促进平台竞争（Lerner and Tirole，2002；Katsamakas and Xin，2005）。但尽管此时的操作系统和平台有着极为相似的内涵，但大部分研究并未突出开源系统和开放平台的区别，也没有明确提出开放平台的概念，仅为后续平台开放统一概念的形成起到了铺垫作用。

此后，对于平台开放有多种提法，其中，开源平台（Open Source Platforms）是对了信息产业中开源系统提法的延续，是指用户和应用软件开发商可以控制平台发展的方向（West，2003）。进一步，有学者将开源平台的内涵进行了更为一般性的扩展，认为平台的开放性是指用户可以免费进入平台市场，而不需要考虑特别的身份认证或排他性歧视，这个定义涵盖了“开源”的内容，同时也将定义范围扩展到了“市场”维度，此时的提法改为了“开放平台”（Open Platforms，Hagiu，2006）。与之相对地，开放平台对应着专有平台（Proprietary Platforms）或封闭平台（Closed Platforms），即企业控制所有的生产经营环节和产品标准（West，2003；Economides and Katsamakas，2006），这类平台企业往往不开放自身业务接口，一般情况下，专业性比较强，多见于游戏操作系统，如 Playstation、Palm OS 等。针对诸如电子商务、搜索引擎等数字平台，平台开放或平台封闭描述的是平台企业在成长过程中，是否愿意以一定代价与其他企业共享自己的资源。平台企业通过这样的方式，实现自己经营领域与利润来源的多元化，最终形成跨界经营的局面。随着对平台开放或者封闭的更深层次的研究，学界渐渐将注意力转向了不同平台开放策略的比较分析。以支付平台为例，Duthie（2012）指出，开放型支付平台在资本、技能和需求方面具有规模经济优势；Casadesus 和 Llanes（2015）发现，给定双边用户数量，封闭型平台的投资激励强于开放型平台。

事实上，纯粹的开放平台与封闭平台是不多见的，更多的平台是介于两者之间，如 Windows 操作系统，尽管其不公开源代码，但其在硬件制造业务与主营业务有所分离（West，2003）。也有研究发现，在开放与封闭的策略选择中，还存在一种介于两者之间的混合策略。Economides 和 Katsamakas（2006）提供了一个平台企业最优的双边定价策略，既向提供应用软件的企业收费，也向平台的直接用户收费。这是因为在锁定效应的影响下，平台企业并不会直接纯粹地选择平台开放或者平台封闭，而是在中间寻求一个平衡的状态，形成一个开源和专有软件组成的异构 IT 架构，以此达到自己本身的利润最大化。锁定效应也会影响平台企业在知识产权方面的开放策略——为了积累安装基础或提升产品的服务范围，企业可能会对其技术实施自由许可或放弃专利权（Karhu et al.，2018；Parker & Van Alstyne，2018）。Rietveld 等（2020）的研究表明，平台企业正在从广泛地开放各类互补产品或服务上的合作，转向更具有选择性且贴近用户的合作，因为平台新增业务所带来的边际价值在逐渐减低。

按照开放的程度，可以将平台竞争纳入一个新的分析框架。完全封闭的平台是前文提到的专有平台，随着专有平台业务接口打开，其逐渐向开放平台转变。当开放程度较低时，平台企业多开放与自身业务有互补关系的业务，在类型上，类似于前文提到的垂直整合。当平台开放程度进一步提高，意味着平台企业的业务范围会更大幅度的转变，与主营业务的差距越来越大。此时，企业面对着的决策内容更加丰富，不仅需要明确是否开放，还需要决策开放的程度（Eisenmann et al.，2011；Parker & Alstyne，2008）。

一些观点指出，平台选择开放的动机在于，平台开放后，其互补品基于争夺“接口”等原因会有更激烈的竞争程度，此时规模较大的平台企业可以通过提高接入价格的方式获得更多利润，因此，其更有激励开放自身部分业务（Kende，1998）。上述观点仍是从传统的利润、竞争的视角探讨平台是否选择开放，更像在讨论开放竞争环境下，企业如何提升利润——这可以看作平台企业选择开放或封闭动机的一般框架，但尚没有指明提价的基础是否来源于平台的自身特征。此后，有学者注意到了平台经济领域中锁定效应对开放程度的影响。锁定效应对平台市场最核心的影响在于市场结构，因此，平台开放的动机也在于是否可以更多地占有市场份额。在同质产品之间，平台开放的激励在于形成一个价值更大的网络或者一个垄断者，可以将用户间的间接网络外部性内部化，利润的增加来源于网络价值的增加对用户产生的正效用（Schiff，2003）。同时，开放平台可以利用锁定效应激励双边市场中的用户加入，对有所差异的产品或服务，平台的开放将有助于满足用户多样化的需求，降低用户在多个平台间选择的各项成本（Eisenmann et al.，2011）。当然，也有学者提出了不同的观点，即平台应该适当地封闭自身部分业务。Economides 和 Katsamakas（2006）指出，当用户差异性很大且对多样性的偏好较为强烈时，平台越封闭，盈利能力更强，从而会获得更高的市场份额。Hagiu（2006）认为，封闭平台的提价行为，更能内部化平台两边整的组间网络外部性。Niculescu 等（2018）讨论了网络外部性强度对平台开放程度的影响，认为当锁定效应较明显时，在位平台会更加封闭，随着锁定效应强度降低，在位者会逐渐选择开放专有技术，以实现互利局面。进一步，从经济学的角度看，平台封闭更像是平台企业的排他性策略，“排他”的对象，是与自身业务相关的其他业务。典型的结论是，平台不实行排他性或技术封闭式的策略，平台的收益或剩余将达到更高水平（Economides & Katsamakas，2006；Armstrong & Wright，2007；Cornière & Taylor，2020；Anderson & Peitz，2020）。其中，锁定效应的作用在于，汇聚足够用户后，将提升网络价值，增加用户离开网络的转移成本，造成不必要的资源和效率浪费。

2.4　进一步讨论：平台竞争演进中锁定效应的研究对比

从前文分析可以看出，在平台竞争范围由单一领域向多个领域转变时，锁定效应都在发挥着相应作用，但从研究的角度看，在平台竞争的实践发展与演进背后，并没有一套清晰的阐释逻辑。

在单一领域的平台竞争中，出现了很多有悖于传统理论的现实情境，如平台企业似乎不再追求利润，而是不惜牺牲短期利润，以免费甚至补贴的方式吸引消费者。学界以网络外部性、双边市场理论为基础，对这一现象的产生做出了解释——平台市场是一个具有显著网络外部性的双边市场，用户规模的扩大有助于提升企业的网络价值，使市场呈现出强者愈强、弱者愈弱的“马太效应”，当企业用户规模超过某一“临界容量”，就会对用户产生锁定效应。这是这种模式，决定了平台的用户规模扩大对其生存状态的积极作用，也使平台企业重视短期内的用户积累，开启了“流量竞争”的模式。可以认为，在平台企业的同质业务竞争中，锁定效应发挥着非常直接和重要的作用。

当然，锁定效应也使得平台市场呈现出了高度的市场集中，在一些典型领域，排名首位的企业的市场份额超过 50%（见表 2-1）。寡头化市场结构的出现，也反映出在平台经济中出现较早的部分领域，市场已趋于饱和。在该背景下，平台企业开始了以寻找新利润点为目的的跨界经营，也由此形成了新的跨界竞争关系。

表 2－1　　平台经济典型领域的市场份额分布

领域	企业名称	排名	市场份额/使用率（%）
网上购物	天猫	1	50.10
	京东	2	26.51
	拼多多	3	12.80
搜索引擎	百度	1	69.55
	搜狗	2	16.84
	好搜	3	4.19
第三方支付	支付宝	1	53.80
	财付通	2	39.90
	壹钱包	3	1.60
即时通信	微信	1	92.60
	QQ/TIM	2	87.00
	阿里旺旺	3	26.60

注：1. 表中各领域市场份额数据来源于电子商务研究中心《2019 年度中国网络零售市场数据监测报告》、StatCounter Global Stats 监测数据、艾瑞咨询监测数据、CNNIC 及前瞻产业研究院等专业机构；2. 考虑到各领域的特征，在网上购物、搜索引擎、第三方支付领域使用市场份额表征市场集中度，而即时通信采用的是用户的使用率衡量；3. 由于平台经济中存在多归属现象，因此，即时通信领域前三位企业的使用率之和大于 1。

然而，一个有趣的现象是，从现有平台经济的相关研究来看，在解释同质业务领域内的竞争机制、市场结构形成中“大显身手”的锁定效应，在解释异质业务领域时却几乎销声匿迹，近几年很少有研究从锁定效应视角解释跨界竞争行为的动机、表现、结果等。尤其是在 2010 年以后，平台跨界行为的实践已经非常活跃，但现实并未很好地驱动理论研究——平台企业的跨界行为似乎与网络外部性及与之相关的锁定效应没有形成紧密的理论联系，尽管我们可以从平台包络、杠杆效应、平台开放等角度，找到锁定效应的蛛丝马迹，但很难把其纳入产业组织、平台经济的常见研究逻辑中，与平台同质业务竞争在解释路径上存在一定割裂。

究其原因，一方面，企业跨界（Boundary－spanning）行为的出现早于平台经济，Ancona 等早在 1992 年就对跨界行为进行了界定——行为主体为实现目标和提升效能而采取的，旨在与外部相关方建立联系并不断互动的行为。可以看出这是一个偏向管理学的定义，并不涉及由跨界行为产生的新竞争关系。事实上，在该界定之后，对于跨界行为的研究绝大多数也是按照管理学范式进行的，重点在于从个体、团队、组织、资源等角度分析跨界行为的前因（Babakus et al.，2009；Rigopolou et al.，2012；Cha et al.，2015）与结果（Faraj & Yan，2009；Gibson & Dibble，2012；Brion et al.，2012）。也有学者试图搭建平台跨界和主流理论之间的联系，探索交易成本理论、委托—代理理论如何解释平台跨界经营行为引发的竞争现象（Barlow et al.，2019；Cabral，2019）。不可否认，对于企业跨界行为的研究是丰富且深入的。但受研究视角所限，研究集中于个体行为上的分析，忽略了主体之间互动产生的竞争关系，即跨界行为中的市场进入、市场壁垒构建、企业资源争夺等问题。也正是因为彼时的研究较少涉及产业组织层面的内容，尽管锁定效应对平台经济的市场结构塑造有重要作用，但在重视企业行为的研究背景下，锁定效应与跨界竞争之间并未建立起逻辑联系。

另一方面，以卡尔·夏皮罗（Carl Shapiro）和哈尔·R. 范里安（Hal Ronald Varian）经典著作《信息规制——网络经济的策略指导》（Information rules：A strategic guide to the network economy）等为代表的信息经济或网络经济的解释能力尚足以应对平台经济早期发展中的跨界竞争问题。信息经济或网络经济的研究紧随信息产业的发展实践而产生，信息化浪潮促使研究重心由硬件向软件转移，期间产生了“硬件—软件”的研究范式。与此同时，与产业组织相关的、信息产业中的标准化竞争、兼容与开放、搭售策略等也被提出，这些概念均是企业业务多元化发展过程中产生的，与跨界竞争有相似的内涵。在具体分析过程中，也可以看到一些锁定效应的影子。在 20 世纪 90 年代，以计算机硬件、微软等为代表的硬软件平台竞争，往往被冠以“标准竞争”（Standard Battles）的概念，锁定效应发挥两方面作用：一是用户规模决定了技术推广以及标准形成的成败（Arthur，1989；David，1985；Shy，1996）；二是网络效应促成了关键技术的开放与标准联盟的形成（Shapiro & Varian，1998）。其中，标准联盟的建立，本质即是大型平台企业在多元业务的竞争中，是否选择开放策略的现实写照。同样地，搭售、兼容等策略的选择，也可以看作在锁定效应的影响下，企业如何完善自身的业务群。当然，我们也可以看到，这类研究的对象与当前提供服务类的数字平台，如电子商务平台、搜索引擎平台等有所区别。一是在研究对象上，上述研究更多地面向的是技术性平台的业务扩展，如微软对 DigiMarc、Adobe、Corel 等分支功能的兼容问题，这就决定了这类研究更多关注的是技术标准、专利、版权等方面的内容，在相对完善的专利法的保护下，对于跨界竞争与合作引起的产业组织变革、市场壁垒变化阐释有限，“挤出”了对平台锁定效应的经济学考察；二是此时的多元化业务或功能的拓展，多与平台企业主营业务呈互补关系的，与当前平台企业的生态化布局有着战略布局层面的差异，也并没有完全建立起锁定效应影响平台竞争合作关系的应用场景。

综上所述，现实中平台竞争的范围已由同质业务领域转移到了多元业务领域，但在对平台竞争演变的阐释中，却形成了不同的研究现状。值得庆幸的是，学界对锁定效应在平台某一特定领域的市场结构形成中作用的洞察是深入且较为成熟的。然而，当平台竞争转向多个领域时，以锁定效应为核心逻辑的平台竞争分析主线开始变得不再清晰。

2.5 本章小结

随着平台经济走向成熟，平台企业之间的竞争也由单一领域的市场份额争夺，转变为多业务经营下的生态系统优劣比拼。已有研究以平台经济的核心特征——网络外部性，以及由此产生的锁定效应为突破，对平台单一领域的竞争态势、竞争结果等方面的典型事实进行了讨论，并创造性地构建了锁定效应与市场结构形成的理论联系，获得了较为广泛的支持。平台经济的快速发展使一些领域逐步饱和，平台企业出于应对竞争压力、开辟新的利润来源等目的，不断扩展自身业务范围，致使平台之间的跨界竞争现象非常频繁。新的竞争关系迫使我们思考：平台跨界会产生怎样的竞争关系？这种竞争关系会产生怎样的经济后果？上述问题在本篇后续章节中尝试回答。

第3章　平台跨界的特征事实

归纳平台跨界扩张行为的典型事实，是后续研究的基础。事实上，“跨界”并不是一个新概念，早在1992年，Ancona等就提出并界定了跨界的概念。认为跨界行为是行为主体为实现目标和提升效能而采取、旨在与外部相关方建立联系不断互动的行为。但平台经济中的跨界又有其独特之处，本部分从平台跨界的一般过程、跨界在企业规模上的异质性表现、与传统产业的区别三方面，对该特征事实进行梳理。

3.1　平台跨界的一般过程

在Ancona（1992）之后，学者从跨越组织边界、跨越市场边界等角度对跨界的概念做了进一步细化，其中与本研究所关注的平台企业跨界行为较为契合的定义是杨林等（2021）提出的，跨界行为是企业以内部已有资源为基础，跨越组织边界，进入其他业务领域的行为。在这一定义，可以将平台企业所涉及的业务类型大致分为两类：一类是企业最早涉及的，在实施跨界行为前已经形成一定规模的主营业务，对应的市场也被称为主营业务市场；另一类是企业基于已有资源，通过跨界行为所开拓的业务类型，本研究将对应的市场统称为新兴业务领域市场。

随着平台经济的快速发展和日趋成熟，企业间的竞争不再是构建最大的网络，而是由单一领域、个体为主的市场份额争夺，转向跨多个领域、商业生态系统优劣比拼。企业经营由单一领域向多领域的跨界转变，势必产生相应的竞争问题，即跨界竞争。回顾国内典型平台企业的业务扩张与组织演变进程，跨界竞争遵循着如图3－1所示的典型过程，大致分为三个阶段。

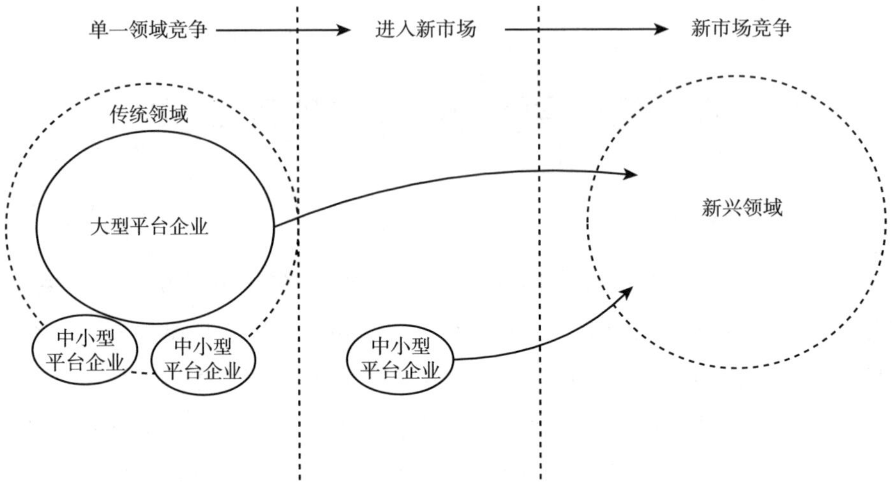

图 3－1　平台跨界竞争的一般过程示意图

第一阶段，单一业务领域中的平台竞争。大型平台企业的出现是单一领域竞争的产物。这一过程与传统产业的竞争类似，区别在于平台企业所形成的双边市场，有非常显著的网络外部性，极易形成“强者愈强”的“马太效应”，即市场结构最终演变寡头结构，少数竞争的胜出者占领大部分市场份额（见表 3－1）。在平台经济的几个典型领域，均呈现出上述市场结构。如即时通信领域的腾讯、电子商务领域的阿里巴巴、搜索引擎领域的百度等。与上述巨头企业相对的，是一些初创企业进入市场后，并不能迅速吸引到足以激发“马太效应”的用户规模，因此很快地在竞争中败北，最终退出市场。上述过程是某个领域内头部企业积累用户、资金、声誉等关键因素的过程，也是形成跨界经营优势的前提条件。

第二阶段，新的盈利空间吸引各类企业进入新业务领域。当前，一些典型的平台经济领域，如即时通信、电子商务、搜索引擎，高集中度的市场结构意味着这些领域的用户规模已趋于饱和，市场也由“增量竞争”转化为“存量竞争”（曲创和王夕琛，2021）。一些基础性指标可以印证上述观点，表 3－1 显示了 2016～2020 年我国互联网普及率、人均每周上网时长、典型的通信类 App 使用率的变化情况。可以看到，以上三个指标近年增速减缓，呈现近似饱和趋势。在此背景下，如果出现具有较大盈利空间的新业务，势必会吸引平台企业扩展业务范围，进入该业务领域。企业的逐利性会使不同规模、不同基础的平台企业走向同样的发展领域，如近年来兴起的短视频领域、人工智能领域、影视 IP 领域等，背后既是独角兽企业的创新发展结果，又能看到大型平台企业的资本身影。但两类企业进入市场的逻辑不同。其中，初创的中小型平台企业是凭借创意开发或直接进入新市场领域，该领域的业务成为了其主营业务；大型平台企业是在具有主营业务的基础上，实行多元化经营，跨界进入新业务市场，其在主营业务领域积累的用户、经验、资本等基础，将帮助其完成新市场进入这一活动。

表 3-1　2016～2020 年中国互联网普及率、人均每周上网时长与通信类 APP 使用率

	2016 年	2017 年	2018 年	2019 年	2020 年
互联网普及率（%）	53.2	55.8	59.6	64.5	70.4
人均每周上网时长（小时）	26.4	27.0	27.6	27.9	26.2
即时通信 App 使用率（%）	91.1	93.3	95.6	96.5	99.2

数据来源：中国互联网络信息中心（受新冠疫情影响，2019 年数据为 2019 年 6 月数据）。

第三阶段：各类企业因业务重叠在市场中形成新竞争关系。某一新兴领域的市场进入必然会加剧平台企业间的业务重叠，进而使本没有竞争关系的企业产生竞争关系。实践中也出现了许多相关案例，如本无业务交集的腾讯与奇虎 360，却爆发了“互联网反不正当竞争第一案”。此外，腾讯与搜狗、UC 优视、抖音等企业均发生过强迫用户“二选一”的不正当竞争行为。

综上所述，在“传统领域趋于饱和—企业跨界经营—新竞争关系形成”的框架下，平台经济领域的不正当竞争不仅出现在主营业务相同的企业之间，也在本无交集的企业中发生。

3.2　平台跨界的渐进性

企业在多个业务领域的跨界经营并不是一蹴而就的，业务的多样化是一个渐进过程。例如，阿里巴巴的主要业务体系包括 13 大板块，这 13 大板块包括传统的网络交易及相关业务，也包括计算机服务和娱乐影音，且在创立时间上有所差异（如图 3－2 所示）。

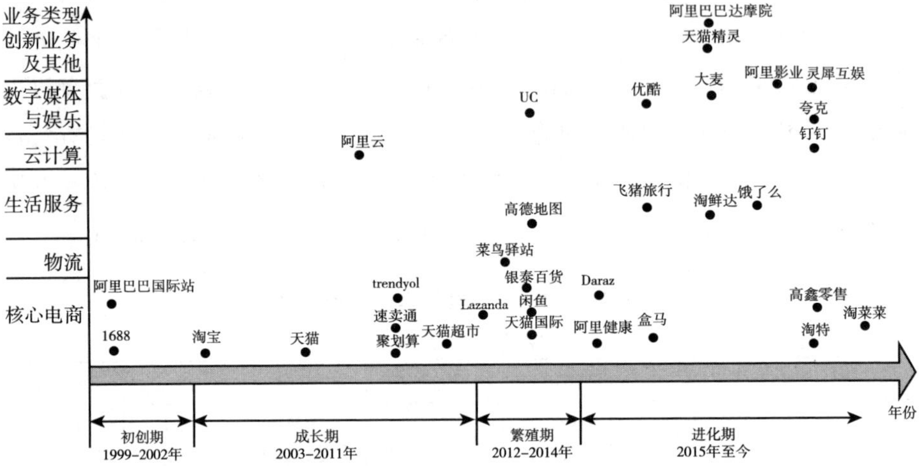

图 3－2　阿里巴巴业务扩展示意图

注：作者根据企业官网整理。

阿里巴巴最早的业务是分别面向国内市场和国际市场的线上批发业务——1688 和阿里巴巴国际站，均创立于 1999 年。此后，阿里巴巴围绕着提供交易场所这一基础业务，开创了淘宝网（2003 年）、天猫（2008 年），至此，阿里巴巴的跨界经营行为，是在主营业务基础上的纵向扩展，多个业务之间的差异性不明显。类似地，淘宝网后续陆续推出以买卖折扣商品为主的聚划算、闲置二手产品的闲鱼网等细分领域，也属于类似过程。此时，如果将视野由某家平台企业的经营行为扩展到多家平台企业的相关关系，易发现多样化的经营行为会引起不同的竞争关系。一种竞争关系是相似业务之间的差异化竞争。阿里巴巴建立的淘宝、天猫、聚划算等业务板块，虽各有特点，但都与同样是网络零售领域的京东、拼多多等存在竞争关系。此时的竞争，仍是同一领域的差异化竞争——企业将提供的产品或服务在某个领域中树立特殊性，使用户感受到该产品或服务优于其他企业的同类产品或服务。后续阿里巴巴的业务扩展的主要目的可以概括为四个方面：一是开拓国际市场，如跨境 B2B 业务速卖通（2010 年）、面向东南亚的电子商务平台 LAZADA（2012 年）；二是完善自身业务结构，为主营业务提供支撑，如为企业提供经营策略的阿里妈妈（2007 年）、加速“数智化”转型的阿里云（2009 年）、完善物流配送体系的菜鸟网络（2013 年）；三是涉足全新领域，丰富价值链条，如通过钉钉（2014 年）进入社交领域，并在 2016 年通过获得优酷控股股权进入网络影音领域；四是进一步迎合市场多样化需求，如在新零售布局下创立了的盒马鲜生（2016 年），收购了饿了么（2018 年）。

可以看出，上述业务与阿里巴巴最初的主营业务差异性非常明显，更类似于经营范围的纵向扩展。此时，因阿里巴巴生态化发展显著的跨界属性使我们无法将竞争局限在单一领域内，如与阿里云形成竞争关系的是各类技术服务公司、与钉钉具有竞争关系的是各类通信软件、与优酷争夺市场份额的将是爱奇艺、哔哩哔哩等网络影音公司。

与阿里巴巴发展过程类似，腾讯在构建商业生态系统时也经历了不断扩展业务范围的过程（如图 3－3 所示），这一过程同样是渐进性的，突出表现在跨界过程中目标领域与主营业务之间的差异逐渐变大。与此同时，百度、京东等大型平台企业也有类似的扩展路径，这使得本无业务交集的企业，在某些业务领域——如同属云计算领域的腾讯云与阿里云，同属第三方支付领域的支付宝与微信支付等，也产生了竞争关系。

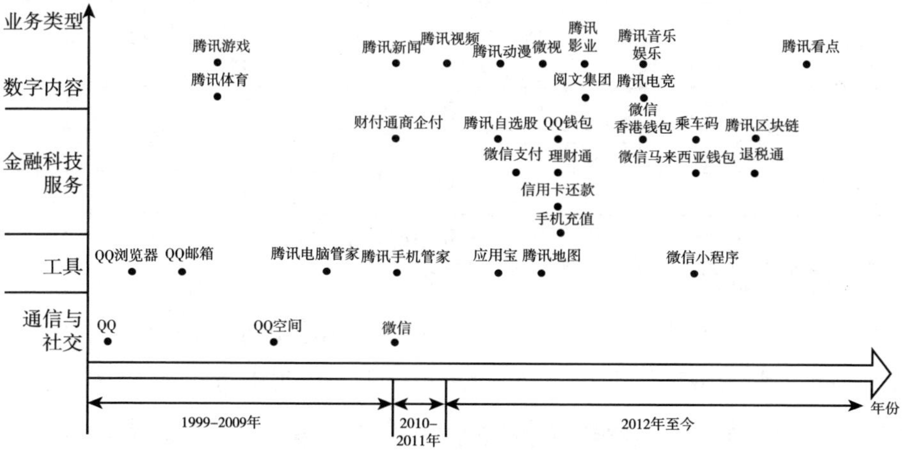

图 3－3　腾讯面向用户的业务扩展示意图

注：根据腾讯官网显示，腾讯的业务类别包括：面向用户、面向企业和创新科技三个主要方向，此处只总结了腾讯面向用户的业务类别。

3.3　平台跨界的规模异质性

从企业规模的角度来看，平台市场中的跨界行为在不同规模的企业之间表现出了异质性的特点。具体表现在，市场中头部企业的跨界行为更加频繁、涉及的跨界目标市场更多，而其他平台企业则在上述两方面与头部平台存在较大差距。表3－2展示了2020年典型平台市场头部企业的对外投资并购情况。可以看到，无论是在网络购物领域，还是在线上外卖和短视频领域，市场占有率最高、规模最大的头部企业在对外投资并购数量以及涉及行业数量上均是最高的，其他规模较小的平台企业在上述指标上明显小于对应领域内的头部平台；而且平台企业间的规模差距越大，其在跨界频次和涉及行业数量上的差距也越大。

表3－2　2020年典型平台市场中头部企业的市场份额与投资并购情况

领域	企业名称	排名	市场份额/使用率（%）	对外投资并购数量	涉及行业数量
网络购物	淘宝、天猫	1	50.10	31	15
	京东	2	26.51	14	11
	拼多多	3	12.80	3	2
线上外卖	美团	1	67.3	14	6
	饿了么	2	26.9	—	—
短视频	抖音	1	36.2	33	11
	快手	2	26.5	13	8

注：此处对外投资并购数量来源于各平台所属集团的对外投资并购数据，数据来源：MOB研究院、艾瑞咨询、前瞻产业研究院等专业研究机构。

实际上，在其他众多平台经济领域都存在着上述平台跨界的规模异质性现象，即与大型平台企业“攻城略地”式的扩展业务范围形成鲜明对比，中小型平台企业在跨界行为上则显得更为保守。从市场角色来看，大型平台企业在实施跨界行为上更加主动，已经成为了跨界目标市场的挑战者，而中小平台企业更像是差异化市场中的在位者，等待着其他新进入企业的挑战。

3.4　平台跨界与传统产业的差异

在传统产业中，也存在着与平台跨界行为类似的业务拓展活动——企业的多元化经营。从性质来看，平台企业的跨界行为与传统企业的多元化经营行为都是在面对市场环境变化或竞争压力时所做出的业务拓展行为，但在具有网络外部性特征，且用户和数据成为更重要的竞争性资源的平台市场，企业的跨界行为在实现方式和跨界动机上都与传统市场中企业的多元化经营存在着一定差异。

（1）跨界实现方式。

平台企业实现跨界的方式主要可以分为两种：一种是通过投资并购，将跨界目标市场中的企业及其业务纳入平台内部。可以看到，目前平台市场中，以腾讯、阿里巴巴和字节跳动等为代表的企业，都在积极投资各个领域中的初创企业，并通过这种投资活动进入相关市场。实际上，上述通过投资并购所实现的跨界行为与传统企业所实施的多元化经营行为并没有太大差异。但除此之外，平台企业还能基于其在主营业务领域的用户基础实施跨界行为。由于网络外部性的存在，平台企业能够在主营业务领域对用户产生锁定效应，进而使其能够在跨界活动中将主营业务领域的用户转化为跨界目标市场的用户；另一种是在主营业务领域拥有稳定的用户基础后，平台企业往往会通过开放 API 端口的方式，向现有用户推送新的产品或服务，进而实现向其他领域的跨界。这种基于锁定效应的用户转化行为，不仅有助于平台企业在跨界目标领域更快突破临界用户规模限制，实现双边用户的反馈式增长，也是传统企业实施多元化经营行为所无法实现的。

（2）跨界的多重动机。

已有研究均表示，传统企业的多元化经营行为，更多的是在权衡了市场交易成本与企业内部管理成本之后，通过企业内部资源的协调将新业务纳入企业内部，以达到节约成本、提高经济效率、获得更多利润来源的目的。

但对于平台企业而言，尽管其在跨界过程中存在一定的利益驱动，但这种逐利动机并不明显。具体表现在，在开拓新市场的过程中，平台会在业务流程搭建、目标用户获取等方面投入巨大的成本，但当其在跨界目标市场形成一定规模后，仍然不会出现明显的提价行为。这种前期投入与后续经济回报间的巨大差距也说明了短期的经济利益可能并不是平台企业实施跨界行为的主要动机。实际上，在流量成为市场中更重要的竞争性资源、市场竞争呈现出高度动态性的背景下，平台企业跨界的动机更多的是来源于以下两方面。

第一，开辟更多流量入口，以维持并提高市场力量。对于平台企业而言，市场力量决定了其潜在的收益大小，而流量是影响其市场力量的关键因素；平台掌握的流量越大，其市场力量也越大，未来能获得潜在收益的机率也越大。因此，为了维持并提高市场力量，平台企业需要不断在市场中与其他企业竞争流量，其中也就包括对其他市场中流量的争夺。

第二，基于已有资源，构建更完整的产品或服务生态，以应对市场竞争环境的变化。平台市场中的竞争具有高度的动态性，即使是当前在市场中占据优势地位的企业，也可能因为新产品或新商业模式的兴起而被初创企业所颠覆。所以为了适应市场竞争环境的动态变化，平台企业必须超前洞察市场机会，并基于对已有资源的重构和组合，提前布局新兴产业，掌握发展的主动权。

第4章　从平台跨界行为与竞争关系形成的趋势性判断

平台跨界是微观个体行为，竞争关系是中观产业组织问题。企业跨界行为会产生怎样的竞争效应，目前尚停留在对现象层面的归纳与总结，并未通过规范方法给出趋势性的判断。因此，本章引入演化博弈理论，通过构建平台企业间策略选择的复制动态微分方程，并求解演化稳定策略，明确平台跨界行为与竞争关系的逻辑关联，给出趋势性判断，从而对平台跨界的竞争效应形成较为清晰的认识。

4.1　模型基础

4.1.1　竞争场景

随着平台经济的快速发展，涌现出了一批大规模的企业。由此产生的问题是，这些企业在跨界过程中，在面对相似领域中的其他企业，是避其锋芒，采取保守式的“打了就跑”（hit - and - run）策略，还是与其他企业在新领域中展开激烈的竞争？这一问题关系到跨界行为是否会形成新的竞争结构，为明确这一问题，本部分通过演化博弈理论（Evolutionary Game Theory）对平台跨界形成的竞争关系进行趋势性判断。结合前文总结的典型事实，可以将企业的跨界扩张过程抽象为两阶段竞争过程。

第一阶段是平台企业基于主营业务领域的快速扩张阶段，平台企业通过“免费定价”等方式完成用户的快速积累，占据大量的用户市场。由于平台经济显著的网络外部性与锁定效应，这些平台企业快速抢占市场，形成竞争优势。在此基础上，平台开始扩展业务，进入新兴市场领域。同时，新兴领域因其具有较为丰富的利润空间，吸引了大量中小企业进入。这一阶段将不同规模、不同类型的平台企业视为市场进入者，进入新兴业务领域。

第二阶段是平台企业在进入新兴市场后的策略选择——平台企业是否留在新兴领域开发新收入来源，还是出于“自保”的目的退出市场。在新的市场领域中，平台企业的策略选择是受多种因素共同影响的，平台企业选择激进或者保守的竞争策略很大程度上决定了平台企业是否会产生新的竞争结构。

4.1.2 方法适用性说明

平台企业之间的竞争是一个多阶段、多因素影响的博弈过程。演化博弈理论是把博弈理论分析和动态演化过程分析结合起来的一种理论。在方法论上，它不同于博弈论将重点放在静态均衡和比较静态均衡上，强调的是一种动态的均衡。在分析平台跨界行为与竞争关系形成的问题上，具有以下优势：

（1）该方法契合研究对象的行动过程。在平台企业制定战略的过程中，市场中其他企业的行为在很大程度上影响着企业的决策过程，导致企业行为不断自我调整，该过程本身可以看作一个演化博弈过程。

（2）该方法的研究范畴迎合了本研究目的。演化博弈的研究对象不是单一企业，而是某一群体选择某一策略的系统均衡，克服了平台企业行为随机性所造成的扰动，也从内在逻辑上迎合了从企业微观行为到竞争关系过渡的研究思路。

（3）演化稳定策略（Evolutionary Stable Strategy，ESS）可以为平台跨界行为的竞争效应提供趋势性判断。演化稳定策略表示某一群体采纳某种行为或决策的长期均衡稳定状态，从本质上说明了竞争关系的演化方向。

4.2 平台跨界的竞争效应模型构建

结合平台企业的实践发展，构建一个两阶段的演化博弈模型。此时出现了一种前景较好、利润重组的新兴业务市场，那么对于该市场，企业会采取相应的策略，呈现出两阶段特征：第一阶段，逐利性促使各类企业进入该市场，这是平台之间可能产生竞争关系的基础；第二阶段，不同规模企业在新市场中进行竞争，此时，企业既可以选择“激进”的竞争手段排挤到其他竞争对手，也可以采取较为“保守”的市场策略实现稳步增长。

4.2.1　第一阶段：平台企业是否选择进入新业务市场

我们以规模来区分两类博弈参与者，将具有进入激励的企业按照规模分为大型平台企业和中小型平台企业。其中，大型平台企业对应着现实中为追逐新利润来源的巨头平台，如京东、腾讯等，其往往凭借主营业务领域积累的市场优势进入其他市场，进行跨界经营。中小型平台企业对应着初创企业，不存在成熟的主营业务，是理论意义上的市场进入者。第一阶段的主要参数设定见表 4－1。

表 4－1　　第一阶段主要参数设定

参数符号	含义
α_1	中小型平台企业网络外部性强度
α_2	大型平台企业网络外部性强度
n_0	大型平台企业进入新领域后因一般经营策略吸引到的预期用户规模①
n_1	中小型平台企业进入新领域后可以吸引到的预期用户规模
n_2	大型平台企业在主营业务领域积累的用户规模
γ	两类企业同时进入某新兴领域，企业之间用户转移的系数
c_1	中小型平台企业进入新兴领域的成本
c_2	大型平台企业进入新兴领域的成本

注：①根据预期可实现理论，此处认为 $n_i^e = n_i(i = 1,2)$。

相应的假设如下：

（1）两类企业均有两种策略选择，即进入新兴市场或不进入新兴市场。其中，大型平台企业有 p 的概率进入市场，$(1-p)$ 的概率不进入市场；中小型平台企业有 q 的概率进入市场，$(1-q)$ 的概率不进入市场；

（2）当中小型平台企业选择进入市场时，参考 Armstrong（2006）的研究，其收益可以表示为 $(\alpha_1 n_1 - c_1)$，其选择不进入市场时，其收益为 0；

（3）当大型平台企业选择进入市场，其收益由两部分组成：一是其主营业务的收益，可以表示为 $\alpha_2 n_2$；二是进入新业务领域的收益，又具体分为两个部分：①因一般经营策略获得的收益——$\alpha_2 n_0$；②因主营业务市场优势及网络外部性吸引到用户规模而获得的收益，这部分收益—— $\alpha_2 f(n_2)$，这部分收益与其主营业务领域的用户规模（n_2）正相关，是 n_2 的函数，为简化计算难度，此处假设 $f(n_2) = \beta n_2$，因此有跨界经营总收益为 $[\alpha_2(n_0 + \beta n_2) - c_2]$；

（4）如果两类企业同时选择进入新兴市场，那么用户会在两类企业之间选择，因此，两类企业的部分预期用户规模会转移到另一类企业。转移的用户规模与两类企业可以吸引到的用户规模有关，我们以 $\gamma n_i (i = 1,2)$ 予以表示。

由此可以得到博弈矩阵，见表 4－2：

表 4－2　　企业进入策略博弈矩阵

平台企业 2 ＼ 平台企业 1		代表大型企业：进入（p）	代表大型企业：不进入（$1-p$）
中小型企业	进入（q）	$\alpha_1(n_1 - \gamma n_2) - c_1$，$\alpha_2 n_2 + \alpha_2(n_0 + \beta n_2 - \gamma n_1) - c_2$	$\alpha_1 n_1 - c_1$，$\alpha_2 n_2$
	不进入（$1-q$）	0，$\alpha_2 n_2 + \alpha_2(n_0 + \beta n_2) - c_2$	0，$\alpha_2 n_2$

根据以上分析，我们发现平台企业双方并不知道对方的策略选择，属于不完全信息博弈的情况，且为了更加贴合实际，平台企业双方更加趋近于有限理性，基于以上特点，本研究采取演化博弈的方法来求解平台企业双方的博弈均衡。

中小型平台企业进入新市场的期望收益为：

$$EU_1 = p[\alpha_1(n_1 - \gamma n_2) - c_1] + (1 - p)(\alpha_1 n_1 - c_1) \quad (4-1)$$

中小型平台企业不进入新市场的期望收益为：

$$EU_2 = 0 \quad (4-2)$$

中小型平台企业的平均期望收益为：

$$\overline{EU} = qEU_1 + (1 - q)EU_2 = q(\alpha_1 n_1 - p\alpha_1 \gamma n_2 - c_1) \quad (4-3)$$

中小型平台企业的复制动态微分方程为：

$$F_1(q) = \frac{dq}{dt} = q(EU_1 - \overline{EU}) = q(1 - q)(\alpha_1 n_1 - p\alpha_1 \gamma n_2 - c_1) \quad (4-4)$$

其关于 q 的一阶偏导为：

$$F_1'(q) = (1-2q)(\alpha_1 n_1 - p\alpha_1\gamma n_2 - c_1) \tag{4-5}$$

令复制动态微分方程 $F_1(q)=0$，可得 $q_1^*=0$，$q_2^*=1$，进一步有均衡点（0，0），（1，0）。且由于企业进入市场的动机是对利润的需求，其预期收益往往大于成本，则有 $\alpha_1(n_1-\gamma n_2)-c_1 \geqslant 0$，且由于 $0 \leqslant p \leqslant 1$，易得 $\alpha_1 n_1 - p\alpha_1\gamma n_2 - c_1 \geqslant 0$。当 $q_2^*=1$ 时，$F'_1(q)<0$，此时 $q_2^*=1$ 为演化稳定策略，即中小型企业选择进入新兴市场为均衡解。

同理可得大型平台企业的复制动态微分方程为：

$$F_2(p) = \frac{dp}{dt} = p(1-p)[\alpha_2(n_0+\beta n_2) - c_2 - q\gamma n_1] \tag{4-6}$$

其关于 p 的一阶偏导为：

$$F_2'(p) = (1-2p)[\alpha_2(n_0+\beta n_2) - c_2 - q\gamma n_1] \tag{4-7}$$

令复制动态微分方程 $F_2(p)=0$，可得 $p_1^*=0$，$p_2^*=1$，进一步有均衡点：（0，0），（1，0）。

同理，由于 $\alpha_2(n_0+\beta n_2)-c_2-q\gamma n_1 \geqslant 0$，则当 $p_2^*=1$ 时，$F_2'(p)<0$，此时 $p_2^*=1$ 为演化稳定策略（ESS），即大型平台企业选择进入新市场为均衡解。

以上分析表明，在第一阶段中小型平台企业与大型平台企业的博弈中，博弈的均衡解为（进入，进入）。

结论 4－1：两类企业都有进入新兴市场的激励。

4.2.2　第二阶段：平台企业在新市场选择竞争或者退出博弈

在新兴市场领域此时会存在各类新进入企业，这是平台跨界经营产生场景的第二阶段。我们将这些企业抽象为两类参与方——平台企业 3 和平台企业 4①，其采取的策略可以分为两类：一类是较为激进的竞争，另一类是顺应市场规律，在市场中相对保守的生存。在第二阶段的主要参数设计见表 4－3。

① 企业规模是产业组织理论关注的变量，为了更好地考察这一变量对竞争关系形成的影响，本部分不再将博弈参与者的规模外生给定。

表 4-3　　　　第二阶段主要参数设定

参数符号	含义
α_3	平台企业 3 的网络外部性强度
α_4	平台企业 4 的网络外部性强度
n	新兴市场可获得的总用户规模，象征着该市场的潜力
n_3	平台企业 3 顺应市场规律，采取较为保守的竞争策略可获得的用户规模
n_4	平台企业 4 顺应市场规律，采取较为保守的竞争策略可获得的用户规模
λ_3	平台企业 3 采取激进的竞争策略时的努力系数
λ_4	平台企业 4 采取激进的竞争策略时的努力系数
f	企业努力的边际成本，此处假设努力的边际成本一致

相应的假设如下：

（1）平台企业 3 和平台企业 4 均有“激进”“保守”两种竞争策略选择，其中，平台企业 3 有 q 的概率选择激进的竞争方式，有 $(1-q)$ 的概率选择保守的竞争方式。平台企业 4 选择激进竞争方式的概率为 p，保守竞争方式的概率为 $(1-p)$。

（2）当平台企业 3 和平台企业 4 都选择激进的竞争策略时，平台企业 3 可以获得的收益为：$\alpha_3 n_3 + \alpha_3\left(\frac{\lambda_3}{\lambda_3+\lambda_4}\right)n - \lambda_3 f$，其中 $\alpha_3 n_3$ 表示平台企业 4 在新兴市场中可以获得的保留收益；由于双方平台企业均采取激进的竞争方式，则双方企业抢夺新市场中数量为 n 的用户，$\left(\frac{\lambda_3}{\lambda_3+\lambda_4}\right)n$ 表示平台企业 3 竞争所得的用户数，$\left(\frac{\lambda_4}{\lambda_3+\lambda_4}\right)n$ 表示平台企业 4 竞争所得的用户数，且满足 $\left(\frac{\lambda_3}{\lambda_3+\lambda_4}\right)n + \left(\frac{\lambda_4}{\lambda_3+\lambda_4}\right)n = n$，$\alpha_3\left(\frac{\lambda_3}{\lambda_3+\lambda_4}\right)n$ 表示平台企业 3 采取激进的竞争策略时所获得的额外收益；同理，平台企业 4 在该情况下获得的收益为：$\alpha_4 n_4 + \alpha_4\left(\frac{\lambda_4}{\lambda_3+\lambda_4}\right)n - \lambda_4 f$。

（3）当平台企业 3 选择激进的竞争策略而平台企业 4 选择保守的竞争策略时，采取激进竞争策略的一方可以完全获得新市场中数量为 n 的用户，此时，平台企业 3 的收益为：$\alpha_3 n_3 + \alpha_3 n - \lambda_3 f$，平台企业 4 只能获得新市场中的基本收益 $\alpha_4 n_4$。类似地，当平台企业 4 选择激进的竞争策略而平台企业 3 选择保守的竞争策略时，平台企业 4 的收益为：$\alpha_4 n_4 + \alpha_4 n - \lambda_4 f$，平台企业 3 的收益为：$\alpha_3 n_3$。

（4）当平台企业 3 和平台企业 4 都选择保守的竞争策略时，平台企业双方都只可以获得新市场中的基本收益，即 $\alpha_3 n_3$，$\alpha_4 n_4$。

由此可以得到博弈矩阵，见表 4－4：

表 4－4　平台企业在新市场竞争策略选择博弈矩阵

		平台企业 4	
		激进（p）	保守（$1-p$）
平台企业 3	激进（q）	$\alpha_3 n_3 + \alpha_3\left(\frac{\lambda_3}{\lambda_3+\lambda_4}\right)n - \lambda_3 f$，$\alpha_4 n_4 + \alpha_4\left(\frac{\lambda_4}{\lambda_3+\lambda_4}\right)n - \lambda_4 f$	$\alpha_3 n_3 + \alpha_3 n - \lambda_3 f$，$\alpha_4 n_4$
	保守（$1-q$）	$\alpha_3 n_3$，$\alpha_4 n_4 + \alpha_4 n - \lambda_4 f$	$\alpha_3 n_3$，$\alpha_4 n_4$

企业 3 选择激进的竞争策略时，在新市场获得的期望效用为：

$$EU_3 = p\left[\alpha_3 n_3 + \alpha_3\left(\frac{\lambda_3}{\lambda_3+\lambda_4}\right)n - \lambda_3 f\right] + (1-p)(\alpha_3 n_3 + \alpha_3 n - \lambda_3 f) \tag{4-8}$$

企业 3 选择保守的竞争策略时，在新市场获得的期望效用为：

$$EU_4 = p\alpha_3 n_3 + (1-p)\alpha_3 n_3 \tag{4-9}$$

所以企业 3 的平均期望收益为：

$$\overline{EU} = qEU_3 + (1-q)EU_4 = q\left[p\alpha_3\left(\frac{\lambda_3}{\lambda_3+\lambda_4}\right)n + \alpha_3 n - \lambda_3 f - p\alpha_3 n\right] + \alpha_3 n_3 \tag{4-10}$$

由此可以得出复制动态微分方程及对应的偏导函数：

$$F_3(q) = \frac{dq}{dt} = q(EU_3 - \overline{EU})$$

$$= q(1-q)\left[p\alpha_3\left(\frac{\lambda_3}{\lambda_3+\lambda_4}\right)n + \alpha_3 n - \lambda_3 f - p\alpha_3 n\right] \tag{4-11}$$

$$F_3'(q) = (1-2q)\left[p\alpha_3\left(\frac{\lambda_3}{\lambda_3+\lambda_4}\right)n + \alpha_3 n - \lambda_3 f - p\alpha_3 n\right] \qquad (4-12)$$

令复制动态微分方程 $F_3(q) = 0$，可得：$q_3^* = 0$，$q_4^* = 1$，$p_3^* = \dfrac{\alpha_3 n - \lambda_3 f}{\dfrac{\lambda_3}{\lambda_3+\lambda_4}\alpha_3 n}$。

当 $p = p_3^*$ 时，$F_3'(q) = 0$，复制动态微分方程在 q 轴上稳定；当 $p > p_3^*$ 时，若 $q_3^* = 0$，则 $F'_3(q) > 0$；若 $q_4^* = 1$，则 $F'_3(q) < 0$，此时 $q_4^* = 1$ 为演化稳定均衡策略（ESS），即平台企业 3 选择激进的方式在新市场进行竞争；当 $p < p_3^*$ 时，若 $q_3^* = 0$，则 $F_3'(q) < 0$；若 $q_4^* = 1$，则 $F_3'(q) > 0$。此时 $q_3^* = 0$ 为演化稳定均衡策略（ESS），即平台企业 3 选择保守的方式在新市场进行竞争，如图 4－1 所示。

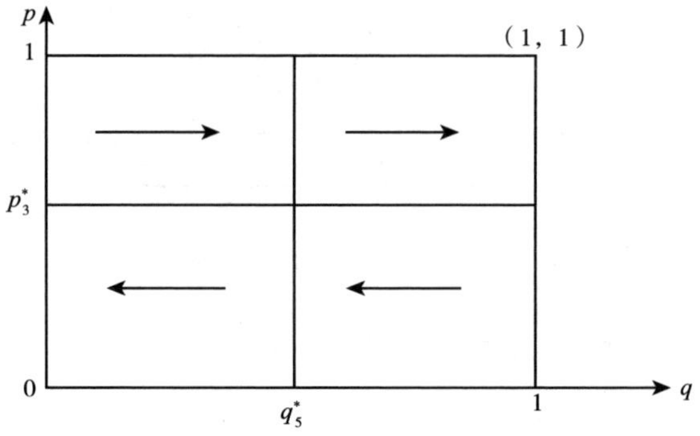

图 4－1　平台企业 3 的策略选择倾向

同理可得平台企业 4 的演化稳定均衡策略。

平台企业 4 的复制动态微分方程为及其偏导：

$$F_4(p) = \frac{dp}{dt} = p(1-p)\left[q\alpha_4\left(\frac{\lambda_4}{\lambda_3+\lambda_4}\right)n + \alpha_4 n - \lambda_4 f - q\alpha_4 n\right] \qquad (4-13)$$

$$F_4'(p) = (1-2p)\left[q\alpha_4\left(\frac{\lambda_4}{\lambda_3+\lambda_4}\right)n + \alpha_4 n - \lambda_4 f - q\alpha_4 n\right] \qquad (4-14)$$

令复制动态微分方程 $F_4(p) = 0$，可得 $p_4^* = 0$，$p_5^* = 1$，$q_5^* = \dfrac{\alpha_4 n - \lambda_4 f}{\dfrac{\lambda_3}{\lambda_3+\lambda_4}\alpha_4 n}$。

当 $q=q_5^*$ 时，$F_4'(p)=0$，复制动态微分方程在 q 轴上稳定；当 $q>q_5^*$ 时，$p_5^*=1$ 为演化稳定均衡策略（ESS），即平台企业 4 倾向于选择激进的方式在新市场进行竞争；当 $q<q_5^*$ 时，$p_4^*=0$ 为演化稳定均衡策略（ESS），即平台企业 4 倾向于选择保守的方式在新市场进行竞争，如图 4－2 所示。

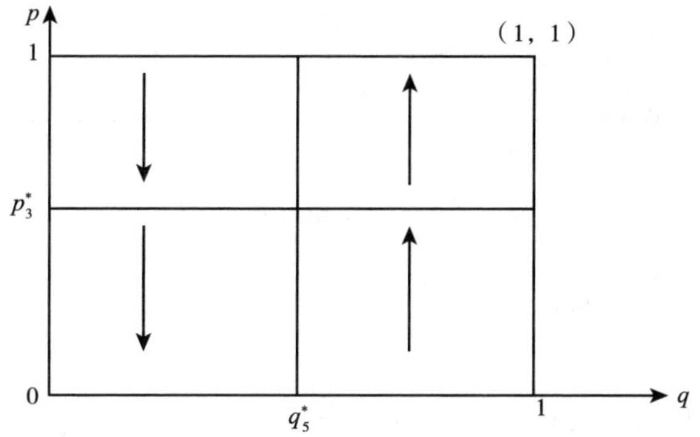

图 4－2　平台企业 4 的策略选择倾向

由于 p_3^* 和 q_5^* 的大小无法确定，所以此处结合图 4－3 和图 4－4 可以得到随着 p_3^* 和 q_5^* 大小的变化，平台企业 3 和平台企业 4 的总体策略选择倾向，如图 4－3 所示。并由此得出随着鞍点位置变化，平台企业的竞争策略选择变化，如图 4－4 所示。

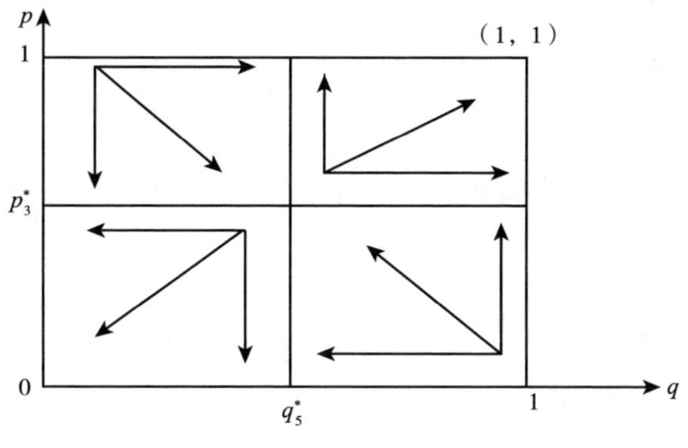

图 4－3　平台企业 3 和平台企业 4 的综合策略选择倾向

由图 4－4 可知，平台企业策略的选择 D 点位置的变化而变化，即随 p_3^* 和 q_5^* 的大小变化而变动，而 p_3^* 和 q_5^* 则由参数 α_3、α_4、n、f、λ_3、λ_4 所决定，分别对其求偏导可得：

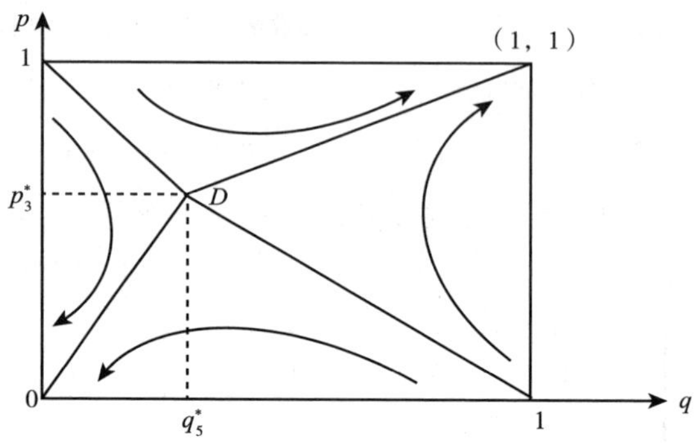

图 4-4　第二阶段鞍点图

$$\frac{\partial p_3^*}{\partial \alpha_3}=\frac{f\lambda_3(\lambda_3+\lambda_4)}{\lambda_4\alpha_3^2 n}\geqslant 0 \tag{4-15}$$

$$\frac{\partial p_3^*}{\partial n}=\frac{f\lambda_3(\lambda_3+\lambda_4)}{\lambda_4\alpha_3 n^2}\geqslant 0 \tag{4-16}$$

$$\frac{\partial p_3^*}{\partial f}=-\frac{\lambda_3(\lambda_3+\lambda_4)}{\lambda_4\alpha_3 n}\leqslant 0 \tag{4-17}$$

$$\frac{\partial p_3^*}{\partial \lambda_3}=\frac{\alpha_3 n-f\lambda_4-2f\lambda_3}{\lambda_4\alpha_3 n} \tag{4-18}$$

$$\frac{\partial p_3^*}{\partial \lambda_4}=\frac{\lambda_3(f\lambda_3-\alpha_3 n)}{\lambda_4^2\alpha_2 n} \tag{4-19}$$

$$\frac{\partial q_5^*}{\partial \alpha_4}=\frac{f\lambda_4(\lambda_3+\lambda_4)}{\lambda_3\alpha_4^2 n}\geqslant 0 \tag{4-20}$$

$$\frac{\partial q_5^*}{\partial n}=\frac{f\lambda_4(\lambda_3+\lambda_4)}{\lambda_3\alpha_4 n^2}\geqslant 0 \tag{4-21}$$

$$\frac{\partial q_5^*}{\partial f}=-\frac{\lambda_4(\lambda_3+\lambda_4)}{\lambda_3\alpha_4 n}\geqslant 0 \tag{4-22}$$

$$\frac{\partial q_5^*}{\partial \lambda_3}=\frac{\lambda_4(f\lambda_4-\alpha_4 n)}{\lambda_3^2\alpha_4 n} \tag{4-23}$$

$$\frac{\partial q_5^*}{\partial \lambda_4}=\frac{\alpha_4 n-f\lambda_3-2f\lambda_4}{\lambda_3\alpha_4 n} \tag{4-24}$$

由以上公式可得，平台企业自身的用户锁定效应 α、新领域中的市场潜力 n 对于鞍点的变化都是正向的，即 α 和 n 越大，平台企业选择激进的竞争策略的可能性就越大；采取激进竞争时的边际成本 f 对于鞍点的变化是负向的，即 f 越大，平台企业选择激进的竞争策略的可能性就越小；而平台企业为了进行竞争所做出的努力程度 λ_3 和 λ_4 对于鞍点变化的影响是无法确定的。由此，我们可以得到结论 4-2 和结论 4-3。

结论 4-2：当平台企业竞争边际成本（f）较大时，其越倾向于选择保守的竞争策略。

结论 4-3：当平台企业网络外部性（α）较强、新领域市场潜力（n）较大时，其越倾向于选择激进的竞争策略。

结论 4-2 是较为符合经验直觉的，即如果平台企业在新领域中面对着较为激烈的竞争形势，企业想在竞争中取得优势地位，需要付出较大的竞争成本，其往往会选择较为保守的竞争策略。

结论 4-3 勾勒出了平台经济中不正当竞争可能产生的环境。理论上看，平台企业的跨界行为，仍是在双边市场的情景下进行的，因此，在新进入领域，平台企业也会在网络外部性的影响下，追求用户规模，最终实现“强者愈强”的正反馈效应。鉴于此，两个因素决定了平台企业在进入新领域后是否采取激进的竞争策略。一是目标市场的网络外部性强度，这或与新业务的类型有关，一般而言，具有社交功能的业务往往具有更强的网络外部性——用户规模越大，产品或服务构成的网络价值越大；二是目标领域的潜在用户数，如果潜在用户数更多，可形成的网络价值更大，也会进一步形成广阔的盈利空间。相较而言，在具有更强用户交互功能、与已有业务互补关系明显的业务领域，企业更倾向采取较为激烈的竞争，形成新的竞争关系。

4.3　模型检验——模拟仿真分析

采用数值实验进行仿真可以为模型结果提供佐证。后文使用 Matlab 对以上理论结果进行模拟仿真，以更加直观地观察到平台企业策略选择的变化。

4.3.1　第一阶段仿真检验

参考平台经济的发展实践，参数设置见表 4-5，模拟结果如图 4-5 所示。

表 4－5　　　　　　　　第一阶段具体参数基准假定

参数符号	数值设置
α_1	0.6
α_2	0.8
β	2
n_0	40
n_1	30
n_2	50
γ	0.2
c_1	2
c_2	1

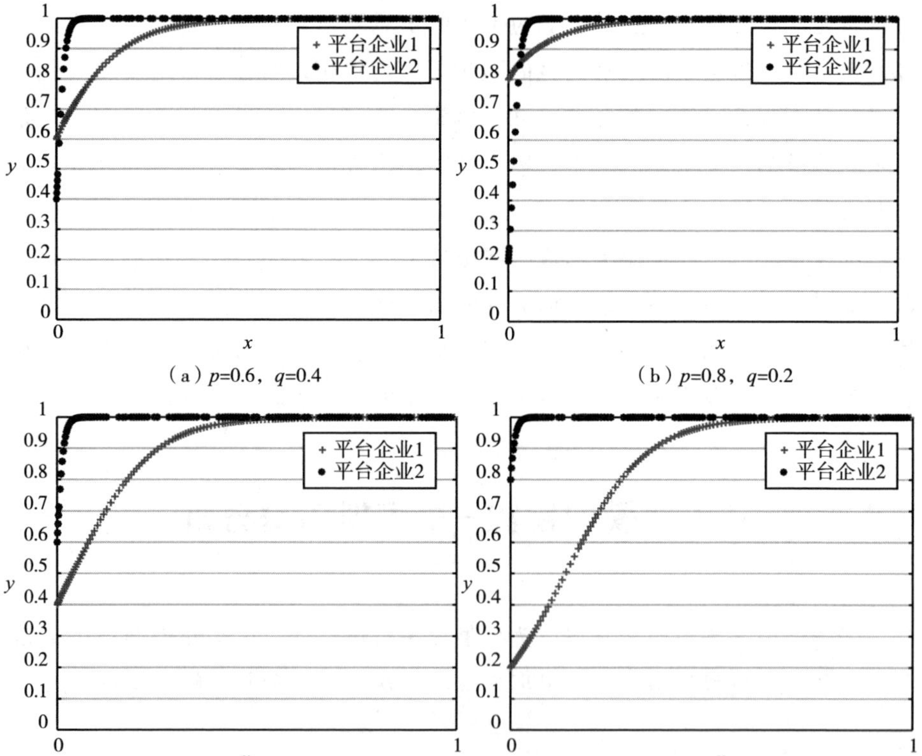

（a）p=0.6，q=0.4　　（b）p=0.8，q=0.2

（c）p=0.4，q=0.6　　（d）p=0.2，q=0.8

图 4－5　不同进入市场概率初始值下平台企业的策略选择

图4-5显示，第一阶段企业的策略选择最终都会趋向于进入市场，即ESS结果（1，1），验证了结论4-1。

4.3.2 第二阶段仿真检验

第二阶段验证平台企业采取激进竞争策略时的边际成本f、网络外部性强度$\alpha_i(i=3,4)$、新兴市场可获得的总用户规模n对企业稳定均衡策略的影响。验证的基本思路是：首先，设置基准参数，对第二阶段的稳定均衡策略进行仿真；其次，改变边际成本等参数的设置，并与基准仿真结果进行对比，由此验证相应结论。

（1）基准仿真结果。

首先，根据平台市场的发展实践，对具体参数进行如下假定，见表4-6。此时，仿真结果如图4-6所示——无论如何改变平台企业采取激进手段进行竞争的初始概率，平台企业的策略选择最终都会趋向于（1，1）点，即平台企业都会采取激进的竞争手段进行竞争。

表4-6 第二阶段具体参数“基准”假定

参数符号	数值设定
α_3	0.5
α_4	0.5
n	100
λ_3	0.5
λ_4	0.5
f	20

（2）采取激进竞争策略时的边际成本f对平台企业竞争策略的影响。

由以上对于鞍点变化的分析可知，采取激进竞争时的边际成本f越大，平台企业选择激进的竞争策略的可能性就越小。那么我们选择平台企业初始概率为“$p=0.6$，$q=0.4$”的情况下，改变采取激进竞争策略时的边际成本f，对其进行模拟仿真分析，验证f对平台企业竞争策略的影响，结果如图4-7所示。

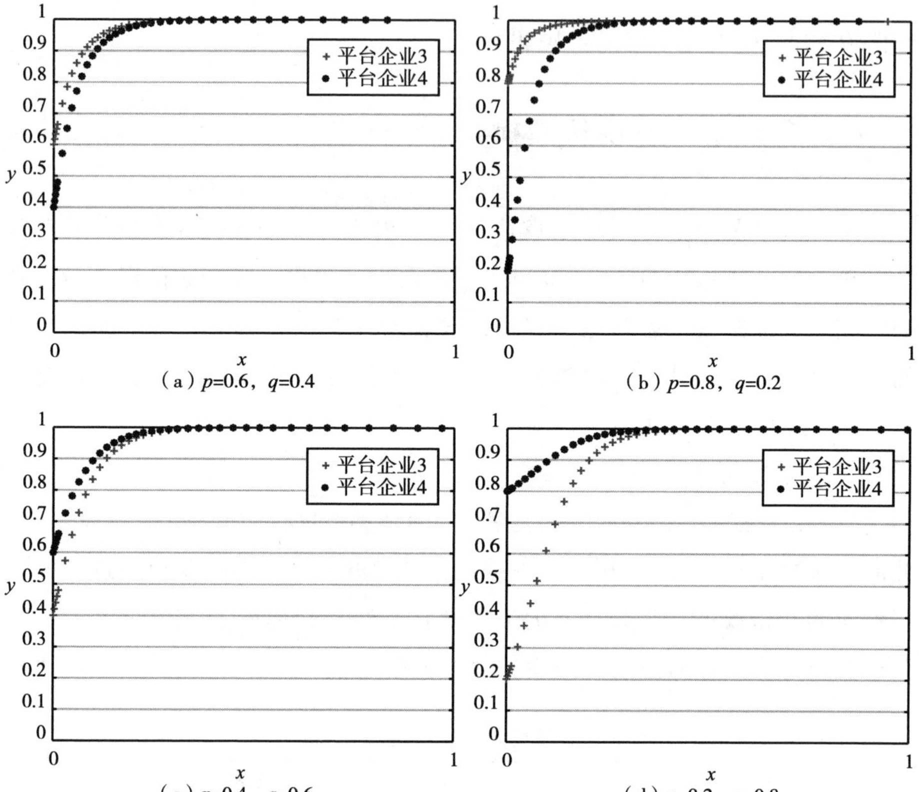

（a）p=0.6，q=0.4　（b）p=0.8，q=0.2

（c）p=0.4，q=0.6　（d）p=0.2，q=0.8

图 4－6　基准值下的平台企业策略选择

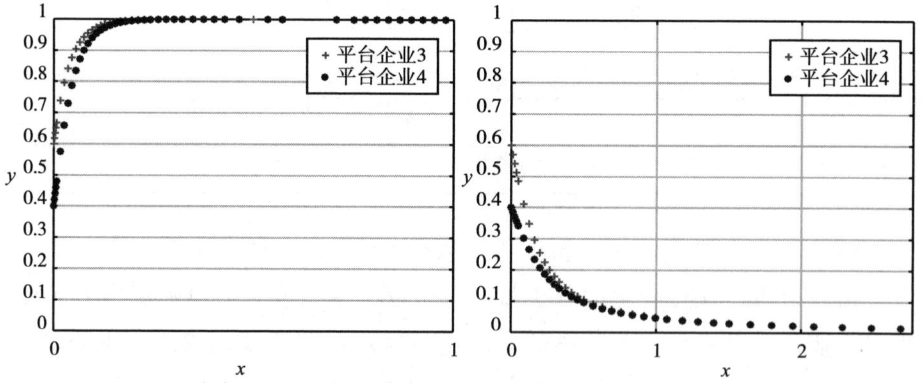

（a）f=1　（b）f=100

图 4－7　采取激进竞争策略时的边际成本 f 对平台企业竞争策略的影响

对比图 4－6（a）和图 4－7（a）可以发现，采取激进竞争策略时的边际成本 f 越小，平台企业策略选择趋向于 1，即选择激进式竞争策略的可能性越高；对比图 4－6（a）和图 4－7（b）可以发现，当采取激进竞争策略时的边际成本 f 较大时，平台企业的策略选择趋向于 0 点，即平台企业会选择保守的竞争策略。结论 4－2 成立。

（3）网络外部性强度 $\alpha_i(i = 3,4)$ 对平台企业竞争策略选择的影响。

由以上对于鞍点变化的分析可知，平台企业自身的网络外部性强度越大，平台企业选择激进的竞争策略的可能性就越大。那么我们在平台企业初始概率为“$p=0.6$，$q=0.4$”的情况下，改变平台企业自身的网络外部性强度的大小，对其进行模拟仿真分析，验证网络外部性强度对平台企业竞争策略选择的影响。结果如图 4－8 所示。

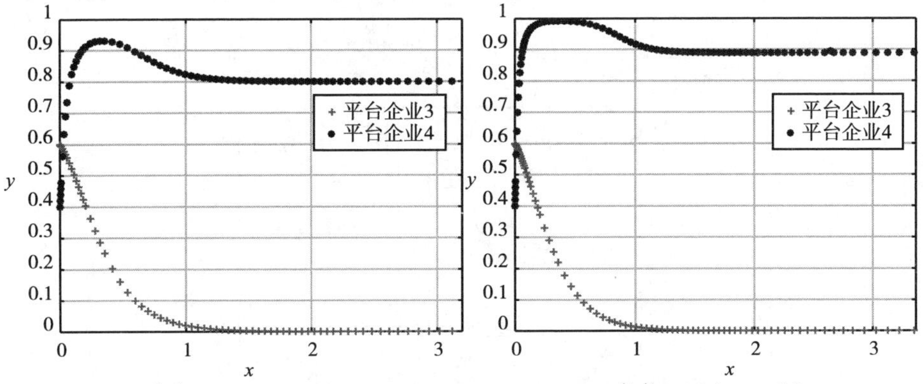

（a）$\alpha_3=0.1$，$\alpha_4=0.5$　　（b）$\alpha_3=0.1$，$\alpha_4=0.9$

图 4－8　平台企业自身的网络外部性强度 α 对平台企业竞争策略的影响

对比图 4－6（a）（b）和图 4－8（a）（b）可以发现，当平台企业网络外部性强度较弱时，平台企业 3 的策略选择趋向于 0 点，即平台企业 3 会选择保守的竞争策略，且平台企业 4 选择激进的竞争策略的概率也会降低，说明平台企业双方的策略选择是相互影响的；对比图 4－8（a）（b）两图，发现当平台企业自身的网络外部性强度 α 很高时，平台企业选择激进的竞争策略的概率也会提高，但是仍没有双方都进行激烈竞争时的概率高。结论 4－3 成立。

（4）潜在用户规模（市场潜力）n 对平台企业竞争策略的影响。

由以上对于鞍点变化的分析可知，新兴市场可获得的总用户规模 n 越大，平台企业选择激进的竞争策略的可能性就越大。在选择平台企业初始概率为“$p=0.6$，$q=0.4$”的情况下，改变新兴市场可获得的总用户规模 n 的大小，对其进行模拟仿真分析，验证新兴市场可获得的总用户规模对平台企业竞争策略的影响。结果如图 4－9 所示。

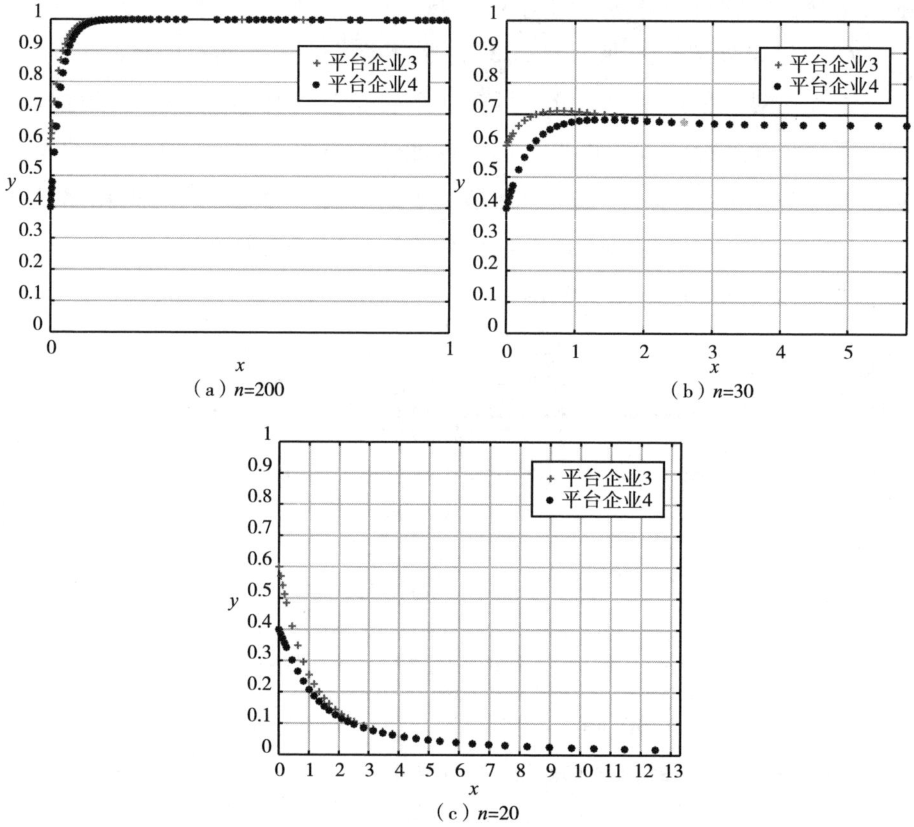

图 4－9　新兴市场潜在用户规模 n 对平台企业竞争策略的影响

对比图 4－6（a）和图 4－9（a）可以发现，新兴市场可获得的总用户规模 n 越大，平台企业策略选择越趋向于 1，即选择激进的竞争策略的可能性越大；对比图 4－6（a）和图 4－9（b）可以发现，当新兴市场可获得的总用户规模 n 较小时，平台企业的策略选择无法确定，围绕着其初始概率波动；对比图 4－6（a）和图 4－9（c）可以发现，当新兴市场可获得的总用户规模 n 很小时，平台企业的策略选择趋向于 0 点，即平台企业选择保守的竞争策略的可能性越大。综上，结论 4－3 成立。

4.4　本章小结：平台跨界的竞争关系判断

本部分利用演化博弈理论对平台跨界产生的竞争关系进行了趋势性判断，得出两方面结论：一是不同规模的平台企业都有进入新兴市场的动机；二是在新兴市场中，各类平台企业有进行竞争的意愿。上述两方面结论表明，平台企业的跨界行为并不是短期动态调整式的经营策略，也不存在彼此之间刻意地避免竞争现象，相反，平台企业对于新兴业务领域的关注，是一种长期的、稳定的策略选择，由此将形成业务重叠，激发平台企业间在不同业务领域的竞争关系。上述情景在现实中已有较多反映，如谷歌母公司 Alphabet 曾因为在多领域提供数字服务遭到了德国联邦卡特尔局（FCO）的反垄断调查，调查认为，Alphabet 公司除了在谷歌搜索引擎领域以外，在谷歌地图、安卓操作系统、Youtube、Chrome 浏览器等领域均具有其他企业难以挑战的市场地位；国内出现的“3Q 大战”、平台“百团大战”，均属于平台跨界带来的新竞争形态。但目前对该类新竞争关系产生的产业组织影响并无深入的分析，鉴于此，本研究将进一步分析跨界竞争产生的经济后果。

第5章　平台跨界竞争中大型平台企业的竞争优势维持

前文分析表明，平台企业的跨界经营一定会形成新的竞争关系。由此产生的问题是，跨界竞争呈现什么样的特征？但正如前文所述，跨界竞争改变了传统竞争范围——潜在的竞争既存在于同质产品或服务中，也存在于异质产品或服务中，使得一些具有反竞争效应的行为——平台包络（Platform Envelopment）、自我优待（Self - preferencing）、猎杀式并购（Killer Acquisitions）、收雇（Acqhired）等，在以相关市场界定为前提的经济学分析范式与现行反垄断框架下，不仅难以被察觉，也缺乏分析工具。因此，本部分引入资源视角，构建平台企业的生态位宽度指数和生态位重叠度指数，分析平台企业的跨界竞争特征，尤其是给出了大型平台企业在跨界过程中竞争优势是否会维持的经验证据。

5.1　机理分析：跨界行为的竞争效应

在对平台竞争的已有研究中，多遵照着传统产业组织学派的基本分析思路，侧重于厘清竞争会产生什么样的后果，哪种市场结构能发挥更大的市场效率。然而，这种分析方式并没有考虑到产品或服务异质性的情况，难以为企业的跨界行为提供足够的解释力。当然，传统理论中，也有与跨界行为内涵相似的概念与经典的分析思路。诸多研究将企业选择跨界的动因归结于成本，指出规模经济效应、围经济效应和跨界风险是其中的权衡（trade - off）因素（Baysinger & Hoskisson，1989；Geringer et al.，2000），而影响上述因素的关键在于成本。同时，在平台经济中，跨界的成本很大程度上取决于企业对资源的占有与协调水平（Penrose，1995）。因此，我们可以从成本及与此相关的视角对平台企业跨界产生的竞争效应予以分析。同时需要注意，平台跨界有着更为复杂的场景。鉴于此，后文结合平台市场特征，从资源与成本的角度，分别在“同一领域的差异化跨界竞争”“多领域横向跨界竞争”情境下，对以下两个问题进行探讨：一是平台企业自身的竞争特征，如大型平台企业是否在跨界竞争中也具有显著优势；二是平台企业之间的竞争关系，如大型平台企业在跨界中的优势是否使其在多个业务领域中有较为稳定的市场地位。

当跨界领域与主营业务相关时，大型平台企业的竞争优势体现在规模经济的强化上。数字经济时代，算力、算法等成为平台市场中新的资源。显然，这些资源对于大型平台企业更为“友好”——其获取这些资源的成本更低。首先，在网络外部性的作用下，用户会自发聚集于大型平台企业（Evans & Shmalensee，2002），形成了大型平台企业的流量优势，进一步，数据产生于用户的资本资料和网络行为，更多的用户意味着更多的数据量（荆文君，2021），将有助于平台企业更好地了解、分析用户偏好；其次，大型平台企业资金充裕，保证了其在技术创新方面的高投入，如阿里巴巴、百度、今日头条等企业，均已涉足人工智能、大数据等新兴领域，这成为了获得前沿算力、算法的保障；最后，信息充裕的平台市场中，用户的注意力成为了稀缺资源（Simon，1992），大型平台企业凭借其积累的用户规模及口碑效应，对用户注意力有天然的吸引力。

而当业务界线逐渐模糊，平台企业的跨界目标领域与主营业务差异非常大时，跨界竞争所面临的情境更加复杂表现在范围经济效应开始出现并得到强化，且规模经济与范围经济呈现出一定的协同态势。一方面，在供给层面，平台经济中新型资源的特征使大型平台企业跨界过程中范围经济效应更明显。前文提到的关键资源——流量、数据、算力和算法等，在企业跨界过程中，是可以共用的生产性资源（陈禹等，2018；鲁彦、曲创，2019），降低了平台企业因跨界而产生的协调成本，强化了平台企业的范围经济优势。同时，由于正反馈效应的存在，中小型企业难以获得足够的用户数量，因此，上述可在多领域共用的资源明显不足，跨界时用户类别的增加意味着补贴、营销、维护用户方面的成本将增加，其在跨界时不仅要面对吸引新用户的成本，还要继续支出维持老用户的成本，无法发挥范围经济效应。另一方面，在需求层面，网络外部性与长尾效应结合，强化了大型平台企业在多个业务领域中的竞争优势。网络外部性产生的正反馈效应使大型平台企业在主营业务领域具有了庞大的用户基数。用户规模不仅决定了平台企业在主营业务领域具有的主导地位，还决定着企业扩展业务范围能够接触到的用户规模，这是大型平台企业跨越新领域市场壁垒的关键因素。同时，得益于互联网等技术的进步，平台经济中用户多样化的需求被激发，长尾效应显著。与之对应地，平台的跨界行为在用户侧的协同效应下，可以降低用户使用多种服务的选择成本和时间成本（鲁彦、曲创，2019），更精准地满足用户的多样化需求，增加用户的效用水平，提升用户参与平台的意愿，这也可以看作规模经济和范围经济产生的协同效应。

进一步，大型平台企业的竞争优势也影响着整个平台市场的竞争关系与市场结构。

在同一业务领域的竞争关系中，显著的网络外部性及由此引发的正反馈效应决定了大型平台企业可以占据稳定的、近似垄断的市场地位（Arthur，1989；Shy，1996；Evans & Schmaleness，2002；苏治等，2018）。但是，有研究指出，产品或服务的差异化（Differentiation），本身可以抵消网络外部性带来的用户聚集现象，使市场中可以共存多个平台企业，提升市场中的竞争激烈程度（Farrel & Saloner，1986；Katz & Shapiro，1994；Liebowitz & Margolis，1996）。同时，平台经济中的多归属性（Multi－homing）又使用户可以在多种相似产品和服务之间，以极低的成本进行切换，降低了网络外部性对用户的锁定效应（Rysman，2004），也使得平台市场某一领域中的头部企业频繁更迭（Shapiro & Varian，1998）。

随着跨界业务差异程度地扩大，明显资源优势的大型企业，其不仅在主营业务领域具有较高的市场份额，也可以依靠资源可多领域共用的优势，以较低的成本进入其他业务市场。近年来，关于平台企业跨界竞争的讨论也有类似的观点，如大型平台企业可以通过平台包络策略，成功进入某些与主营业务不相关的新兴业务领域（Eisenmann et al.，2011）；平台市场中存在着杠杆效应（Leverage Effect），即平台企业的市场势力可以跨业务类别传导（Daniel，1998）。上述内容说明，大型平台企业所具有的垄断力量可能会在多个市场存在，使其大概率成为跨界竞争的“胜出者”。回顾传统观点，竞争与垄断往往被放在对立的位置，垄断结构的市场具有很高的市场壁垒，阻碍其他企业进入，降低了市场中的竞争激烈程度，如哈佛学派经济学家莱宾斯坦（Harvey Leibenstein）提出垄断企业因缺乏竞争压力，产生了低效率弊端（X 非效率，X - inefficiency）。在该规律下，平台经济中的跨界竞争可能也存在着垄断与竞争的分离的情况，即大型平台企业在多个业务领域免受来自其他中小型平台企业造成的竞争之扰。

综上所述，本研究认为，大型平台企业在跨界竞争中具有显著的、来自资源层面的竞争优势。同时，根据跨界业务领域与主营业务领域的差异水平，大型平台企业在跨界中可能面临着不同的竞争程度，在基于主营业务进行差异化跨界经营时，各类平台企业可能仍面临着激烈的竞争，而当跨界业务与主营业务区别较大时，大型平台企业的资源优势，可能会降低其他中小型平台企业对其造成的竞争压力。

后文借助生态位理论，首先从资源的角度建立了反映平台企业竞争优势和竞争激烈程度的指数，并通过实证方法，考察了平台跨界竞争中，企业规模与竞争的关系，为上述理论分析提供了相应的经验证据。

5.2　“竞争—生态位—资源”分析框架

平台经济中广泛存在的跨界竞争很难通过传统的范式（如市场结构、进入壁垒）或指标（如赫芬达尔指数、市场集中比率）描述平台企业间的竞争态势，这为后续分析与检验企业竞争行为特征与异质性造成了困难。鉴于此，本章从资源角度，借助生态位理论，建立“竞争—生态位—资源”的分析框架，用以描述平台企业跨界竞争中的竞争优势与竞争激烈程度。

5.2.1　以生态位（Ecological Niche）理论搭建资源与竞争之间的桥梁

传统产业的竞争产生于同种产品或同一市场，相应的分析框架，如

SCP 范式，其中的“结构”（structure）也是指同一市场中的市场结构，因此对平台企业之间的跨界竞争现象难以提供精准的解释，这也使产业组织理论中常用的市场结构测算指数无法很好地描述某家企业所面临的竞争环境。核心问题是，这类指数容易忽略平台企业在相关乃至不相关市场已经形成的市场势力，进而不能识别其潜在的不正当竞争行为。

传统方法在平台市场上的应用困境使我们开始回溯竞争与垄断的具体内涵。“竞争”从内涵上看，仍是指经济主体（企业）为争夺经济利益而展开的一系列行为，利益的来源除了企业自身诸如创新、宣传等策略性行为外，还包括企业之间对资源的争夺。资源的多寡是企业获得利益的基础，不同的资源决定了企业的策略制定和运营方式的不同。垄断是竞争发展的必然结果，它不仅是市场份额高度集中的一种现象，也是企业竞争优势的一种体现，典型的垄断类型——资源垄断、专利垄断等，都隐含着垄断企业对资源具有独占性。根据资源基础理论（Resource - Based Theory, RBT），异质性的、不可完全转移的资源是可持续竞争优势的重要来源（Grant, 1999；杨苗苗、王娟茹，2020），已有诸多研究表明，企业会在同质资源上表现出竞争关系，在异质性资源上表现出合作关系（Bengtsson & Kock, 1999；Luo, 2005），且跨界竞争的目的之一是整合资源（Prahalad & Ramaswamy, 2000）。可以认为，资源在市场结构形成中具有基础作用，也是企业产生竞争行为的核心动因。在平台企业跨界竞争缺乏理论归属时，如果能找到资源与竞争行为之间的数量联系，就可以从资源这一更底层的逻辑描述平台企业的跨界竞争态势。

生态位理论是建立企业竞争行为与资源环境联系的桥梁。该理论源于生物学，指每个个体或种群在种群或群落中的时空位置及功能关系，可以用来描述特定的生物个体或单元与环境之间的相互作用和相对地位（朱春全，1997），是衡量物种综合竞争力和发展潜力的重要指标。20 世纪 90 年代以来，生态位理论逐步被应用于衡量企业竞争层面，如 Hannan 和 Freeman（1977）认为生态位是企业在竞争环境中拥有的多维度资源；而企业间的竞争激烈程度取决于企业生态位的相似程度（Baum et al.，1994）。随着生态位理论向各个领域的渗透，其在量化层面也取得了相应的进展。学界建立了一些可以描述企业生态位特征的指标，其中，生态位宽度（Niche

Width）可以描述企业能够利用各种资源的总和，企业生态位宽度越高，表明其资源占有水平越高，竞争优势越明显，它可以反映的是企业自身的竞争特征；生态位重叠度（Niche Overlap）可以描述各类企业对各种资源的同质需求，由此反映企业的竞争激烈程度，这是对竞争关系、垄断态势的考察标准。企业的竞争优势与企业间的竞争关系，恰好也反映了企业和资源与环境之间的关系。生态位的成熟量化使从资源角度描述不同规模平台企业在跨界竞争中的异质性表现提供了可行方法。引入生态位理论后，本研究形成了“竞争—生态位—资源”的测度与分析框架（如图 5－1 所示），竞争态势是需要刻画的具体表现，资源占有情况是刻画竞争态势的入手点，而生态位理论是联系两者的桥梁。在该框架下，我们克服了传统理论以同质业务分析范围，无法描述跨界竞争特征的困境，找到了反映跨界竞争中竞争优势、竞争激烈程度的数量表征方法。

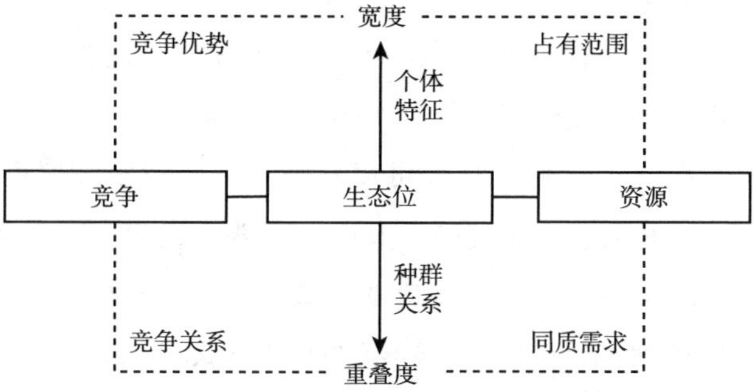

图 5－1　“竞争—生态位—资源”分析框架

后文将构造平台市场的生态位宽度与重叠度测度体系，形成平台市场竞争态势的数量依据。值得注意的是，在传统产业中，资源的基础作用是具有明显的行业异质性的。如土地资源对于农业而言非常重要，但对于制造业，尤其是先进制造业而言，重要性就有所下降。因此，我们从资源视角考察平台经济中的竞争时，进行了两方面考虑。首先，尊重资源基础作用的异质性，分两步进行生态位测度。一是区分平台经济中的典型业务领域，以业务领域为界线，完成对企业相近业务差异化跨界竞争的事实描述；二是考虑平台企业跨界竞争的现实情况，不控制具体的业务范围，测度所有企业对资源的占有情况。其次，平台经济中的

“资源”如何选取。本研究结合生态位思想，从资源的作用出发，为充分照顾异质性和现实情况两方面内容，不衡量具体的资源类型，而是从生态位理论的“态”“势”两个维度对企业占领资源的程度进行测度，具体见后文的指标体系构建。

5.2.2 平台生态位测度的指标体系构建

生态位宽度是指生物个体或者物种在一定时空范围内能利用的各种资源的总和，企业的生态位宽度则是指企业可以利用的各种资源总和。生态位宽度可以从企业占有资源的角度反应企业的竞争优势——生态位宽度越大，代表企业资源占有程度越高、占有能力越高，在竞争中处于优势；反之亦然，因此，生态位宽度可以用来衡量企业的竞争优势。生态位重叠度是指两个或两个以上生态位相似的物种生活于同一空间时分享或竞争共同资源的现象，企业生态位重叠代表着两家或多家企业之间对资源呈现出争夺的态势，由此将引发企业间的竞争排斥（Competitive Exclusion）现象，因此，生态位重叠度的高低，往往可以反映企业的竞争激烈程度。

测度平台企业的生态位宽度与重叠度，既要遵循生态位量化中的基础思路，又要符合平台经济特征。本研究参考 Pianka（1974）、张佳文（2015）的研究，选取反映平台经济中重要资源的指标，通过公式（5－1）、公式（5－2）测算平台企业的生态位宽度和生态位重叠度。

$$B_i = \frac{\left(\sum_{k}^{n} p_{ki}\right)^2}{\sum_{k}^{n} p_{ki}^2} \tag{5-1}$$

$$O_{ij} = O_{ji} = \frac{\sum_{k}^{n} p_{ki} p_{kj}}{\sqrt{\sum_{i}^{n} p_{ki}^2 \sum_{i}^{n} p_{kj}^2}} \tag{5-2}$$

在公式（5－1）和公式（5－2）中，B_i 表示企业的生态位宽度，O_{ij} 和 O_{ji} 表示 i 企业和 j 企业的生态位重叠度，n 表示资源种类，具体涉及哪些资源见后文指标构建；p_{ki}、p_{kj} 分别表示 i 企业、j 企业对第 k 种资源的占有比例，计算方法为 i 企业某类资源的总量比行业该类资源总量。

从式中可以看出，以生态位理论测度企业的竞争态势，关键是梳理出平台经济中的关键性资源。已有研究指出，企业的生态位包括“态”和“势”两个方面。其中，“态”是指企业在过去发展过程中形成的资源基础，主要通过企业的规模类指标反映；“势”是企业为之后竞争可以提供的能力，它在某种程度上反映了企业对环境或资源的影响力或支配力（张一进、高良谋，2019）。鉴于此，本研究结合数据可得性，并参考已有研究（张佳文，2015；张一进、高良谋，2019），重点选取了两类指标。

一类反映生态位中的“态”。包括基础性资源——固定资产，该资源是传统理论中反映企业资产的直观指标，是企业前期积累，也是企业赖以生产经营的主要资源；同时，平台经济中存在着显著的网络外部性，能吸引到足够的用户数理会触发“强者愈强”的马太效应，使企业占据较大的市场份额。因此，平台企业积累的用户规模在网络外部性的作用下决定了企业的竞争优势和市场地位，在数据相对缺乏的情况下，本研究以访问企业官方网站的独立访客数（Unique Visitor，UV）衡量，由于该指标以用户电脑的 Cookie 作为统计依据，因此，可以反映使用平台企业服务的真实用户规模，可以剔除机器刷单、手机预装应用等问题的干扰，同时，由于用户的访问与交易行为会产生相应的数据，更多的真实用户意味着更多的数据。因此，该指标也可以间接反映平台企业拥有的数据量。

另一类反映生态位中的“势”。平台企业对市场的控制力主要来源于两方面：一是效率的领先保证了平台企业的市场地位。创新在降低成本、提升效率方面均具有重要作用。同时，创新也是改变市场地位、形成动态竞争的主要企业行为（Spulber & Yoo，2015），因此，本部分选取与创新相关的研发投入作为平台企业“势”的衡量指标之一。同时，在数字经济时代，数据、算法、算力等成为新的生产要素，研发投入也部分反映了平台企业对这些要素的重视程度及开发力度；二是用户的关注成为了平台市场潜在的壁垒。平台经济具有注意力经济（the Economy of Attention）特征，丰富的产品与服务使用户注意力成为稀缺资源（Simon，1992；苏治等，2018），吸引更多的用户关注有助于获得更加稳定的市场份额和更广阔的潜在市场份额，对于不被关注的新兴中小型平台企业，无法吸引用户成为其难以逾越的市场壁垒。在当今大数据时代，搜索指数可以很好地度量公众关注度（Da 等，2009），因此，本部分选择百度指数反映网民对平台企业的关注，也反映了平台企业对用户注意力的吸引能力。

需要说明的是，由于平台经济是新生的经济形态，因行业界定模糊、统计口径不一等原因，尚没有办法全面而准确地从全行业层面获取上述四类指标总量值。但是，平台经济中的网络外部性使各领域市场趋于集中，显著的正反馈效应使资源也呈现“强者愈强，弱者愈弱”的态势，各领域中的典型企业，在流量、资金、研发投入等指标上，已经占据了行业的绝对份额，如根据 StatCounter GlobalStats 监测网站数据，在浏览器、网上社交等领域，前三名的企业占据市场份额的 80% 以上；同时，从各企业财报来看，腾讯、阿里巴巴、京东等头部企业的研发投入、固定资产等指标也与同类企业有巨大优势，如 2019 年阿里巴巴的研发投入是唯品会近 27 倍，一些体量更小的新创企业在上述指标上更是有着与典型企业数量级的差距。因此，将这些典型企业的上述指标进行加总，可以近似看作行业总量。上述数据均为样本企业 2016 ~ 2020 年的季度数据，且均已进行归一化处理，数据来源详见表 5 - 1。

表 5 - 1　　　　平台企业生态位测度关键资源指标

指标名称	数据来源	反映内容
固定资产净额	上市公司财报	“态”：企业已经形成的资源基础
网站 UV（unique visitor）的季度平均值	站长之家（tool. chinaz. com）	
研发投入	上市公司财报	“势”：企业为以后竞争所储备的能力
百度指数	百度指数网站	

在样本选择上，本书主要考虑两方面因素。首先，研究对象的契合性，即所选企业应为典型的平台企业，这可以从其主营业务领域得到印证，如网络购物、信息门户、搜索引擎等业务均为典型的平台型业务；其次，本研究选取了网络购物、信息门户、生活服务三个领域，包括阿里巴巴、京东、网易、携程等在内的 17 家企业，详见表 5 - 2。

表5-2　平台企业样本表

业务领域	企业名称
网络购物	阿里巴巴、京东、拼多多、唯品会、苏宁易购
信息门户	搜狐、金融界、人民网、网易、凤凰新媒体、新浪
生活服务	携程、58同城、优信、途牛、易车、汽车之家

根据前文理论分析，平台企业的跨界是一个渐进过程，呈现两种情境——同一领域的差异化跨界竞争、多领域的横向跨界竞争。为了全面理解平台企业的跨界竞争问题，后文分别从同一领域的差异化竞争和多个领域的完全跨界竞争两个方面分析了平台企业在跨界竞争中的规模异质性。

5.3　同一领域的差异化跨界竞争

5.3.1　生态位测度结果

根据公式（5-1）、公式（5-2），本研究测度了样本企业季度的生态位宽度和重叠度。表5-3、表5-4分别汇报了生态位宽度排名和生态位重叠度排名第一位与最后一位的企业或企业组合的年度平均值。

表5-3　同一领域生态位宽度测度结果

领域	年份	排名首位企业	首位企业生态位宽度值	排名末位企业	末位企业生态位宽度值
网络购物	2016	阿里巴巴	3.768	唯品会	1.018
	2017	阿里巴巴	3.946	苏宁易购	1.510
	2018	阿里巴巴	3.697	拼多多	1.215
	2019	阿里巴巴	3.930	苏宁易购	1.754
	2020	阿里巴巴	3.940	拼多多	1.990
信息门户	2016	搜狐	3.776	凤凰网	1.300
	2017	搜狐	3.673	凤凰网	1.213
	2018	搜狐	3.624	凤凰网	1.294
	2019	搜狐	3.794	凤凰网	1.310
	2020	新浪	3.711	凤凰网	1.167

续表

领域	年份	排名首位企业	首位企业 生态位宽度值	排名末位企业	末位企业 生态位宽度值
生活服务	2016	优信	3.119	汽车之家	1.987
	2017	58 同城	3.096	汽车之家	1.623
	2018	58 同城	3.372	汽车之家	1.616
	2019	易车	3.630	汽车之家	2.097
	2020	途牛	3.757	汽车之家	1.841

注：在测算阿里巴巴生态位相关指数时，以淘宝、天猫和阿里巴巴官方网站的独立访客数之和表示，下同。

综合来看，阿里巴巴、搜狐、58 同城等企业在其各自的领域中具有最宽的生态位宽度，表明其与环境的适应度更好，竞争优势更为突出。事实上，每个领域中生态位宽度最高的企业就是该领域中规模最为突出的企业。此外，生态位宽度不高的企业从规模上看，一般属于行业中第二梯队企业，同时，该类企业多年来生态位宽度几乎没有相对地大幅增加，因此可以看到，每个领域生态位宽度排名末位的企业往往比较稳定，说明依靠差异化业务进入市场的企业想获得寡头企业一般的资源优势是非常困难的。

表 5－3 显示，各领域中生态位重叠度较高的既有某领域中营收排名靠前的企业，如京东、阿里巴巴、网易等；也有同领域中第二梯队的企业，如唯品会、苏宁易购、金融界、途牛、优信等。同时，生态位重叠较低的企业包括各类市场份额的企业，既包括市场份额较小的苏宁易购、凤凰网、途牛等，也包括市场份额较大的京东、网易、携程等。如果说生态位重叠度反映的是企业间竞争激烈的程度，那么表 5－4 的测度结果说明，在同一领域中，激烈的竞争存在于各种规模的企业之间。

表 5－4　　同一领域生态位重叠度测度结果

领域	年份	排名首位企业组合	首位企业组合 生态位重叠度值	排名末位企业组合	末位企业组合 生态位重叠度值
网络购物	2016	京东－唯品会	0.974	唯品会－苏宁易购	0.022
	2017	阿里巴巴－京东	0.955	京东－苏宁易购	0.471
	2018	阿里巴巴－京东	0.965	京东－拼多多	0.220
	2019	唯品会－苏宁易购	0.993	拼多多－苏宁易购	0.259
	2020	唯品会－苏宁易购	0.993	拼多多－苏宁易购	0.373

续表

领域	年份	排名首位企业组合	首位企业组合生态位重叠度值	排名末位企业组合	末位企业组合生态位重叠度值
信息门户	2016	网易 - 凤凰网	0.999	网易 - 新浪	0.121
	2017	金融界 - 网易	0.974	网易 - 凤凰网	0.227
	2018	人民网 - 新浪	0.969	网易 - 凤凰网	0.218
	2019	搜狐 - 金融界	0.952	网易 - 凤凰网	0.213
	2020	搜狐 - 新浪	0.941	金融界 - 凤凰网	0.130
生活服务	2016	优信 - 途牛	0.969	携程 - 汽车之家	0.204
	2017	携程 - 易车	0.997	易车 - 汽车之家	0.163
	2018	优信 - 途牛（Q2）	0.993	优信 - 途牛（Q4）	0.126
	2019	携程 - 优信	0.995	携程 - 汽车之家	0.312
	2020	携程 - 优信	0.992	易车 - 汽车之家	0.213

注：表中“优信 - 途牛（Q2）”表示优信与途牛在 2018 年第二季度的生态位重叠度，“优信 - 途牛（Q4）”表示优信与途牛在第四季度的生态位重叠度。

综合生态位宽度和生态位重叠度的测度结果，可以得出在相同或相似领域，大规模企业有较为显著的资源优势，但这并不足以使其在跨界中免受竞争压力，其仍有可能将面临着激烈的竞争。后面建立了回归模型对这一结论进行实证检验。

5.3.2　实证检验

为了检验平台企业竞争优势的来源和平台市场竞争激烈程度的分布情况，本部分构建如下回归模型：

$$niche\_width_{i,t} = \alpha_0 + \beta \cdot Size_{i,t} + \gamma \cdot X_{i,t} + \varepsilon_{i,t} \quad (5-3)$$

$$niche\_overlap_{i,t} = \alpha_0 + \beta \cdot Size\_diff_{i,t} + \gamma \cdot X\_diff_{i,t} + \varepsilon_{i,t} \quad (5-4)$$

式（5-3）用于检验生态位宽度（*niche_width*）与企业规模（以主营业务收入表示，ln*income*）① 的关系，式（4）用于检验生态位重叠度

① 此处不选取常用的“总资产”等指标的原因是，首先，在构造生态位相关指数时，采用了“固定资产净值”指标，与“总资产”存在包含关系，采取该指标将在回归时产生多种共线性问题；其次，主营业务收入可以直接反映企业当期的运营情况，与用户流量、数据等快速变化的资源形成对应；最后，在该指标上，本研究选取的是与营业相关的收入（受报表条目所限，部分美股上市企业报告“营业收入”），而没有选择其他收入，如部分报表中的“其他收入”“广告收入”等，这样做的好处是可以更好地反映平台企业主营业务领域规模作用于跨界竞争的动态关系。

（*niche_overlap*）与企业规模差异（*Size*，以主营业务收入之差表示）的关系。两式中的 *X* 与 *X_diff* 为一系列控制变量，*X* 包括利润率（*Profit*）、资产负债率（*Lev*）、现金比例（*Cash*）、流动资产比率（*Liquidity*）、企业成立年限（*Age*）等，*X_diff* 为上述指标在两企业之间的差值。可以看出，与生态位相关的被解释变量，是反映企业对资源占有的变量，由一些基础性的指标构成；而解释变量——企业规模，是由企业的主营业务收入或营业收入构成的，由可以反映企业经营动态过程的指标构成。为尽量避免本文使用面板数据存在的内生性问题，在估计方法上选取了广义矩估计（Generalized Method of Moments，GMM）。变量根据需求已取对数，各变量的定义与计算方法见表 5－5。

表 5－5　　　　变量定义

变量	名称	定义/计算方法
niche_width	生态位宽度	见公式（5－1）
niche_overlap	生态位重叠度	见公式（5－2）
Size	企业规模	企业主营业务收入的自然对数
Profit	利润率	利润率＝企业净利润/主营业务收入×100%
Lev	资产负债率	资产负债率＝负债总额/总资产×100%
Cash	现金比例	现金比例＝现金及现金等价物/资产总额×100%
Liquidity	流动资产比率	流动资产比率＝流动资产/流动负债×100%
Age	企业成立年限	ln（当前年份－企业成立年份＋1）
ln*income_diff*	企业规模差异	两企业主营业务收入之差取自然对数
Profit_diff	利润率差异	两企业利润率之差取绝对值
Lev_diff	资产负债率差异	两企业资产负债率之差取绝对值
Cash_diff	现金比例差异	两企业现金比例之差取绝对值
Liquidity_diff	流动资产比率差异	两企业流动资产比率之差取绝对值
Age_diff	成立年限之差	两企业成立年限之差的绝对值

以上数据均来自上市公司财务报表，表 5－6 为描述性统计，表 5－7 为回归结果。

表 5－6　变量的描述性统计

变量	观测值	均值	标准差	最小值	最大值
niche_width	340	2.700	0.730	1.018	3.946
ln*income*	340	4.114	2.218	－1.181	8.917
Profit	340	－13.466	62.607	－562.162	71.440
Lev	340	0.488	0.319	0.000	4.928
Cash	340	0.049	0.199	－0.451	1.897
Liquidity	340	1.845	0.927	0.014	5.385
Age	340	2.784	0.498	0.693	3.434
niche_overlap	800	0.635	0.228	0.022	0.999
ln*income_diff*	800	4.437	2.030	－3.912	8.834
Profit_diff	800	53.734	72.831	0.063	590.121
Lev_diff	800	0.245	0.349	0.000	4.590
Cash_diff	800	0.174	0.204	0.000	1.924
Liquidity_diff	800	0.927	0.858	0.002	4.326
Age_diff	800	5.425	5.700	0.000	25.000

表 5－7　同一领域差异化跨界竞争回归结果

变量	生态位宽度（*niche_width*）		生态位重叠度（*niche_overlap*）	
	(1)	(2)	(3)	(4)
ln*income* (ln*income_diff*)	0.183 *** (0.022)	0.275 *** (0.036)	－0.004 (0.006)	－0.010 (0.007)
Profit (*Profit_diff*)		－0.002 *** (0.089)		0.000 * (0.000)
Lev (*Lev_diff*)		0.051 (0.085)		－0.003 (0.023)
Cash (*Cash_diff*)		－0.457 ** (0.195)		－0.022 (0.048)
Liquidity (*Liquidity_diff*)		－0.063 * (0.035)		－0.052 *** (0.011)
Age (*Age_diff*)		－0.194 (0.140)		－0.007 *** (0.002)

续表

变量	生态位宽度（*niche_width*）		生态位重叠度（*niche_overlap*）	
	（1）	（2）	（3）	（4）
Constant	1.711 *** （0.175）	1.885 *** （0.337）	0.717 *** （0.050）	0.871 *** （0.058）
季节效应	YES	YES	YES	YES
行业效应	YES	YES	YES	YES
Observations	340	340	800	800
Adj. R^2	0.192	0.253	0.051	0.093

注：***、**、*分别表示在1%、5%和10%水平上显著；括号中为标准误。

表5-7显示，企业的生态位宽度与企业规模显著正相关，在控制了一系列控制变量后仍然显著；然而，企业之间的生态位重叠度与企业规模之间的显著性不高。

以上回归结果验证了平台企业规模与竞争特征的关系。生态位宽度与企业规模的正向关系表明，在同一领域的差异化跨界竞争中，平台企业规模越大，其对资源的占有越多，从而有助于其形成显著的竞争优势。

生态位重叠度与企业规模不存在显著的相关关系，说明在相似业务领域中，即使市场结构趋于集中，但激烈的竞争可能存在于各类规模的企业之中，表现在两个方面。

一是大型企业的资源优势并未使其具有稳定的“垄断”地位。该回归结果说明了差异化和多归属性将帮助各类中小型企业在平台企业生存。一方面，平台经济中的需求的多样化，及显著的长尾效应降低了市场壁垒，为以差异化业务的中小型企业进入市场提供了可能性；另一方面，多归属性降低了用户选择多家企业的转移成本（Candeub，2014），在多次重复购买的情境中，低转移成本可以促进竞争（Dube et al.，2009），这为中小型企业提供了生存空间。多归属性和差异化形成了平台市场中的同质或相似领域的“大小共生”状态，加剧了市场竞争程度，对大型平台企业形成了竞争压力，最终，市场形成垄断—竞争的交替周期（Cabral，2011）。如拼多多2015年诞生之时，网络购物市场基本已被阿里巴巴和京东垄断，但其凭借差异化的社交电商业务，成功进入市场并快速成长，其活跃用户在2018年超过京东。上述结论符合平台市场为竞争性垄断（李怀、高良谋，2001；傅瑜等，2014）的论断，也在某种程度上为这类研究提供了新的经验证据。

二是在各类差异化业务的“蓝海”中存在着激烈的竞争。从需求的角度看，大型企业的主营业务满足的是平台市场中较为主流的需求，如大宗商品网上交易、即时通信、新闻门户等，中小型企业针对的是平台中更为多样化的需求或长尾部分的需求，如社交电商、二手电商、短视频等。可以认为，主流的需求往往由极少数的企业满足，这些企业由于进入市场较早、发展策略选择得当等原因，已经在流量、资金、技术等方面具有了一定的资源优势，其他新进入市场的平台企业，往往会对这类满足主流需求的业务有所避让，采取差异化的策略进入市场。但是，这类企业在成长过程中，或由于不具备市场上的完全信息，在业务类别、目标群体定位上往往会有同质现象，加之平台市场用户对新业务的认知水平不完备，导致企业之间的生态位重叠度较高，对流量等资源的争夺更加激烈，形成了更为显著的竞争关系。

5.4 多领域的横向跨界竞争

随着平台企业进一步扩展业务范围，新业务与主营业务已不局限在同质业务领域，如阿里巴巴进军文娱传媒、百度进军医疗健康等，现在需要回答的问题是：在这样一种业务异质性更强的横向跨界中，大型平台企业的竞争优势是否仍然存在，以及激烈的竞争存在于哪类企业之间？

由于本部分不再控制企业涉及的业务领域，为更全面考察平台经济跨界竞争特性，并丰富样本量，又引入了百度、哔哩哔哩、爱奇艺、搜狗、趣店、欢聚时代 6 家企业，以丰富数据。同时，考虑到以下两方面因素，在这部分生态位指标测度时，我们删去了网站 UV 这一指标[①]。一是对于某些特殊领域，如网络游戏（欢聚时代），网页独立用户的访问量本身很难等同于用户资源基础；二是随着移动互联网的普及，一些原本依靠网页开

① 本研究也按照删去 UV 指标重新进行了同一领域差异化跨界竞争的回归，在控制了一系列变量后，计量结果仍然支持结论，这些回归结果在了后文的表 5 - 12 中，表 5 - 12 结果仍然支持结论。

展的业务逐步走向移动化，如利用手机进行网络购物的用户比例逐年增加。此外，从指标的含义上看，百度指数一定程度上也能反映平台经济中网络外部性对市场份额的影响。

表 5 - 8、表 5 - 9 分别显示了生态位宽度与生态位重叠度的测度结果，同样，限于篇幅，本研究只汇报了排名首位的企业（或企业组合）与排名末位的企业（或企业组合）。

表 5 - 8　　多领域生态位宽度测度结果

时间	排名首位企业	首位企业 生态位宽度值	排名末位企业	末位企业组合 生态位宽度值
2016Q1	百度	2.994	凤凰新媒体	1.147
2016Q2	百度	2.993	凤凰新媒体	1.152
2016Q3	搜狐	2.991	凤凰新媒体	1.132
2016Q4	搜狐	3.000	凤凰新媒体	1.159
2017Q1	京东	2.996	凤凰新媒体	1.141
2017Q2	京东	2.998	凤凰新媒体	1.175
2017Q3	京东	2.998	凤凰新媒体	1.167
2017Q4	京东	2.983	凤凰新媒体	1.201
2018Q1	京东	2.946	拼多多	1.095
2018Q2	京东	2.909	拼多多	1.093
2018Q3	京东	2.876	拼多多	1.096
2018Q4	唯品会	2.825	拼多多	1.092
2019Q1	搜狐	2.989	汽车之家	1.169
2019Q2	京东	2.955	凤凰新媒体	1.209
2019Q3	搜狐	2.968	凤凰新媒体	1.176
2019Q4	京东	2.935	汽车之家	1.198
2020Q1	京东	2.895	凤凰新媒体	1.144
2020Q2	途牛	2.968	凤凰新媒体	1.133
2020Q3	途牛	2.975	凤凰新媒体	1.125
2020Q4	途牛	2.975	凤凰新媒体	1.109

生态位宽度的测度结果的显著特征是，各时间段排名首位的企业和排名末位的企业较为稳定。京东和凤凰新媒体几乎分别占据了大部分时间的首位和末位。这种位次与企业的规模较为接近。从而可以有一个初步结

论，资源的不均分布使得即使业务领域模糊，由企业规模所产生的竞争优势差异仍然存在。这种竞争优势的差异，一方面成为了大型平台企业扩张业务的基础，另一方面也限制了中小型平台企业的业务扩张进程。

表 5－9　　多领域生态位重叠度测度结果

时间	排名首位企业组合	首位企业组合生态位重叠度值	排名末位企业组合	末位企业组合生态位重叠度值
2016Q1	网易—易车	0.999	凤凰新媒体—欢聚时代	0.056
2016Q2	汽车之家—哔哩哔哩	1.000	凤凰新媒体—欢聚时代	0.068
2016Q3	汽车之家—哔哩哔哩	0.999	凤凰新媒体—欢聚时代	0.067
2016Q4	凤凰新媒体—汽车之家	1.000	凤凰新媒体—欢聚时代	0.082
2017Q1	网易—易车	1.000	苏宁易购—趣店	0.048
2017Q2	网易—携程	1.000	苏宁易购—趣店	0.037
2017Q3	爱奇艺—哔哩哔哩	0.999	苏宁易购—趣店	0.036
2017Q4	凤凰新媒体—汽车之家	1.000	凤凰新媒体—欢聚时代	0.078
2018Q1	58 同城—爱奇艺	1.000	拼多多—趣店	0.039
2018Q2	网易—携程	1.000	拼多多—汽车之家	0.041
2018Q3	凤凰新媒体—哔哩哔哩	1.000	拼多多—汽车之家	0.039
2018Q4	凤凰新媒体—哔哩哔哩	1.000	拼多多—汽车之家	0.031
2019Q1	凤凰新媒体—哔哩哔哩	1.000	汽车之家—欢聚时代	0.069
2019Q2	汽车之家—哔哩哔哩	1.000	凤凰新媒体—欢聚时代	0.080
2019Q3	汽车之家—哔哩哔哩	1.000	凤凰新媒体—欢聚时代	0.069
2019Q4	凤凰新媒体—汽车之家	1.000	汽车之家—欢聚时代	0.076
2020Q1	汽车之家—哔哩哔哩	1.000	凤凰新媒体—欢聚时代	0.029
2020Q2	凤凰新媒体—汽车之家	1.000	凤凰新媒体—欢聚时代	0.053
2020Q3	凤凰新媒体—汽车之家	1.000	凤凰新媒体—欢聚时代	0.052
2020Q4	汽车之家—哔哩哔哩	1.000	凤凰新媒体—欢聚时代	0.049

注：表中 1.000 为保留三位小数的四舍五入结果，并不代表企业之间生态位完全重叠。

表 5－9 表明，在涉及多个领域的跨界竞争中，资源重叠度较高的平台企业在体量上比较接近，没有出现大型平台企业与中小型平台企业业务重叠度较高的情况。此外，尽管在本部分我们忽略了企业的业务领域，但经验直觉告诉我们，重叠度最高的企业应在相同或相似领域。然而，实际的测度结果却与该直觉不符——生态位重叠度最高的企业组合几乎都出现在

不同领域。同时，在样本期，生态位重叠度最高的企业组合主要分布在以下三个领域：生活服务与视频网站、信息服务与视频网站、信息服务与生活服务。生态位重叠度最低的企业组合主要分布在以下三领域：信息服务与游戏娱乐、网络购物与科技金融、生活服务与游戏娱乐。这是因为，我们在设计生态位测度指标时，假定企业面对的资源种类相同。该结果为我们勾勒出这样的场景：市场中显著的网络外部性促使平台企业关注用户规模地积累，活跃用户成为了企业利润的重要来源。同时，用户的注意力和时间是有限的，如何尽可能地使用户将有限的时间规划出部分用于企业提供的产品或服务，成为了企业用户规模竞争的关键环节。当我们将用户注意力或时间作为资源后，时间的分割或注意力的转移，用户偏好上的差异反映在企业的不同业务上，自然弱化了业务差异程度对竞争态势的影响。

后文将通过建立回归模型，检验多领域跨界中的资源重叠度与企业规模差异的关系，从而勾勒出平台跨界竞争关系的轮廓。指标的描述性统计见表 5－10，回归结果见表 5－11，由于我们需要分析的是企业间跨领域竞争的特征，因此在回归中并未控制行业效应。

表 5－10　　　　变量的描述性统计

变量	观测值	均值	标准差	最小值	最大值
niche_width	460	2.052	0.551	1.092	2.999
ln*income*	460	4.153	2.051	－1.181	8.917
Profit	460	－8.533	64.698	－562.162	586.150
Lev	460	0.480	0.290	0.000	4.928
Cash	460	0.064	0.180	－0.451	1.897
Liquidity	460	2.018	1.534	0.014	24.715
Age	460	2.680	0.522	0.693	3.434
niche_overlap	5060	0.689	0.258	0.029	1.000
ln*income_diff*	5060	4.898	2.070	－9.210	8.917
Profit_diff	5060	53.349	75.631	0.019	1001.825
Lev_diff	5060	0.246	0.330	0.000	4.817
Cash_diff	5060	0.160	0.200	0.000	2.182
Liquidity_diff	5060	1.237	1.790	0.000	23.852
Age_diff	5060	7.253	5.311	0.000	25.000

表5-11 多领域横向跨界回归结果

变量	生态位宽度（*niche_width*）		生态位重叠度（*niche_overlap*）	
	(1)	(2)	(3)	(4)
ln*income* (ln*income_diff*)	0.074*** (0.014)	0.085*** (0.015)	-0.010*** (0.002)	-0.011*** (0.002)
Profit (*Profit_diff*)		-0.001** (0.000)		0.000 (0.000)
Lev (*Lev_diff*)		0.474** (0.200)		-0.007*** (0.002)
Cash (*Cash_diff*)		-0.481** (0.190)		-0.086*** (0.023)
Liquidity (*Liquidity_diff*)		0.021 (0.019)		0.028** (0.011)
Age (*Age_diff*)		0.236*** (0.058)		-0.008*** (0.001)
Constant	1.770*** (0.111)	0.945*** (0.252)	0.682*** (0.019)	0.772*** (0.020)
季节效应	YES	YES	YES	YES
Observations	460	460	5060	5060
Adj. R^2	0.085	0.210	0.012	0.046

注：***、**、*分别表示在1%、5%和10%水平上显著；括号中为标准误。

表5-12 剔去指标UV后的同一领域回归差异化竞争结果

变量	生态位宽度（*niche_width*）		生态位重叠度（*niche_overlap*）	
	(1)	(2)	(3)	(4)
ln*income* (ln*income_diff*)	0.079*** (0.015)	0.138*** (0.024)	0.005 (0.006)	-0.004 (0.006)
Profit (*Profit_diff*)		-0.000 (0.001)		0.000 (0.000)
Lev (*Lev_diff*)		0.122* (0.073)		0.005 (0.024)
Cash (*Cash_diff*)		-0.517*** (0.161)		-0.160*** (0.051)

续表

变量	生态位宽度（*niche_width*）		生态位重叠度（*niche_overlap*）	
	(1)	(2)	(3)	(4)
Liquidity (*Liquidity_diff*)		-0.124*** (0.034)		-0.073*** (0.011)
Age (*Age_diff*)		-0.190* (0.102)		-0.002 (0.002)
Constant	1.829*** (0.166)	2.237*** (0.287)	0.718*** (0.051)	0.904*** (0.062)
季节效应	YES	YES	YES	YES
行业效应	YES	YES	YES	YES
Observations	340	340	800	800
Adj. R^2	0.119	0.215	0.045	0.120

表5-11、表5-12结果显示，企业的生态位宽度与其主营业务收入显著正相关，在控制了一系列控制变量后仍然显著；企业之间的生态位重叠程度与其主营业务收入差距呈显著负相关关系，在控制了一系列控制变量后该关系仍然成立。

上述计量结果表明：(1) 在业务差异明显的跨界竞争中，规模越大的企业，具有的生态位宽度越大，对资源的占有程度越高，也有助于形成跨界经营中的竞争优势；(2) 企业规模差异的扩大仍会使得生态位的重叠程度降低。生态位重叠度反映了不同平台企业对同质资源的占有，那么表5-11中的回归结果可以表明，由于在资源占有上的差异，导致企业之间规模差异越大，竞争越不激烈，即激烈的竞争存在于规模相近的企业之间。

以上内容说明，在跨界竞争背景下，大型平台企业的竞争优势具备在多个领域存在的可能性，中小型平台企业尚不能对大型平台企业构成威胁。换言之，大型平台企业通过主营业务积累的丰富资源——通过用户规模形成的“流量入口”、通过研发投入形成的创新能力、通过固定资本形成的高质量服务保障等，将成为中小型企业与之竞争时必须面对的市场壁垒。同时，一些依靠新模式成长起来的“独角兽”企业，却很容易受到大型平台企业的吞并，快手、小红书、蘑菇街、每日优鲜等众多近年来风头正盛的平台企业，背后都有大型平台企业的资本身影。

但是这并不意味着大型平台企业会轻易地在多个领域形成垄断或寡头态势，与之体量相似的其他大型平台企业的跨界行为，将对其造成竞争压力。表5－13显示了近几年，百度、阿里巴巴、腾讯等典型平台企业的投资版图，可以发现，大型平台企业虽然在主营业务领域“泾渭分明”，但在扩展的业务领域上存在明显交叉，如企业服务、汽车交通等，由于前期在资源需求上的相似性——如用户注意力、数据、流量等，多个大型平台企业进入这些与主营业务关系不大的新兴领域中，会为彼此制造竞争压力。

由此更易引致的可能不是全局式的垄断或垄断趋势，而是更频繁的、多家大型平台企业之间的不正当竞争。近年来频繁爆发的“阿里系”“头条系”“腾讯系”等“派系”之间的竞争，可以看作是该解释的现实反映。

表5－13　大型平台企业投资分布

企业名称	投资企业数量（个）	主要涉及领域（按投资企业数量排序）
百度	289	企业服务、文娱传媒、医疗健康、汽车交通、先进制造、工具软件
阿里巴巴	583	企业服务、文娱传媒、金融、电子商务、本地生活、汽车交通、物流
腾讯	934	文娱传媒、游戏、企业服务、电子商务、金融、教育、医疗健康、汽车交通
京东	320	电子商务、企业服务、本地生活、智能硬件、汽车交通、金融、文娱传媒
美团	85	本地生活、企业服务、汽车交通、电子商务、智能硬件

资料来源：作者根据公开资料整理。

当然，中小型平台企业之间也存在着激烈的竞争。激烈的竞争来源于两个层面：一是从发展规律上看，处于市场第二梯队的中小型平台企业因不具备明显的资源优势，本身处于市场份额争夺阶段，竞争是这类平台企业的必经阶段；二是从业务类型来看，频繁出现的跨界行为的目标业务领域，是平台市场中的长尾需求部分，也是中小型平台企业的主要目标市场，这部分市场的进入者不仅包括中小型企业，也包括大型平台企业，这在一定程度上挤占了中小型平台企业的资源，进一步加剧了中小企业间的竞争程度。

结合前序章节内容可以发现，当大型平台企业的跨界幅度增加至与主营业务区别较大时，其面临的竞争压力反而会降低——仅来自同等规模的平台企业跨界产生的资源重叠。可能的原因是，大型平台企业对注意力、数据、技术等资源的占有，使其在多个业务领域中产生了竞争优势或市场势力传导，杠杆效应开始发挥作用。一种典型的表现是，大型平台企业集成多种业务，用户可以一键式地享受各类服务，如腾讯的即时通信业务（QQ）在同一应用中集成了社交、邮件、新闻、游戏等多项功能，在注意力稀缺的背景下，这种业务上的协同降低了用户的搜寻成本，也为大型平台企业扩展业务范围提供了市场进入渠道，也间接将无法吸引足够用户数量的中小型企业拒于市场壁垒之外。

5.5 对策思考：从平台封闭到互联互通

平台企业的跨界经营行为在近几年频繁出现，改变了平台经济中的产业组织形式，也造成了平台经济领域反垄断的理论困扰。本研究以企业资源占有为视角，探索了平台企业跨界行为体现的竞争特点与形成的新型竞争关系。研究结果表明，在竞争主体特征上，大型平台企业在跨界竞争背景下仍具有显著的竞争优势，表现在其具有广阔的生态位宽度。在竞争关系上，当跨界幅度较小，仅考虑同质业务或相似业务的跨界竞争时，并没有经验证据表明大型平台企业可以避免竞争，竞争可能存在于市场中各类规模的企业之间；随着跨界幅度的增加，大型平台企业的竞争优势将发挥作用，使得中小型平台企业不会对大型平台企业造成竞争压力，但另外，本无业务交集的大型平台企业之间却形成了新的竞争关系。此外，大型平台企业的资源优势，挤占了部分长尾需求的市场容量，这导致以这部分市场为目标市场的中小企业始终处在比较高的竞争程度之中。

本部分的研究结果可以对当前的平台经济领域反垄断这一热门话题提供些许见解。对于平台经济领域垄断的隐忧，并不来源于市场结构的高度集中，已有研究从社会福利、创新效率等方面给出了解释。上述研究结论说明，对于大型平台企业的出现，似乎并无亟须反垄断管制的证据，但是现实市场中出现了“大数据杀熟”、强迫用户“二选一”等一系列限制竞争、侵犯消费者权益的行为，似乎又迫切需要相应的管制政策。进一步，平台市场中企业行为的复杂多样，又使政策制定缺乏一以贯之的逻辑与可扎实落地的具体手段。因此，从市场结构进行规制可能并不是有效进行平台反垄断的良方，平台各类垄断、限制竞争的具体行为才是症结所在。

本部分的结论表明，大型平台企业对资源的占有，使得中小型平台企业难以与之形成竞争关系，但几家大型平台企业对用户流量、注意力等资源的争夺，使大型平台企业有更强的激励通过“屏蔽外链”策略强化资源的独占性，筑牢自身的竞争优势。无论是淘宝完全屏蔽百度的搜索服务，还是微信关闭淘宝商品连接的数据接口，抑或是抖音、西瓜视频、火山小视频等链接无法在微信中打开，都说明了大型平台企业在以一种“圈地”的形式保护或扩展自己的业务范围。如果说资源分布形成了大型平台企业的壁垒效应，那么“屏蔽外链”的企业行为，则是加固了自身业务的市场壁垒。因此，平台经济领域反垄断的重点，除了对平台企业新型垄断行为的识别与约束，还包括对其在占有资源基础上的潜在垄断行为的防范。前者可通过已有的《反垄断法》《消费者权益保护法》《反不正当竞争法》以及新出台的《关于平台经济领域的反垄断指南》等法律及规章制度进行规范，而后者则需要相应的反垄断制度创新。一方面，需要强化企业间的互联互通消除网络藩篱，2021 年 9 月 13 日，工信部在新闻发布会上称，要求 9 月 17 日起，各平台按标准解除屏蔽网址链接，这标志着平台企业之间的互联互通正式开始，腾讯在 9 月 17 日当天宣布率先开放外部链接，然而，要真正实现平台企业之间的互联互通，还需要解决信息安全、互通成本分摊、互通激励机制等诸多问题；同时，打通平台之后，一个新问题是，可能出现更有话语权的垄断者，这种整合后的平台体系，也会进一步挤占中小型企业的生存空间。另一方面，可以采取威慑性执法的治理思路，防范大型平台企业的机会主义行为，如利用平台市场的网络外部性和多归属性，通过对有垄断行为的平台实施信息公开，在多归属性的作用下，减少其用户规模，降低资源上的寡占地位，从而形成威慑力，约束其垄断行为。

第6章　平台跨界竞争中大型平台企业的市场势力溢出的实证检验

前文分析表明，大型平台在跨界过程中，竞争优势可以在一定程度上在多个领域维持。在跨界情景下，大规模平台企业的竞争压力主要来源于其他企业跨界带来的业务重叠。以上是现象层面的内容，对跨界竞争产生的经济后果并未深入理论机制层面，也没有相应的经验证据。市场势力（Market Power）是产业组织理论中衡量市场偏离帕累托最优的常用变量。本部分以市场势力的实际测度为入手点，讨论跨界竞争产生的经济后果，并通过新实证产业组织理论提供相应的经验证据。

6.1　平台跨界的效率影响：一个简要的文献综述

目前对于平台跨界对市场效率影响的研究尚不多见，从平台竞争范围和效率考察维度两方面来看，已有研究形成了如图 6－1 所示的 2×2 矩阵。

	效率维度	
同质竞争	• 不会形成福利损失（Fainmesser & Galeotti，2016；蔡跃洲和顾雨辰，2023） • 会形成福利损失（曲创，刘伟伟，2017；Aridor & Gonçalves，2022）	• 有助于激发创新（尚秀芳，陈宏民，2009；孙晋，2020；荆文君，2021） • 会抑制创新（于绯，2012；赵定涛，2015；Katz，2021）
跨界竞争	• 不会形成福利损失（刘雅甜等，2023；周晓阳等，2024；孙震等，2024） • 垄断力量可能会跨界传导（Eisenmann et al.，2011；Alexiadis & Streel，2020；李勇坚和夏杰长，2020）	• 有助于激发创新（王节祥等，2021；唐方成和王冉冉，2021；Callander & Matouschek，2022） •会抑制创新（Geoffrey et al.， 2021；韩文龙等，2024）

图 6－1　平台跨界对市场效率影响的研究梳理

在静态效率方面，研究侧重于考察巨头平台企业具有的市场势力（Market Power）及由此形成的福利损失。在同质竞争中，许多研究认为平台高度集中的市场不会产生显著的市场势力（Rysman，2004；Argentesi & Filistrucchi，2011；Hagiu & Wright，2015，钟洲，2017；孙宝文等，2017），进而一些研究认为平台市场亦不存在明显的福利损失（王国才，2009；刘睿岚，2010；林煌国，2015；杨文明，2015；逯宇铎等，2016；Fainmesser & Galeotti，2016；吴汉洪，周孝，2017；谢运博，陈宏民，2017；蔡跃洲和顾雨辰，2023；孙震等，2024）。但也有学者提出了辩证的观点——消费者福利甚至社会总体福利可能由于圈定效应对竞争性产品的排挤而减少（曲创，刘伟伟，2017；Correia et al.，2019；Anderson & Peitz，2020；Aridor & Gonçalves，2022）。针对因平台跨界竞争产生的效率变化，一部分观点认为平台的多领域兼并行为或有提高社会总福利的可能（刘雅甜等，2023；周晓阳等，2024；孙震等，2024）；另一部分观点认为头部平台企业可以运用杠杆，将垄断力量扩张至其他领域（Eisenmann et al.，2011；Alexiadis & Streel，2020；李勇坚和夏杰长，2020）。在动态效率方面，研究集中在平台竞争对创新的影响，但研究结论尚不一致。在同质竞争中，一部分研究认为平台经济中近似垄断的市场结构也可以产生较好的创新效应（尚秀芳，陈宏民，2009；孙晋，2020；荆文君，2021），另一部分研究认为巨头企业的模仿创新、技术并购等行为将对创新效率产生负面影响（于绯，2012；赵定涛，2015；Katz，2021）。在跨界竞争中，一部分学者认为平台跨界会因资源互补对创新产生积极作用（Zhu，2019；Hollenbeck，2020；王节祥等，2021；唐方成和王冉冉，2021；Callander & Matouschek，2021；刘雅甜等，2023）；另一部分学者认为跨界竞争会产生创新抑制的问题（Lancieri & Sakowski，2021；Geoffrey et al.，2021；韩文龙等，2024）。

可见，已有研究对平台跨界竞争经济后果的讨论尚不够深入。表现在：一是对效率变动机制缺乏理论探索，缺少与传统理论在解释范式上的一脉相承；二是经验证据不够扎实，没有选择适用的角度或变量进行市场效率变动的实际测量，导致研究结论并不一致。市场势力指企业在长期内能够将价格提高到边际成本以上而获取超额利润的能力，是产业组织理论中用以衡量市场偏离最优运行状态的常用变量。鉴于此，本章从市场势力入手，分析平台跨界中的市场势力变化，弥补当前研究中的不足。

6.2 平台跨界市场势力变化的理论机制

6.2.1 杠杆效应的存在性

尽管“市场势力”可以为我们分析平台跨界效率变化提供可行路径，但理论上关于市场势力的讨论，是基于同质产品或服务的，对于涉及异质产品或服务的企业，市场势力将呈现何种特征尚没有形成成熟的分析框架，与之联系较为密切的是因现实发展而催生“杠杆传导理论”或“杠杆效应”，该理论指出，企业可能利用自身已有资源，将自己在一个市场上的市场势力传递到另一个市场中。

杠杆效应的描述对象是微观主体。在杠杆效应提出之初，学界对其存在性就有过争议。例如，芝加哥学派曾通过“定额理论”（Fixed Sum Theory）质疑了企业传导市场势力的激励，认为企业不论是否通过策略性行为将市场势力传导到其他市场，它可以获得的利润总是恒定的（Aaron & Levi, 1956；Bowman，1957）。当然，芝加哥学派的相关论断也遭到了诸多挑战。其中，“提升对手成本理论”（Raising Rival’ s Cost Theory）对芝加哥学派的观点冲击最大，该理论指出提升对手成本是自身获得竞争优势的重要路径。“提升对手成本理论”可以解释利用杠杆效应进入其他市场的激励问题——企业并不期望完全占领主营业务之外的某一其他市场，而是希望在利润空间较为丰富的市场中分一杯羹，企业凭借原有业务积累起来的优势，很容易达到这一目标（陈永伟，2018）。

在平台经济领域，“提升对手成本理论”的解释力似乎更强，主要表现为两个方面。

一方面，通用技术（General Technology）的广泛应用强化了平台传递市场势力的动机。平台经济作为数字经济的重要组成部分，其具有数字经济典型的“技术—经济”二元属性（荆文君等，2023）。回顾平台经济的发展历程，也能看出其中有着显著的技术驱动因素。平台经济的兴起正值第四次产业革命，互联网、大数据、人工智能等数字技术的商业化应用、信息安全技术体系的不断完善，催生了阿里巴巴、网易、搜狐、百度等典型平台企业，形成了电子商务、信息门户、搜索引擎等典型商业模式。这些企业是我国平台经济最早的实践者，凭借着先入优势，实现了体量上的“野蛮生长”。在 2008 年前后，移动通信技术的发展和智能手机的出现，使平台经济走向了移动化、多元化的发展路径（欧阳日辉和荆文君，2023），在智能推荐、数据技术的加持下，平台经济激发了市场中的长尾效应，诸如共享经济、团购、直播电商等新兴模式不断涌现。可见，此时的数字技术具有显著的门槛效应，一些先行企业享受“技术红利”，成为了各自领域内的头部企业。随着数字技术的不断发展，其商业化应用成本逐渐降低，其逐渐由支撑产业发展的专业技术向通用技术转变。由此带来两方面影响：一是数字技术的使用不再有明确的门槛，如互联网技术，已经由早期的军事、科研专用技术，逐步演变成信息化进程中的支撑环节；二是使用数字技术不会带来显著的收益提升，如人工智能与大数据技术组合，形成的“智能推荐”服务，也成为了平台企业营销环节中的常规操作。可以认为，以往依靠数字技术“提升对手成本”的商业逻辑在单一领域下不再适用。平台企业需要重新思考如何获得稳定持续的利润来源，维持自身竞争优势。在此背景下，跨界经营与传导市场势力成为了企业的一种必要选择。

另一方面，平台的自身特征使“流量”成为发挥杠杆效应的主要着力点。平台经济因具有显著的网络外部性，易形成“强者愈强，弱者愈弱”的马太效应，在单一业务竞争时，表现出寡头或垄断的竞争结局。对于已经跨越过原始积累的平台企业而言，如想通过跨界获得更多的利润来源，那么其需要考虑如何快速地进入某个目标市场。目前来看，头部企业在跨界过程中面对的目标市场存在两种情况。一种是“蓝海型”的新兴市场，如网络健康、远程办公等领域。对于这类目标市场，竞争比较充分，尚未形成明显的市场壁垒。另一种是潜在利润可观但相对成熟的市场，如网络游戏、网络视频等领域。对于第一类市场，如果大型企业可以通过提供接口、业务互联互通等方式引导已有用户进入新市场，激发新市场中的马太效应，进一步地将这种地位锁定，从而将对手排挤到市场之外，最终获得稳定的利润新来源。对于第二类市场，因其已经存在一家或几家在位企业，跨界企业想成功进入市场，需要跨越网络外部性形成的市场壁垒。跨界企业除了需要通过“引流”的方式突破市场壁垒，还需要考虑在用户“多归属性”（Multi－homing）的环境中胜出。综上所述，两类目标市场都需要跨界平台企业能将已经积累起来用户规模的在多个市场发挥网络价值，而这事实上正是跨界企业通过网络效应“提升对手成本”的典型做法。

上述两个方面表明，对于跨界企业确实具有通过“杠杆效应”传导市场势力的激励与能力，由此可能会导致其市场势力水平提升。

6.2.2 竞争效应的制衡性

从竞争关系的角度看，平台跨界还可能存在另一种效应，即能够对大型平台企业彼此形成制衡的竞争效应。

一方面，平台跨界范围的扩大，形成了大型平台企业之间竞争关系的基础。随着平台跨界范围扩大，近年来也发生了诸多因跨界而产生的不正当竞争案例（见表6－1）。可见，平台企业的跨界行为，已经由发展差异化、互补性业务，演变为触及多领域的生态化布局。由此产生的结果是，分属不同业务领域的企业出现业务重叠，使本无竞争关系的平台企业走向竞争。

表6－1　部分分属不同业务领域企业之间的不正当竞争案例

时间	涉及企业	事件内容
2010年	奇虎360、腾讯	双方在网络安全领域强迫用户进行“二选一”，双方互诉3场，最终以奇虎360败诉结束，“3Q大战”被誉为中国“互联网反不正当竞争第一案”。
2010年	腾讯、搜狗	搜狗拼音输入法采用定时和不定时弹出“搜狗输入法管理器—输入法修复”窗口的方式，引导用户在“修复”输入法时删除QQ拼音输入法在语言栏的快捷方式，造成用户无法再行选择使用QQ拼音输入法。
2011年	UC优视、腾讯	腾讯发布手机QQ浏览器后，向UC多个商务合作部门施加压力，它不仅通过高成本的付费扩大预装量，同时还要求这些合作伙伴在其拳头的IM产品和UC浏览器之间进行二选一。

续表

时间	涉及企业	事件内容
2017年	京东、天天快递	京东因天天快递在京东考核中综合服务排名靠后，单方面终止商户和天天快递合作。
2018年	美团、滴滴	滴滴上线外卖前夕，美团会让商家“二选一”，若美团后台检测到商家上线滴滴，就会将其从美团下线。
2018年	腾讯、世界星辉	腾讯公司系“腾讯视频”网站的合法经营者，“世界之窗浏览器”软件系世界星辉公司开发经营，该浏览器设置有广告过滤功能，用户使用该功能后可以有效过滤“腾讯视频”网站在播放影片时的片头广告和暂停广告。被诉行为使腾讯公司不能从腾讯视频网站影片的片头及暂停视频时的广告中获取直接收益，使腾讯公司遭受了重大经济损失，违反了反不正当竞争法第二条规定的诚实信用原则及公认的商业道德。
2019年	腾讯、抖音	腾讯利用其在即时通信市场和短文字社交市场中拥有的市场支配地位，使用技术手段限制了用户在微信、微信朋友圈、QQ及QQ空间上自由分享抖音外部链接的行为。
2020年	华多、网易	华多诉网易将其旗下的直播软件与游戏软件捆绑，限制用户选择，有滥用市场支配地位、排除竞争之嫌。
2021年	百度、搜狗	百度公司发现，网络用户使用手机浏览器访问搜狗网，通过搜狗搜索获得百度网的搜索结果后，点击该搜索结果进入的页面显示“下载搜索App即可获得海量免费视频资源”，该页面网址为wap. sogou. com，点击相关按钮，可以根据提示下载搜狗搜索App。百度公司认为，上述行为系搜狗采取不当手段，利用网络用户使用搜狗搜索引擎搜索百度网的机会，干预搜索结果，诱导用户下载其运营的搜狗搜索App。

资料来源：作者根据网络公开资料整理。

另一方面，大型平台资源优势在多领域的扩散，构成了彼此的竞争压力。从企业个体的视角看，平台经济中一些新兴的资源，如用户规模、数据、注意力等，对大型平台企业更为友好（荆文君，2021）。这些企业在积累了足够的资源后，会凭借对用户偏好的掌握，通过“引流”、资本运作、强化品牌效应、购买专利等方式让上述资源跨产品、跨市场、多场景地流动。因此大型平台企业在多领域竞争中具有明显的竞争优势（荆文君和刘璇，2022）。大型平台的跨界可以突破目标领域中因网络效应形成的市场进入壁垒，甚至具有将主营业务领域市场势力多市场传导的可能性。可以认为，大型平台企业主动进行跨界经营，对于其他领域而言，都扮演了“潜在竞争者”的角色。可竞争市场（Contestable Markets）理论指出，当市场的进入和退出是完全自由和零成本时，来自于潜在竞争者的挑战压力，会约束市场中既有企业的行为。

上述分析表明，平台企业的跨界会提升业务之间的替代性，平台企业之间的竞争将由单一领域的规模争夺转向平台生态系统的优劣比拼。在此背景下，大型平台企业可能面对着更强的竞争压力与行为约束，致使其市场势力下降。

综上所述，我们对平台跨界中的市场势力变化与竞争态势可以得到一个初步结论：平台跨界会对市场势力产生两种效应——杠杆效应和竞争效应，其中，杠杆效应针对企业自身行为与主营业务领域，可能会使企业在主营业务领域的市场势力提升；竞争效应针对竞争关系和多领域市场，可能会降低企业整体的市场势力。

后文我们引入新实证产业组织理论（New Empirical Industrial Organization，NEIO）分析方法，并根据平台经济特征做适应性改进，实际测度平台跨界情景下的市场势力变化，为上述分析提供经验证据。

6.3 跨界背景下的市场势力变化测度思路

6.3.1 研究设计

本部分的主要目的，是识别跨界情景下平台企业的市场势力变化。新实证产业组织理论是测度市场势力的典型方法。在新实证产业组织理论的演进过程中，Klette（1999）提出了以微观企业产出数据为依据的市场势力溢价估算方法，可以为实现本研究目的提供可行路径。但是，该方法的测度结果显示的是企业市场势力水平“截面”，既没有考虑跨界行为，也没有从动态角度考虑特殊情景下的市场势力变化。为此，本研究从两个方面提升 Klette 模型对本研究的适应性。

一是在基准模型中加入反应跨界行为的参数——业务多样化程度，同时，本研究将业务多样化程度，分为“与主营业务相关”“与主营业务差异较大”两部分，既可以对应现实中平台跨界范围的不断扩张的典型事实，也可以更好地估计不同跨界行为产生的经济后果。二是设计多阶段回归，通过比较，得出市场势力变化程度。首先，对经典 Klette 模型进行平台经济特征的适应性改进，进行市场势力估计，得出不涉及跨界情景的市场势力溢价“基本面”；其次，加入跨界因素（业务多样化程度）再次进行市场势力估计，得出包含跨界情景下的市场势力“真实值”，其与“基本面”的差值即为市场势力溢价的变化值。

6.3.2　测度方法

1. 基准模型。

本研究以 Klette 模型为基础，参考孙宝文等（2017）的改进方法，得出市场势力估计式，从而确定市场势力溢价的“基本面”。

假设行业内企业的生产函数为：

$$Q_{it} = A_{it}F_t(X_{it}) \tag{6-1}$$

其中 Q_{it} 和 X_{it} 分别表示第 i 个企业在 t 时期的产出水平和生产要素投入水平，A_{it} 表示企业的全要素生产率，$F_t(\cdot)$ 表示生产函数。通过广义多元微分中值定理对模型进行线性化处理，可得到如下公式：

$$\hat{q} = \hat{a}_{it} + \sum_{j \in M} \alpha_{it}^{j} \hat{x}_{it}^{j} \tag{6-2}$$

其中，M 为样本企业数量，“^”表示 i 企业对应变量与参照企业的对数线性差，如 $\hat{q} = \ln(Q_{it}) - \ln(Q_t)$，参照企业是人为设定的反映行业平均产出水平的变量，参照已有研究，本研究使用所有企业各指标的均值作为参照企业（Klette，1999；陈甬军和周末，2009），该参照企业的生产函数形式仍为 $Q_t = A_t F_t(X_t)$。

企业实现利润最大化的一般条件为：

$$A_{it}(\partial F_t(X_{it})/\partial X_{it}^{j}) = W_{it}^{j} \Big/ \left(1 - \frac{1}{\varepsilon}\right) P_{it} \tag{6-3}$$

其中，W_{it}^{j} 为生产要素价格，$\left(1 - \frac{1}{\varepsilon}\right)$ 表示价格与边际成本之比 $\frac{P}{MC}$，即市场溢价率，用 μ_{it} 表示，结合公式（6-2）可得：

$$\alpha_{it}^{j} = \mu_{it}(W_{it}^{j}X_{it}^{j}/P_{it}Q_{it}) = \mu_{it}s_{it}^{j} \tag{6-4}$$

其中，s_{it}^{j} 是第 j 种生产要素的成本在总收入中的比例。将上式代入公式（6－2）得：

$$\hat{q} = \hat{a}_{it} + \mu_{it}\sum_{j \in M} s_{it}^{j}\hat{x}_{it}^{j} \tag{6-5}$$

由于资本项作为特殊的生产要素，基于税收、利率等因素，不适用于公式（6－5）（温孝卿等，2013），此处参考陈甬军和周末（2009）的做法，设 $\eta_{it} = \sum_{j \in M}\alpha_{it}^{j}$，综合式（6－4）、式（6－5），得线性化函数模型：

$$\hat{q} = \hat{a}_{it} + \mu_{it}\sum_{j \neq k} s_{it}^{j}(\hat{x}_{it}^{j} - \hat{x}_{it}^{k}) + \eta_{it}\hat{x}_{it}^{k} \tag{6-6}$$

令 $\sum_{j \in M} s_{it}^{j}(\hat{x}_{it}^{j} - \hat{x}_{it}^{k}) = \hat{x}_{it}^{m}$ 表示企业除资本投入以外的其他投入的总和，代入式（6－6），得公式（6－7），即为基准回归式，式中 μ_{it} 为市场势力溢价率：

$$\hat{q} = \hat{a}_{it} + \mu_{it}\hat{x}_{it}^{m} + \eta_{it}\hat{x}_{it}^{k} + \delta \tag{6-7}$$

2. 跨界情景下的平台企业市场势力测度模型。

在基准模型的基础上，进行两方面改进，使其更好地适应平台经济的发展特征，并能测度跨界情景下的市场势力溢价变化。

一方面，对模型进行平台企业适应性改造。主要考虑技术创新驱动和网络外部性的影响。具体做法为：①参照 Aghion 和 Howitt（1992）等学者的做法，在式（6－1）中分离出研发部门，假设研发投入为 X^{R}，此时，企业的生产函数变为 $Q_{it} = A_{it}(X_{it}^{R})F_{t}(X_{it})$；②在最终的回归式中加入可以考察网络外部性的控制变量 $\ln N_{it}$，N_{it}代表企业 i 在 t 时期的活跃用户数。按照前文的推导方法，可得式（6－8）—式（6－9）：

$$\hat{q} = \alpha + \gamma_{it}s_{it}^{R}\hat{x}_{it}^{R} + \mu_{it}\hat{x}_{it}^{m} + \eta_{it}\hat{x}_{it}^{k} + \delta \tag{6-8}$$

$$\hat{q} = \alpha + \gamma_{it}s_{it}^{R}\hat{x}_{it}^{R} + \mu_{it}\hat{x}_{it}^{m} + \eta_{it}\hat{x}_{it}^{k} + \ln N_{it} + \delta \tag{6-9}$$

另一方面，在模型中加入“业务多样化”变量，考察平台跨界行为对市场势力溢价的影响。具体而言，作者团队从企业官网、权威新闻、行业报告等处人工搜集样本企业的跨界领域，将其划分为“与主营业务相关”“与主营业务差异较大”两部分，分别进行变量化处理为 X_{it}^{C1} 和 X_{it}^{C2}，分别加入公式（6－8）、式（6－9），可得到式（6－10）—式（6－12）

$$\hat{q} = \alpha + \gamma_{it} s_{it}^{R} \hat{x}_{it}^{R} + \mu_{it} \hat{x}_{it}^{m} + \eta_{it} \hat{x}_{it}^{k} + \ln N_{it} + \hat{x}_{it}^{C1} + \delta \tag{6-10}$$

$$\hat{q} = \alpha + \gamma_{it} s_{it}^{R} \hat{x}_{it}^{R} + \mu_{it} \hat{x}_{it}^{m} + \eta_{it} \hat{x}_{it}^{k} + \ln N_{it} + \hat{x}_{it}^{C2} + \delta \tag{6-11}$$

$$\hat{q} = \alpha + \gamma_{it} s_{it}^{R} \hat{x}_{it}^{R} + \mu_{it} \hat{x}_{it}^{m} + \eta_{it} \hat{x}_{it}^{k} + \ln N_{it} + \hat{x}_{it}^{C1} + \hat{x}_{it}^{C2} + \delta \tag{6-12}$$

后文将分别对式（6－7）—式（6－12）进行回归，比较平台企业跨界前后的市场势力变化。

3. 样本与数据。

考虑到数据的可得性，本研究以上市平台企业作为样本，时间跨度为2019 年第一季度至 2023 年第三季度。所选企业覆盖了网络销售、生活服务、信息咨讯、社交娱乐等平台经济典型领域。样本选取情况见表 6－2，变量说明见表 6－3，描述性统计结果见表 6－4。

表 6－2　样本选取

领域	网络销售	生活服务	信息资讯	社交娱乐
企业名称	阿里巴巴、苏宁易购、唯品会、京东、拼多多	美团、携程、汽车之家、贝壳找房	百度、搜狐	腾讯、哔哩哔哩、爱奇艺、快手、网易、微博、陌陌

表 6－3　变量说明

变量	计算方法	数据来源
产出（q）		直接对应各企业财务报表中“营业收入”一栏。
劳动投入（x^m）	劳动投入 = 各企业员工总数 × 平均薪酬	“员工总数”来自各企业财务报表中“员工总数”，平均薪酬按统计局公布的“信息传输、计算机服务和软件业城镇单位就业人员平均工资”计算。
管理投入（x^m）		直接对应各企业财务报表中“销售、行政及一般费用”一栏。
资本投入（x^k）	资本投入 = 固定资产净值 × 五年以上贷款基准利率	“固定资产净值”来自各企业财务报表中“固定资产净值”项，“五年以上贷款基准利率”来自中国人民银行网站。
研发投入（x^R）		直接对应各企业财务报表中“研发费用”一栏，由于研发投入的作用不会立刻对产出产生影响，此处研发投入取一期滞后。

续表

变量	计算方法	数据来源
各投入占比（s）	各投入占比 = 劳动（资本，管理或研发）投入/营业收入	如上所示
活跃用户数（N）	互联网公司 App 季度活跃用户数	易观千帆公开数据
业务差异程度（主营业务相关）（x^{C1}）	根据对企业业务的梳理，整理出与主营业务相关的跨界业务并按成立的年度时间梳理出次数，由于平台跨界影响市场势力这一过程需要时间，故将每一年度的跨界次数均放在此年度末季度。	上市企业财报，权威网站公开新闻等。
业务差异程度（主营业务无关）（x^{C2}）	根据对企业业务的梳理，整理出与主营业务差异大的跨界业务并按成立的年度时间梳理出次数，由于平台跨界影响市场势力这一过程需要时间，故将每一年度的跨界次数均放在此年度末季度。	

表 6－4　描述性统计结果

变量名	样本量	最大值	最小值	平均值	标准差	中位数	方差
产出 $\hat{q}$	342	1.602	−2.682	−0.689	1.206	−0.914	1.454
研发投入项 $s_{it}^{R}\hat{x}_{it}^{R}$	342	0.244	−0.485	−0.04	0.135	−0.035	0.018
中间投入项 $\hat{x}_{it}^{m}$	342	0.638	−2.533	−0.303	0.625	−0.159	0.391
资本投入项 $\hat{x}_{it}^{k}$	342	1.847	−6.712	−1.302	1.88	−1.202	3.535
活跃用户数 $\ln N_{it}$	342	3.888	−1.437	1.257	1.254	1.338	1.572

6.4　测度结果

6.4.1　不涉及跨界情景的市场势力溢价“基本面”

本部分在 Klette 模型的基础上，考虑了平台经济中的创新驱动与网络效应的因素。通过 GMM 方式进行回归估计，结果见表 6－5。

表6-5　　不考虑跨界情景下的市场势力测度结果

模型＼变量	常数项	x^m	x^k	x^R	$\ln N_{it}$	R^2	观测值
基准 Klette 模型	0.044 (1.364)	1.039 *** (15.029)	0.316 *** (16.188)			0.876	342
考虑创新驱动的Klette模型	0.078 ** (2.139)	1.138 *** (11.102)	0.344 *** (14.626)	-0.889 ** (-1.999)		0.878	
考虑网络效应的Klette模型	-0.137 ** (-2.063)	0.936 *** (13.333)	0.311 *** (18.693)		0.113 *** (3.861)	0.887	
综合考虑创新驱动与网络效应的Klette模型	-0.115 * (-1.793)	1.085 *** (11.451)	0.358 *** (16.636)	-1.497 *** (-3.576)	0.133 *** (4.596)	0.892	

注：***、**、*分别表示在1%、5%、10%的显著性水平下显著，括号内为Z值，下同。

表6-5显示，x^m 系数大于1，根据Klette模型的设定，平台市场中企业的定价高于边际成本，与完全竞争市场的定价方式不同，说明平台企业具有一定的市场势力。

6.4.2　加入跨界情景下的市场势力溢价“真实值”

接下来在模型中加入两类业务差异化变量——x^{C1}、x^{C2}反应跨界场景对市场势力的影响，结果见表6-6。

表6-6　　考虑跨界情景下的市场势力变化

模型＼变量	跨界参数	常数项	x^m	x^k	x^R	$\ln N_{it}$	R^2	观测值
基准 Klette 模型	基准	0.044 (1.364)	1.039 *** (15.029)	0.316 *** (16.188)			0.876	342
	x^{C1}	0.045 (1.393)	1.038 *** (14.968)	0.316 *** (15.992)			0.877	
	x^{C2}	0.046 (1.416)	1.033 *** (14.875)	0.315 *** (15.795)			0.877	
	$x^{C1}\&x^{C2}$	0.046 (1.412)	1.032 *** (14.918)	0.315 *** (15.843)			0.877	

续表

变量 模型	跨界参数	常数项	x^m	x^k	x^R	$\ln N_{it}$	R^2	观测值
考虑创新驱动的Klette模型	基准	0.078** (2.139)	1.138*** (11.102)	0.344*** (14.626)	-0.889** (-1.999)		0.878	342
	x^{C1}	0.079** (2.177)	1.138*** (11.076)	0.344*** (14.507)	-0.898** (-2.021)		0.879	
	x^{C2}	0.08** (2.211)	1.135*** (10.955)	0.344*** (14.527)	-0.914** (-2.045)		0.879	
	x^{C1}&x^{C2}	0.08** (2.21)	1.134*** (10.956)	0.344*** (14.604)	-0.915** (-2.044)		0.879	
考虑网络效应的Klette模型	基准	-0.137** (-2.063)	0.936*** (13.333)	0.311*** (18.693)		0.113*** (3.861)	0.887	
	x^{C1}	-0.136** (-2.048)	0.936*** (13.294)	0.311*** (18.515)		0.112*** (3.844)	0.887	
	x^{C2}	-0.134** (-2.013)	0.933*** (13.198)	0.31*** (18.301)		0.112*** (3.804)	0.887	
	x^{C1}&x^{C2}	-0.135** (-2.021)	0.932*** (13.221)	0.31*** (18.361)		0.112*** (3.815)	0.887	
综合考虑创新驱动与网络效应的Klette模型	基准	-0.115* (-1.793)	1.085*** (11.451)	0.358*** (16.636)	-1.497*** (-3.576)	0.133*** (4.596)	0.892	
	x^{C1}	-0.113* (-1.773)	1.085*** (11.427)	0.357*** (16.523)	-1.5*** (-3.589)	0.133*** (4.576)	0.892	
	x^{C2}	-0.111* (-1.731)	1.083*** (11.306)	0.357*** (16.516)	-1.511*** (-3.61)	0.132*** (4.545)	0.892	
	x^{C1}&x^{C2}	-0.111* (-1.739)	1.081*** (11.301)	0.357*** (16.625)	-1.513*** (-3.61)	0.133*** (4.56)	0.892	

表6-6显示，在考察企业跨界行为后，市场势力发生了变化。在考虑平台跨界影响时，产生了两种效应。一方面，当考虑与主营业务相似领域的跨界时，市场势力的变化不变或略微下降，说明巨头企业在进入与主营业务相关的领域时，可以维持原有的市场势力；另一方面，当考虑向与主营业务差异较大的领域跨界时，市场势力呈现下降态势，说明大幅度的跨界行为可以通过加强大型平台企业之间的业务重叠程度，强化市场竞争，竞争效应起主导作用，对大型平台企业市场势力多市场传导起到一定的制衡作用。

6.4.3　异质性检验

平台市场中不同的业务领域有不同的竞争环境，在头部企业市场份额、市场壁垒、收益方式等方面存在差异。这些因素影响着市场势力在多领域的传导方式与溢出效果。因此，此处按照业务类型，将样本企业分为网络零售、社交娱乐两个细分领域进行异质性检验①。检验结果见表 6－7。

表 6－7　　　　异质性检验

领域	变量/模型	跨界参数	常数项	x^m	x^k	x^R	$\ln N_{it}$	R^2	观测值
网络零售	基准 Klette 模型	基准	－0.062 (－1.014)	3.417 *** (14.899)	0.077 *** (2.777)			0.846	95
		x^{C1}	－0.062 (－1.014)	3.411 *** (15.277)	0.076 *** (2.693)			0.846	
		x^{C2}	－0.061 (－1.009)	3.396 *** (14.521)	0.077 *** (2.7)			0.846	
		x^{C1}&x^{C2}	－0.06 (－0.998)	3.396 *** (14.874)	0.078 *** (2.715)			0.846	
	考虑创新驱动的 Klette 模型	基准	0.008 (0.106)	3.775 *** (12.067)	0.142 *** (3.093)	－3.521 ** (－2.148)		0.853	
		x^{C1}	0.014 (0.176)	3.777 *** (11.564)	0.147 *** (3.312)	－3.8 ** (－2.262)		0.854	
		x^{C2}	0.019 (0.24)	3.773 *** (11.504)	0.151 *** (3.32)	－3.971 ** (－2.335)		0.855	
		x^{C1}&x^{C2}	0.019 (0.242)	3.77 *** (11.515)	0.151 *** (3.32)	－3.943 ** (－2.314)		0.855	
	考虑网络效应的 Klette 模型	基准	－0.291 *** (－2.707)	2.311 *** (5.101)	0.173 *** (4.288)		0.193 *** (2.734)	0.857	
		x^{C1}	－0.291 *** (－2.703)	2.312 *** (5.128)	0.173 *** (4.233)		0.193 *** (2.726)	0.857	
		x^{C2}	－0.289 *** (－2.708)	2.309 *** (5.097)	0.172 *** (4.207)		0.192 *** (2.721)	0.857	
		x^{C1}&x^{C2}	－0.288 *** (－2.695)	2.312 *** (5.186)	0.173 *** (4.279)		0.191 *** (2.704)	0.857	

① 由于信息资讯、生活服务领域样本量过小，故不加入异质性检验部分。

续表

领域	模型（变量）	跨界参数	常数项	x^m	x^k	x^R	$\ln N_{it}$	R^2	观测值
网络零售	综合考虑创新驱动与网络效应的Klette模型	基准	-0.311*** (-2.675)	2.249*** (4.034)	0.363*** (4.509)	-6.746*** (-3.92)	0.324*** (3.623)	0.876	95
		x^{C1}	-0.309*** (-2.653)	2.232*** (3.91)	0.371*** (4.581)	-7.118*** (-4.03)	0.328*** (3.669)	0.877	
		x^{C2}	-0.304*** (-2.621)	2.228*** (3.915)	0.375*** (4.696)	-7.267*** (-4.131)	0.328*** (3.688)	0.878	
		x^{C1}&x^{C2}	-0.303*** (-2.619)	2.23*** (3.957)	0.375*** (4.748)	-7.241*** (-4.107)	0.327*** (3.69)	0.878	
社交娱乐	基准Klette模型	基准	0.176*** (4.141)	1.123*** (7.793)	0.374*** (9.909)			0.963	133
		x^{C1}	0.177*** (4.17)	1.123*** (7.781)	0.374*** (9.88)			0.963	
		x^{C2}	0.177*** (4.161)	1.122*** (7.735)	0.373*** (9.774)			0.964	
		x^{C1}&x^{C2}	0.175*** (4.1)	1.122*** (7.723)	0.372*** (9.77)			0.964	
	考虑创新驱动的Klette模型	基准	0.156*** (3.589)	0.909*** (4.695)	0.352*** (9.614)	1.345** (2.145)		0.966	
		x^{C1}	0.158*** (3.635)	0.907*** (4.664)	0.352*** (9.595)	1.355** (2.161)		0.966	
		x^{C2}	0.157*** (3.612)	0.91*** (4.662)	0.351*** (9.57)	1.331** (2.13)		0.966	
		x^{C1}&x^{C2}	0.157*** (3.612)	0.911*** (4.655)	0.35*** (9.604)	1.326** (2.092)		0.966	
	考虑网络效应的Klette模型	基准	0.202 (1.256)	1.124*** (7.846)	0.379*** (7.613)		-0.009 (-0.19)	0.963	
		x^{C1}	0.206 (1.277)	1.124*** (7.834)	0.379*** (7.615)		-0.01 (-0.21)	0.963	
		x^{C2}	0.201 (1.261)	1.123*** (7.787)	0.377*** (7.584)		-0.009 (-0.177)	0.964	
		x^{C1}&x^{C2}	0.195 (1.223)	1.122*** (7.771)	0.375*** (7.562)		-0.007 (-0.145)	0.964	

续表

领域	变量 模型	跨界参数	常数项	x^m	x^k	x^R	$\ln N_{it}$	R^2	观测值
社交娱乐	综合考虑创新驱动与网络效应的Klette模型	基准	0.33 ** (2.411)	0.871 *** (4.495)	0.378 *** (8.156)	1.636 *** (2.681)	-0.063 (-1.493)	0.966	133
		x^{C1}	0.337 ** (2.451)	0.867 *** (4.454)	0.379 *** (8.158)	1.657 *** (2.708)	-0.065 (-1.534)	0.967	
		x^{C2}	0.327 ** (2.421)	0.873 *** (4.47)	0.376 *** (8.156)	1.617 *** (2.662)	-0.062 (-1.486)	0.967	
		x^{C1}&x^{C2}	0.330 ** (2.453)	0.871 *** (4.449)	0.377 *** (8.215)	1.627 *** (2.629)	-0.063 (-1.517)	0.967	

异质性检验结果与实证结果基本一致。当加入与主营业务相近的跨界场景后，市场势力的不变或有小幅度上升，说明巨头平台企业在进入相似领域时，可以保持一定的竞争优势，市场势力有多领域杠杆传导的可能。当加入与主营业务差异较大的领域后，市场势力均呈现一定程度的下降，说明此时竞争作用起主导作用。

6.5 跨界情景下的平台市场新格局

从业务范围的角度，可以将上文的测度结果概括为两个方面（见表6-8）：一方面，就主营业务而言，头部平台企业的市场势力可以在与其主营业务相近的领域维持，甚至存在一定程度的杠杆传导效应；另一方面，当跨界范围与主营业务差异较大时，此时整体的市场势力水平将被削弱，此时，头部企业之间在新业务领域的替代性关系或是形成这一制衡关系的主要原因。

表 6-8　平台跨界中的市场势力变化方向

场景 变化 领域	与主营业务相近				与主营业务差异较大				综合考虑两类跨界情境			
	(1)	(2)	(3)	(4)	(1)	(2)	(3)	(4)	(1)	(2)	(3)	(4)
全领域	↓	—	—	—	↓	↓	↓	↓	↓	↓	↓	↓
网络零售	↓	↑	↑	↓	↓	↓	↓	↓	↓	↓	↑	↓

续表

场景／变化／领域	与主营业务相近				与主营业务差异较大				综合考虑两类跨界情境			
	（1）	（2）	（3）	（4）	（1）	（2）	（3）	（4）	（1）	（2）	（3）	（4）
社交娱乐	—	↓	—	↓	↓	↑	↓	↑	↓	↑	↓	—

注：表格中（1）表示基准 Klette 模型，（2）表示考虑创新驱动的 Klette 模型，（3）表示考虑网络效应的 Klette 模型，（4）表示综合考虑创新驱动与网络效应的 Klette 模型；“↑”表示市场势力上升，“↓”表示市场势力下降，“—”表示市场势力几乎不变。

基于上述结果，我们可以认为在当前，企业以构建商业生态系统为名的跨界过程中，形成了新的竞争格局。

第一，“赢者通吃”的平台竞争格局会在有限范围内延伸。传统观点认为，显著的网络外部性导致平台市场中的用户会自发地聚集到少数几家企业中，“赢者通吃”是平台竞争的典型结局。在实践中，平台经济的各细分领域均呈现出市场份额高度集中的结构。可以认为，每个领域中的头部企业积累了一定的资金、流量、技术等方面的优势，这些优势构成了企业的市场势力，且市场势力可以在一些与主营业务相似的领域继续发挥作用。苏治等（2018）提出了平台市场呈现出“分层式垄断竞争”的市场结构，即头部平台企业的垄断地位不会被新进入企业替代。结合其研究，本研究认为，头部平台企业不仅可以免受新进入企业的竞争干扰，也可以“自上而下”式地传导市场势力，在差异化的竞争中仍享有“赢者通吃”红利。如在网络零售领域，尽管有诸多依靠差异化业务进入市场的中小型企业，但这类企业的生存空间并不广阔，巨头企业可以通过自行开发、资本运作、流量引导等方式，在相似领域轻易占据优势地位，表 6－9 显示了阿里巴巴在网络零售新兴领域的业务布局，几乎涉及了当前所有的差异化发展方向，同时，在表中所列业务板块，阿里巴巴基本上也具有垄断或寡头的市场地位，说明市场势力跨界传导的“杠杆效应”在该场景下确实存在。

表 6－9　　阿里巴巴在网络零售领域的新兴业务

领域	阿里业务板块	主要竞争对手
生鲜电商	淘宝买菜	京东生鲜、顺丰优选等
折扣电商	聚划算、淘工厂、淘宝秒杀	唯品会
二手电商	闲鱼	转转、95 分

续表

领域	阿里业务板块	主要竞争对手
本地生活电商	饿了么、天猫超市、阿里药房	美团、平安好医生
票务服务	飞猪旅行、淘票票	携程、去哪儿网
跨境零售	全球购、天猫国际	亚马逊、敦煌网、京东国际
轻奢电商	小黑盒、iFashion	小红书、Ofashion

资料来源：作者整理。

第二，从更广泛的范围看，平台竞争由“赢者通吃”向“赢者博弈”转变。随着平台企业跨界范围与主营业务差异逐渐扩大，原本在主营业务领域并无交集的头部平台企业开始在新业务领域出现业务重叠。表6－10罗列了平台经济领域的典型企业对外投资企业数量和主要涉及领域，从表6－10可以看出，主营业务分属不同领域的百度、阿里巴巴、腾讯均开始涉足企业服务、汽车交通、文娱传媒等新兴领域，相应地产生了竞争关系。此时，头部平台企业间的竞争模式已经不是在单一领域争夺流量，获得足以激发正反馈效应的临界容量，而是商业生态模式的优劣比拼。此时，“赢者通吃”的规律不再显著，市场势力不再进一步溢出，头部平台企业之间产生了新的竞争制衡关系，开启了新一轮的博弈。

表6－10　典型平台企业投资情况

企业名称	投资企业数量（个）	主要涉及领域	相同领域
腾讯	934	文娱传媒、游戏、企业服务、电子商务、金融、教育、医疗健康、汽车交通	文娱传媒、企业服务、医疗健康、汽车交通
阿里巴巴	583	企业服务、文娱传媒、金融、电子商务、本地生活、汽车交通、医疗健康	
百度	289	企业服务、文娱传媒、医疗健康、汽车交通、先进制造、工具软件	

资料来源：作者整理。

第三，从时间维度上动态考虑，平台竞争的结局从“寡头化”向“逆寡头化”转变。综合考虑平台企业跨界的渐进性（荆文君和刘璇，2022），综合上述结论，我们可以得到平台竞争演进的一般规律。平台企业在网络外部性的影响下，凭借先入优势、模式创新等因素会在某一领域很快形成规模上的优势。在此基础上，大型平台企业会进行业务扩张。大型平台企业早期围绕主营业务的多元化经营，其市场势力会通过杠杆效应传导，这不仅巩固了其在主营业务领域的主导地位，也使其竞争优势在多个领域存在，形成一定业务范围内的、多领域寡头化局面。随着大型平台企业跨界范围的不断扩大——业务范围超出与主营业务相关的业务范围，此时，业务之间的重叠衍生了分属不同领域之间大型平台企业的竞争关系，平台生态系统上的相互制衡使市场势力的多领域传导受阻，大型平台企业之间的竞争效应开始显现。如果说早期平台竞争的结局是“寡头化”，甚至是多领域的“寡头化”，那么随着平台跨界经营范围的扩大，这种“寡头化”在多领域存在的局面被自然打破，大型平台企业因兴起的竞争关系呈现出“逆寡头化”的发展趋势。

6.6 本章小结

本研究在平台跨界经营的背景下，运用新实证产业组织理论，实际测度了平台企业在不同场景下的市场势力溢出水平。结果显示：（1）大型平台企业存在一定的市场势力，且在进行与主营业务相关领域跨界时，市场势力会有一定程度的上升，说明此时平台企业的市场势力可以通过杠杆效应传导到其他领域；（2）当跨界目标领域与主营业务相关性不强时，大型平台企业的市场势力会产生下降，表明此时大型企业之间出现了业务重叠与制衡效果，竞争效应发挥主要作用。本研究的测度结果也为平台竞争的发展规律提供了经验证据与全新洞察：平台市场头部企业具有的市场势力可以有限制地传导，但随着企业经营业务范围扩大，“赢者通吃”的结局被大型平台企业之间的新一轮竞争取代，在全业务领域内，寡头企业仍然面临着激烈的竞争。

本研究的结论也表明需要进一步思考平台治理中政府与市场的关系。当前平台治理中，被提及最多的是如何处理好“发展”与“规范”的问题，既要警惕巨头平台企业的“二选一”策略、扼杀式并购等排他性行为，又要激发企业活力和创新能力，巩固和增强国际竞争力。这就要求在监管过程中明确平台经济的发展规律。本研究的结论为解决上述问题提供了一种辩证性的思路。从细分业务领域来看，一些成熟领域及其相近领域，巨头企业具有一定的市场势力和跨领域存在的竞争优势，需要相应的规制应对；从整个平台经济的发展生态系统来看，大型平台之间的制衡作用实则形成了防止任何一家企业占据垄断地位的有力武器，这种类似可竞争市场（Contestable Markets）的产业组织结构会约束巨头企业的非效率行为出现。结合这两个方面，一种合理的监管思路是在明确底线红线的基础上，在企业无感的情况下进行日常规范，在其触碰底线红线前预警并及时提醒，形成有效的“触发式监管”。

第二篇

数据参与篇

第 7 章　数据参与平台竞争的问题来源

7.1　研究背景

2020 年 4 月 9 日，《中共中央、国务院关于构建更加完善的要素市场化配置体制机制的意见》对外公布，把数据与土地、劳动力、资本、技术并列为生产要素。2022 年 6 月 22 日，中央全面深化改革委员会第二十六次会议审议通过《关于构建数据基础制度更好发挥数据要素作用的意见》等重要文件。2023 年是我国推进数据要素市场体系建设标志性的一年，从中共中央、国务院印发《数字中国建设整体布局规划》，从顶层设计的高度为数字经济做出整体性布局，到国家数据局的组建，统筹数据资源整合共享和开发利用，再到发布《"数据要素 ×" 三年行动计划（2024～2026 年）》，并提出"发挥数据要素乘数效应，赋能经济社会发展"，推动相关政策细则的出台落实，都体现出我国着力营造数据产业良好发展环境的政策导向。可见，数据要素已成为数字经济深入发展的核心引擎。

平台企业是数字经济时代的重要组织形式，也是数据要素发挥价值的重要载体。平台企业通常采用在线形式提供创新性的产品和服务，以此来形成对个人数据汇集的"用户档案"，从而促成了不同规模平台企业在数据生产要素上的差异性。电子商务、搜索引擎、即时通信、社交网站等网络平台型经济的兴起与快速发展，促成了具有海量数据的市场，而云计算、人工智能、量子计算等新兴技术的开发和利用，为挖掘海量数据中丰富的信息提供了可能，使数据不仅在推动技术融合、打通信息壁垒、提高风险控制等政府治理层面发挥重要作用，也在挖掘用户行为、降低企业成本、提高企业经营效率等微观层面展露优势。鉴于此，企业也格外重视对数据资源的获取与开发，企业间围绕数据的竞争也越发激烈（Mcafee &

Brynjolfsson，2012），如美国的 HiQ 诉 LinkedIn 案、国内的菜鸟与顺丰快递、新浪与今日头条等企业的数据之争。针对大数据对竞争的影响，有学者指出，网络平台已经由用户之争向数据之争转移（曾雄，2017）。

数据参与下的平台竞争主要体现在平台的定价行为（荆文君，2021；侯薇薇等，2023）。但目前对于这一问题的关注仍比较有限。一方面，对数据参与平台定价的相关特征梳理不足，没有形成一般性的规律阐释；另一方面，相关研究没有与经典的平台定价结论相延续，导致学术对话没有形成。鉴于此，本篇从平台定价的角度，讨论数据参与下的平台竞争问题。

7.2　已有研究对数据参与的反竞争效应认识

数据市场中的竞争必然会出现数据集中的现象，根据从竞争到垄断演进的一般规律，有学者将这种现象称为“数据垄断”或“大数据垄断”，并从法律层面探讨了如何对这类垄断进行相应的规制（曾雄，2017；于左，2017；曾彩霞，尤建新，2017；费方域，闫自信，2018）。但上述探讨更多的是从法理上探索如何识别数据的反竞争效应及如何应对数据垄断的现象，而对企业获得大量数据后产生的实际效果及内在机制分析不足。由此导致对一些问题的判断没有一致结论，最基本的一个问题是：数据的丰富与集中，究竟是不是“垄断”？进一步引发“数据垄断”或“大数据垄断”的提法是否科学的疑问。这一问题其实也是数据产生反竞争效应的核心问题。解答这一问题的关键，是对数据驱动市场（data - driven market）的垄断性质进行讨论，重点在于分析以数据作为支撑的交易行为，而不是数据交易行为本身。在传统 SCP 范式中，市场结构决定着市场行为，并影响市场绩效是一个严谨的闭环，因此，只需要通过市场集中度就可以判定一个市场的竞争或垄断程度。但上述判断方法在数字经济时代适用性有限，市场结构与市场行为或市场势力之间的不对等关系被广泛认识到，因此需要从企业行为的角度判断数据集中导致的市场效果[①]。定价是企业的

① 在数据垄断性质判断不明的情况下，本研究尽量减少使用“数据垄断”等热点词语，而以数据积累、数据优势等词代替。

主要市场行为，其与企业边际成本的差异被定义为市场势力，是传统理论中判断垄断程度的重要指标。因此，本研究重点分析数据集中对平台企业定价的影响，这是明确大数据对微观主体实际影响的主要步骤，也是制定相关规制政策的经济学基础。

数据成为一种重要的生产要素后，其是否产生反竞争效应是一个较为新鲜的话题，因此相关研究还不够深入。目前与其相关的讨论可分为两个方面：第一类是针对数据积累对互联网企业行为的影响；第二类重点分析数据优势是否会使企业产出竞争优势乃至垄断势力。这两类研究存在一定的递进关系，第一类研究侧重于行为机理分析，第二类研究侧重于行为结果考察。

在第一类研究中，许多学者认为，数据的积累有助于企业更好地分析用户行为（Brynjolfsson & McAfee，2012）。进一步，Zuboff（2015）认为企业以极低的成本获取了用户数据，并形成有用信息，可以使其根据用户偏好改进自身产品，更好地占有消费者剩余，进而提出了“行为剩余”（Behavioral Surplus）的概念。类似地，Jens Prüfer 和 Christoph Schottmüller（2017）指出，数据对用户偏好的刻画将影响企业的创新投入，在此基础上提出了大数据环境下企业竞争的结果，认为大数据环境下寡头的市场结构是稳定的，并认为寡头企业的这种市场地位可以跨领域实现。由于数据的上述作用，许多学者指出数据使企业具有差别定价的能力，企业因此对大数据有价值挖掘和变现需求，推动了大数据在精准营销、智能推荐和人工智能领域的广泛应用（董晶，黄旭，2018）；同时，也有学者认为大数据环境下产生了新的价格歧视行为，表现为主体更广泛、行为更隐蔽、精准市场划分等（朱杰，2018）。近两年出现的互联网企业大数据“杀熟”现象正是大数据环境下对这种价格歧视的具体表现，杨泽威和孙艳香（2018）分析了“杀熟”的成因，认为在企业逐利的逐利特征、信息不对称、消费者安全意识不足以及相关法律制度的不健全是大数据“杀熟”主要的形成原因。

第二类研究是从更广泛的层面进行的，既然大数据使企业有了差别定价或价格歧视的能力，那么企业的“数据垄断”问题就自然被学界所关注。相关地，互联网平台企业的垄断是近年来研究的热点，很多研究指出互联网平台市场虽然市场份额比较集中，但市场势力有限（傅瑜等，2014；张坤，2016；孙宝文等，2017）。但已有研究通常是以市场份额作为垄断市场结构的判断依据，其中隐含着以收益或用户量为关键资源。而当数据成为一种生产资料时，对数据的占有是否成为一种垄断，及是否由此产生市场势力，已有研究很少从经济学的视角进行考虑。国外一些学者注意到了数据作为一种生产资料的经济效应，进行了数据优势与市场势力关系的研究，但并未得出一致结论。如 Ezrachi 和 Stucke（2015）、Stucke 和 Grunes（2015）认为，互联网中的网络效应与大型企业占有大量数据，可以从成本的角度形成强大的市场壁垒，阻碍新兴企业进入市场，从而使大型企业获得市场势力；但 Lerner（2014）、Lambrecht 和 Tucker（2017）认为，因数据不具备资源的稀缺性与独占性，因此难以使企业形成市场势力或明显的竞争优势。

上述研究讨论了数据促成企业差别化定价的原因，及数据积累对企业市场势力的影响。但可以看出，已有研究缺乏从机理层面的严谨分析，多数研究是基于案例的定性研究，研究结论的严谨性可能会因受案例样本的选取偏差而受到影响。

7.3 内容安排

本篇包括两个主要部分。

一是讨论数据与平台企业定价行为的影响。具体而言，分别分析了垄断环境与差异化竞争环境下，数据的丰富是否会使平台企业提高定价，并讨论由此产生的市场“分层”效果。二是在上述研究框架下，重点讨论数据对不同规模的平台企业的定价及收益影响，并集中讨论了数据量与数据处理技术对定价的影响机制。

第 8 章　数据优势与平台企业提价行为

数据成为一种重要的生产要素后，其是否产生反竞争效应是一个较为新鲜的话题，因此相关研究还不够深入。本部分通过构建梳理模型，分别在垄断场景和差异化竞争场景下，回答数据优势是否会使平台企业提高定价这一问题。

8.1　数据对企业行为影响的特殊性

“数据”本身不是一个新鲜事物，但早期数据对经济社会的影响并未受到广泛关注。随着计算机与网络技术的快速发展，电子商务、网络购物及搜索引擎等商业模式的兴起与推广，数据开始呈现出大量（Volume）、高速（Velocity）、多样（Variety）、价值高（Value）的“4V”特征，“大数据”的概念被提出，同时，云计算、量子计算、人工智能等技术的逐步成熟，可以更好地实现“大数据”的价值。此时，数据在生产生活中的重要作用才被深入认识。数据由最初的技术衍生品，逐渐产生出生产资料属性。作为一种“新生”的生产资料，数据对微观市场中的企业行为显现出了其独特的作用。后文将重点分析数据影响企业行为的具体表现与内在机理。

8.1.1　获取数据的规律

数据影响企业行为的讨论起点是，数据是如何在企业积累，以及数据优势是如何形成的。主要讨论两方面内容：一是数据如何产生及聚集；二是数据如何获取及其中蕴含的成本规律。

企业获得数据的主要途径包括两个方面：用户规模和交易次数。但从两个途径获取数据的逻辑不同：用户数量并不直接产生数据，而用户数量的增加会提升可获得数据量的期望值；而随着实际交易行为的发生，才能产生真实可用的数据，交易次数意味着数据真实产生，是将数据量期望值变为真实值的“转化器”。正是在这样的逻辑下，大型企业在数据获取上具有一定优势。从存量角度看，大型企业庞大的用户基数从数据量期望的角度提升了其产生数据优势的可能性。同时，由于行业中存在着显著的网络效应，“马太效应”明显，导致用户会自发向大型企业聚集，进一步提升了大型企业获得数据的可能性，有助于大型企业形成数据优势。另外，作为“转化器”的交易次数是企业数据优势形成的必要因素。交易次数与用户规模的共同作用，即可以反映市场整体信息，如市场对某种产品或服务的热衷程度变化、消费者群体的消费趋势等；也可以为明确单个用户或某一特定消费群体的偏好提供途径。后者实际上为行业中中小型企业生存提供了一定程度的保障——即使不具备大规模用户的企业，依然可以通过用户重复交易行为，分析消费者偏好，之后通过精准的营销策略，提高用户黏性，获得稳定的客户源。

此外，获取某种生产资料必然要付出相应的成本。数据作为一种生产资料，获取其要付出的成本与传统产业有所区别，主要表现趋近于零的边际成本。一个较为广泛的认识是，信息服务业的成本结构特征是高固定成本、低边际成本。数据资源的获取与这种成本结构实际上有着不同的逻辑：信息服务产业的高固定成本、低边际成本是指提供一单位的产品或服务时产生的成本，偏向于经营过程，而数据获取过程更偏向于生产资料采集过程，涉及的具体情境不同。从这个维度来看，数据获取过程对应着其实是信息服务业中的“高固定成本”部分，但事实上，数据的获取成本确是极低的，主要原因在于数据的产生与获得是伴随着交易活动的自发过程，用户通过互联网平台进行交易等市场活动，过程中生成的数据会自发被企业获取，其中并不需要企业行使额外的市场行为。因此，对于企业而言，获取数据几乎不用任何额外投入，边际成本非常低。对于大规模企业，“马太效应”使这种现象更为明显。

综上所述，由于数据产生的影响因素包括用户规模和交易次数，因此，网络效应的特征在数据获取上仍然适用，同时，由于获取数据的成本极低，对于大型企业而言，其形成数据优势的可能性非常大。但本节也同时说明，数据的特性也可以为中小型企业提供生存空间。

8.1.2　数据优势与价格歧视

可以认为，数据作为一种生产资料对企业行为最主要的影响在于定价行为。大量数积累与企业定价之间最直接的关系是：数据优势可以更好地使企业实现差别化定价或价格歧视。传统理论中，价格歧视是指商品或服务的提供者，即本研究中的互联网平台企业，在向不同的消费者提供相同等级或相同质量的商品或服务时，在消费者之间实行不同的收费标准。因此认为，价格歧视是企业占领消费者剩余、获取超额利润的销售手段。

在传统市场中，由于企业与用户信息的不对称，使得价格歧视或差别化定价往往是企业根据经验进行的，也因为缺乏对用户偏好的了解，完全价格歧视难以实施。由此我们认为，对偏好的了解，是进行价格歧视的关键。在数据丰富的市场中，相较于传统市场，用户的偏好可以通过其在网站的浏览记录、购买历史等更好地被企业知晓。因此，企业价格歧视更有针对性。企业可以以非常低的成本获取消费者实际偏好，以贴近需求曲线的方式进行生产或销售，完全价格歧视成为可能。近年来出现的“大数据杀熟”即是对这一问题的现实反映。值得注意的是，用户独立、多次的交易行为，使企业不仅可以判断市场需求走向，也可识别单一用户偏好，使得价格歧视具有一定的隐蔽性。但也有观点指出，恰当的大数据差别定价能够促进资源的高效配置（董晶，黄旭，2018）。平台企业收集和使用个人数据，可以更好地迎合消费者需求，帮助企业改进自身产品或服务，既可扩大用户选择范围，还可以使市场保持一定的竞争程度。企业在价格上的调整也可以看作是满足消费者需求而获得的补偿。从这个角度来看，数据优势赋予了价格歧视新的内涵，并非有害无益。

传统经济分析中，价格歧视往往与垄断密切相关，而前文分析也表明，大型互联网企业也容易获得数据市场份额优势，因此才有了学界对“数据垄断”的担忧。这里分析的关键在于明确数据是否会促使企业产生市场势力以及反竞争效应。市场势力一般是指企业将价格提高到边际成本以上的能力。一方面，数据有助于企业更好地分析用户行为，明确用户需求，形成稳定的用户资源，使市场份额保持在一个较高的水平，成为企业形成市场势力的基础。另一方面，从企业资源的视角来看，使企业获得市场势力的资源需要具备四个条件：稀缺的、有价值的、不可模仿的、不可替代的（Lambrecht & Tucker，2017）。因为数据本身并不是稀缺资源，也就无法使企业获得市场势力。从这个角度来看，数据积累并不会成为企业提价的基础，其是否会产生反竞争效应便不再明确。

综上所述，一方面，数据的获取特性为大型企业形成数据优势奠定了基础，也为中小型企业生存创造了环境。另一方面，在数据作为生产资料的市场中，存在着消费者需求被满足和企业提价之间的权衡关系，致使“数据垄断”表现出与传统垄断中价格歧视不同的特征。鉴于此，本研究试图从机制机理的角度，分析数据积累或数据优势如何影响平台企业定价行为与市场定位，从理论上明确“数据垄断”的具体影响。

8.2 模型构建

数理模型所具有的严谨性可以为探寻大数据环境下的企业定价问题提供可行路径。鉴于此，本部分选取了两类数理模型进行分析。一类是 Armstrong 在 2006 年提出的双边市场模型，该模型抽象出了互联网行业中双边平台市场、交叉网络外部等特征，可以用以研究垄断市场结构下，数据如何影响互联网平台企业的定价机制；另一类是 Hotelling 模型，本研究将交叉网络外部性、偏好分析等内容纳入传统 Hotelling 模型，研究数据积累对互联网平台企业差异化竞争的影响。在本研究的后续内容中，首先归纳总结了数据对企业行为影响的特殊性，在此基础上，通过两类模型，分析数据积累影响企业定价行为的机制机理。本研究模型按以下思路设计。首先，分析垄断条件下数据集中对企业定价的影响，其次，考虑竞争条件下，数据对平台差异化竞争策略的影响。

8.2.1　垄断平台定价

为明确数据垄断对平台企业定价机制的影响，需要建立或寻找一个基准模型进行对照。网络外部性与双边市场特征是影响互联网企业定价的主要因素，在这方面，Rochet 和 Tirole（2003）、Armstrong（2006）进行了开创性的研究。后续关于双边市场的定价策略的研究，大多是基于这两篇文献进行的。两篇文献的不同之处在于，Rochet 和 Tirole 的文章重点考虑消费者需求价格弹性变化对平台定价的影响，Armstrong 模型则是针对平台如何向用户收取注册费这一问题进行的，从研究对象上看，后者与本研究更为匹配。鉴于此，本研究借鉴 Armstrong 在 2006 年提出的模型①，建立数据优势下平台定价模型，之后通过对比两类模型结果，得出垄断企业数据优势对定价的影响。

模型框架如图 8－1 所示。

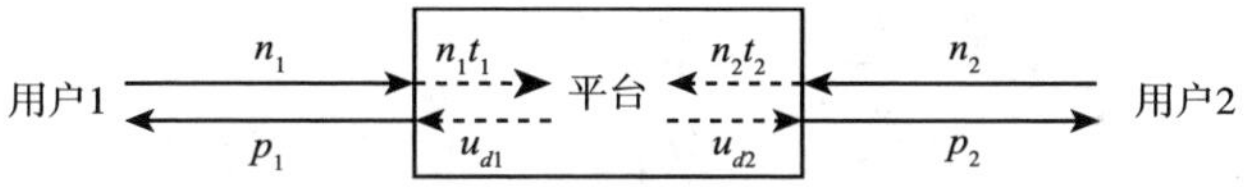

图 8－1　数据参与下的平台定价模型框架

根据 Armstrong 建立的模型，假设平台向两边用户收取注册费或服务费，同时在网络外部性的作用下，每边用户的效用取决于另外一边能吸引到的用户数，这部分效用以 $\alpha_i n_j$（i，$j=1$，2）表示，其中，α_i，n_j 分别表示平台一边的网络外部性强度和另一边的用户数。

在引入数据变量方面，本研究按照前文对数据产生及获取的分析，认为数据形成与用户数量 n_i 及交易次数 t_i 正向相关。数据积累同样会影响用户效用。本研究认为，平台积累的数据有助于其挖掘消费者偏好，提高消费者效用，这部分效用表示为：$u_d(n_i, t_i)$，显然，该效用与用户数量 n_i 及交易次数 t_i 正向相关，为简化分析，本研究以 $u_{di}(n_i, t_i) = \beta_i n_i t_i$（$i=1$，2）

① 该模型详见 Armstrong M. Competition in two－sided markets［J］. *The RAND Journal of Economics*, 2006, 37（3）：668－691.

表示，其中，β_i 为数据的效用转化系数，可以反映数据对用户偏好的敏感性及算法的精确程度。p_i 为平台对两边用户的定价。

综上，平台两边用户的效用是：

$$u_1 = \alpha_1 n_2 + u_d(n_1, t_1) - p_1 = \alpha_1 n_2 + \beta_1 n_1 t_1 - p_1 \quad (8-1)$$

$$u_2 = \alpha_2 n_1 + u_d(n_2, t_2) - p_2 = \alpha_2 n_1 + \beta_2 n_2 t_2 - p_2 \quad (8-2)$$

对式（8-1）、式（8-2）进行转换可得：

$$p_1 = \alpha_1 n_2 + \beta_1 n_1 t_1 - u_1 \quad (8-3)$$

$$p_2 = \alpha_2 n_1 + \beta_2 n_2 t_2 - u_2 \quad (8-4)$$

根据 Armstrong（2006）模型中的假设，提供给 i 边用户的效用为 u_i（$i=1$，2），则 i 边加入平台的用户数量可表示为 $n_i = \phi_i(u_i)$，并假设平台两边成本为 f_1，f_2，则平台利润可以表示为：

$$\pi(u_1, u_2) = \phi_1(u_1)(p_1 - f_1) + \phi_2(u_2)(p_2 - f_2) \quad (8-5)$$

式（8-5）求关于效用 u_i（$i=1$，2）的一阶条件，可得平台企业的定价规则：

$$p_1^* = f_1 - \alpha_2 n_2 + \frac{\phi_1(u_1)}{\phi_1'(u_1)} + \beta_1 n_1 t_1 \quad (8-6)$$

$$p_2^* = f_2 - \alpha_1 n_1 + \frac{\phi_2(u_2)}{\phi_2'(u_2)} + \beta_2 n_2 t_2 \quad (8-7)$$

与 Armstrong（2006）模型结果对比发现①，本研究得出的定价公式多了数据效用项（$\beta_i n_i t_i$），由此得出结论 8-1。

结论 8-1：具有数据优势的平台企业会通过数据积累接近用户偏好，从而提高产品或服务价格。

进一步分析式（8-6）、式（8-7）发现，提高的这部分价格是与数据量呈正向关系，即用户数量或交易量的增加都有助于企业提升产品或服务价格。可以认为提高的价格是通过数据挖掘用户偏好得到的，我们将其称之为“数据红利”。且随着数据量的提高，定价提高的程度也会进一步

---

① Armstrong（2006）模型中的垄断平台定价表达式为：$\begin{cases} p_1^* = f_1 - \alpha_2 n_2 + \dfrac{\phi_1(u_1)}{\phi_1'(u_1)} \\ p_2^* = f_2 - \alpha_1 n_1 + \dfrac{\phi_2(u_2)}{\phi_2'(u_2)} \end{cases}$

增加。“数据红利”产生，其实与传统意义上的价格歧视类似。

同时，垄断平台企业的提价行为是其市场势力的体现。Armstrong 的文章中已经对比了垄断情况下与竞争情况下企业定价的差异，认为垄断平台会制定高于竞争环境下的价格。本研究的模型结果更加印证了这一观点，因此，对大型企业而言，数据优势可以使其获得更多强的市场势力，加剧反竞争效应的可能。

8.2.2　竞争性平台定价

“垄断”是平台市场的一种常见情况，但行业中仍存在着许多差异化竞争。如唯品会、美团、小红书等虽在服务领域上属于电子商务，与阿里巴巴、京东一致，但在提供的具体服务上，前者又偏向于与电子商务略有差异的折扣销售、拼团销售、社交电商等。本部分重点分析这种情境下，数据如何影响企业竞争行为与定价行为。

这种不同的细分领域对消费者的影响是不同的，对于不同类型的消费者，其偏好有所区别，以网上购物为例，有的消费者看重性价比，有的消费者看重品质，有的消费者注重服务获得的便利性。因此，企业不可能完全满足每个消费者的需求，因此会因未满足偏好流失消费者，而产生“偏好成本”。“偏好成本”的产生与 Hotelling 模型中的“交通成本”有类似的思想——Hotelling 模型最初关注最优选址和价格均衡问题，将企业的差异抽象为因选址而使消费者产生的不同的交通成本，企业的定价决策与交通成本相关，因此解释了为什么同一产品会产生不同价格。Hotelling 模型被认为是研究差异化竞争的经典模型，也有许多学者对其进行了相应的扩展，如改变交通成本函数形式（Economides，1986；Gabszewicz & Thisse，1986）、引入信息交换费进入成本函数（Mai & Peng，1999）、内生化单位运输成本（曹韫建，2002）等。

为使 Hotelling 模型更符合本研究情境，本研究从两方面对其进行扩展。第一，将“交通成本”转变为“偏好成本”。数据驱动的市场相对于传统市场，产品或服务的供需交换往往是在线上进行的，距离上的约束很弱，因此，交通成本非常低。交通成本的降低使消费者将关注重点转移到自身偏好是否被满足，企业提供的产品或服务对消费者偏好的满足程度将直接影响企业的定价及收益，由此形成的偏好成本成为企业价格决策中的重要影响因素。进一步，传统 Hotelling 模型描述的是传统产业中因企业选址问题带来的消费者成本，由于选址需要投入巨大的固定成本，因此，“交通成本”是很难降低的。显然，这种情境在互联网平台企业中是不恰当的，前文指出，企业可以通过每次的交易数据，获得用户的偏好信息，从而可以通过改进自己的产品或服务，减少消费者的偏好成本。相对于固定不变的交通成本，偏好成本往往是变化的，甚至是逐渐降低的。第二，加入互联网市场特有的因素，提高 Hotelling 模型的适应性。主要加入两方面内容：一是互联网行业中广泛存在的网络外部性；二是平台型企业具有的双边市场特征。这些特征不仅使得用户数量影响企业定价机制，产生了互联网行业“流量至上”的主要商业模式，同时也影响了企业的数据获取过程。

在模型化过程中，本部分进行如下假设：

1. 有两家平台企业 A 和企业 B，面对着用户偏好均匀分布于区间［0，1］的市场。企业 A 提供 $x_1 = a$ 类产品或服务，企业 B 提供 $x_2 = 1 - b$ 类产品或服务（Aspremont et al.，1979，张地生、陈宏民，2000）。根据 Hotelling 模型思想，偏好特征 x 的用户选择企业 A 将产生偏好损失 $x - x_1 = x - a$，同理，该用户选择企业 B 将产生偏好损失 $x_2 - x = 1 - b - x$。对于企业 A、企业 B 提供服务的一种合理情境是：整个［0，1］区间市场反映了产品或服务由小众需求到主流需求的特征，据此可以认为，平台企业 A 提供的产品或服务在起初是低于目标用户需求偏好 x 的，可以认为其提供零散的、非主流的或较为低端的产品或服务，往往满足的是用户的边缘化的需求，如网络购物中的折扣网站；另外，平台企业 B 提供主流的或较为高端的产品或服务，通常会提供给高于用户偏好的产品或服务，对应现实中诸如阿里巴巴、京东等大型购物网站。

2. 借鉴 Armstrong 的双边平台定价模型思想，平台一边用户的效用受另一半用户数量影响。仅考虑双边市场中其中一边的情形，这部分效用可以表示为 $\alpha_1^A n_2^A$（用户加入企业 A），$\alpha_1^B n_2^B$（用户加入企业 B）。

3. 平台企业会向用户收取费用，以 p_A，p_B 表示。

4. 为明确数据对平台竞争的影响，本研究对企业 A、企业 B 提供的产品或服务进行更为精细化的模型表达。传统 Hotelling 模型将有竞争关系的企业所能提供的产品或服务以 0，1 或 a，$(1-b)$ 的形式设计为固定参数。大数据时代，用户在平台上重复交易形成的数据有助于企业更好地掌握用户偏好。因此，企业可以更好地根据用户需求的不同提供产品或服务的类型。因此，本研究模型中将企业提供产品或服务的类型以函数的形式表示，其满足如下性质：随着用户数量或交易次数的增加，数据量会增多，从而有助于使企业 A、企业 B 的服务更接近于用户偏好 x（如图 8－2 所示）。用函数的形式可以表示为：

$$\lim_{n_1^A, t_1^A \to \infty} a(d_A(n_1^A, t_1^A)) = x,\ \lim_{n_1^B, t_1^B \to \infty} b(d_B(n_1^B, t_1^B)) = 1 - x。$$

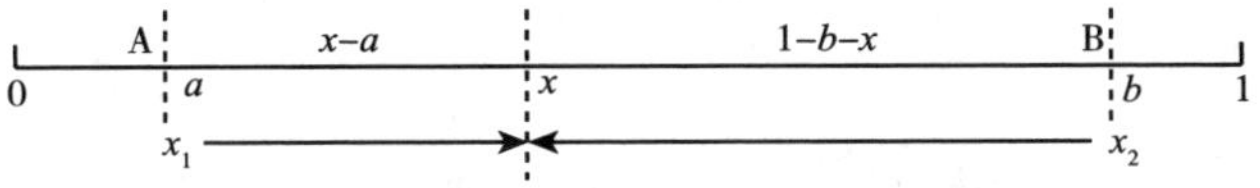

图 8－2　数据参与下竞争性平台定价模型设计框架

其中，$d_i(\cdot)(i=A,B)$ 表示平台的数据量，根据前文分析，该数据量与在企业交易的用户数（n_1^A，n_1^B）及交易次数（t_1^A，t_1^B）呈正向相关关系。为满足上述关系，我们将两企业提供的服务设定为以下形式：

$$a(d_A(n_1^A, t_1^A)) = \frac{d_A(\cdot) - 1}{d_A(\cdot)}x,\ b(d_B(n_1^B, t_1^B)) = 1 - \frac{d_B(\cdot) + 1}{d_B(\cdot)}x$$

该形式满足 A、B 两平台企业提供产品或服务于用户偏好的关系，即 $a < x$，$(1-b) > x$。

综上，加入平台企业 A 与平台企业 B 一边用户的净剩余（或效用）分别可表示为：

$$u_A = \alpha_1^A n_2^A - t(x - x_1) - p_A = \alpha_1^A n_2^A - t\left(x - \frac{d_A(\cdot) - 1}{d_A(\cdot)}x\right) - p_A$$

$$= \alpha_1^A n_2^A - t\left(\frac{1}{d_A(\cdot)}x\right) - p_A \tag{8-8}$$

$$u_B = \alpha_1^B n_2^B - t(x_2 - x) - p_B = \alpha_1^B n_2^B - t\left(\frac{d_B(\cdot) + 1}{d_B(\cdot)}x - x\right) - p_B$$

$$= \alpha_1^B n_2^B - t\left(\frac{1}{d_B(\cdot)}x\right) - p_B \tag{8-9}$$

在 Hotelling 模型中，式（8－8）、式（8－9）中的 t 往往被看作运输成本。在本模型中，我们对这一假设进行调整，将 t 看作用户对产品或服务特征差异的敏感程度，用户越注重产品特征的差异，其效用损失越大，在思想内涵上与 Hotelling 模型一致。

用户基于效用最大化的原则选择使用哪家企业的产品或服务，因此对于用户而言，均衡时必有：$u_A = u_B$，综合式（8－8）、式（8－9）可得两平台企业的需求函数：

$$D_A^* = x^* = \frac{d_A(\cdot)d_B(\cdot)[(p_A - p_B) + (\alpha_1^B n_2^B - \alpha_1^A n_2^A)]}{t[d_A(\cdot) - d_B(\cdot)]} \tag{8-10}$$

$$D_B^* = 1 - x^* = 1 - \frac{d_A(\cdot)d_B(\cdot)[(p_A - p_B) + (\alpha_1^B n_2^B - \alpha_1^A n_2^A)]}{t[d_A(\cdot) - d_B(\cdot)]} \tag{8-11}$$

其中，$d_A(n_1^A,\ t_1^A)$ 可以表示为简化表示为：$d_A(n_1^A,\ t_1^A) = kn_1^A t_1^A$，满足 $\partial d_A/\partial n_1^A > 0$，$\partial d_A/\partial t_1^A > 0$。企业的利润函数为：

$$\pi_A = (p_A - c_A) \times D_A^* \tag{8-12}$$

$$\pi_B = (p_B - c_B) \times D_B^* \tag{8-13}$$

式中 c_A，c_B 表示平台成本。结合式（8－10）、式（8－11）、式（8－12）、式（8－13）可以得出平台定价的一阶条件：

$$p_A^* = \underbrace{\frac{2}{3}c_A + \frac{1}{3}c_B}_{\text{成本加权}} + \underbrace{\frac{1}{3}(\alpha_1^A n_2^A - \alpha_1^B n_2^B)}_{\text{网络外部性影响}} - \underbrace{\frac{k}{3}\left(\frac{1}{d_B(\cdot)} - \frac{1}{d_A(\cdot)}\right)}_{\text{数据影响}} \tag{8-14}$$

$$p_B^* = \underbrace{\frac{1}{3}c_A + \frac{2}{3}c_B}_{\text{成本加权}} + \underbrace{\frac{1}{3}(\alpha_1^B n_2^B - \alpha_1^A n_2^A)}_{\text{网络外部性影响}} - \underbrace{\frac{2k}{3}\left(\frac{1}{d_B(\cdot)} - \frac{1}{d_A(\cdot)}\right)}_{\text{数据影响}} \tag{8-15}$$

从式（8－14）、式（8－15）可以看出，数据参与环境下平台企业定价受三方面因素影响：成本、网络外部性、数据规模。

其中，价格与成本呈同向关系，即价格会随着成本的增加而增加。平台定价与自身的网络外部效应呈同向关系，与竞争企业网络外部效应呈反向关系，即平台拥有较高的用户数量（n^A，n^B）或较强网络外部性强度，如用户黏性（α^A，α^B），其将具有提高定价的能力；另外，与其有竞争关系的企业的用户数量与网络外部性强度对其提高定价有抑制作用。上述结论与已有研究相同且符合经验直觉。

而数据规模影响平台企业的定价机制却有所不同。分别求 p_A^*、p_B^* 关于 $d_A(\cdot)$、$d_B(\cdot)$ 的偏导，易得：$\partial p_A^*/\partial d_A(\cdot)<0$，$\partial p_B^*/\partial d_B(\cdot)>0$。求偏导结果的不同说明数据对不同类型的企业影响不同。结合前文假设，我们得出结论 8－2。

结论 8－2：对于满足用户边缘化或相对低端需求的企业，数据不断积累将使其降低定价，而对于提供主流或相对高端产品或服务的企业，数据的积累将使其提高定价。

结论 8－2 非常直观地说明，在存在差异化竞争的市场中，数据并不会使所有的企业都产生提高定价的能力，而是使不同类型的企业采取不同的价格策略。产生这种现象可能的原因在于，随着交易人数和交易次数的增多，企业可以通过数据进一步了解用户的需求，更好地刻画出用户偏好，并通过对比自身产品，给出自身收益最大化的价格。但数据对定价方式的影响机制对于不同类型的企业是不同的：对于提供满足相对低端需求产品或服务的企业，随着用户数量的增多和交易次数的增加，会降低其价格，从而吸引到更多用户，从销量上实现企业盈利增加；而对于提供高端产品或服务的企业，随着用户数量的增多和交易次数的增加，会提高其价格，以精准定位的方式，培养用户黏性，从提高用户价值上实现盈利增加。

该结论也说明，仅从价格高低来看，与垄断型市场不同，在竞争性的市场中，由数据优势产生的“数据红利”不再显著。从更广泛的范围来看，企业以一种更贴近用户偏好的形式定价，获得收益。

此外，数据积累产生了新的价格歧视场景。与传统理论的不同之处在于，传统理论认为，价格歧视往往存在于垄断或寡头垄断市场中。而本研究的分析显示，大数据时代，即使是在竞争性的市场中，企业只要注重交易数据的积累，依然可以通过价格歧视，实现自身利益增长。同时，数据的积累不完全依靠于用户基数或市场份额，其与交易次数也呈现出正向关系，这实则为中小型企业提供了生存空间。由此产生的现实含义是：中小型企业可以通过培育用户黏性获取重复交易的大量数据，分析用户偏好，充分发挥长尾效应，不仅可使企业不被市场淘汰，也可获得更多收益。

进一步，将式（8－14）、式（8－15）代入式（8－10）、式（8－11）可得两企业最优需求函数：

$$D_A{}^* = \frac{d_A(\cdot)d_B(\cdot)(c_A - c_B) + d_A(\cdot)d_B(\cdot)(\alpha_1^B n_2^B - \alpha_1^A n_2^A) + \frac{1}{3}\left(\frac{1}{d_B(\cdot)} - \frac{1}{d_A(\cdot)}\right)}{3k[d_A(\cdot) - d_B(\cdot)]} \tag{8-16}$$

$$D_B{}^* = 1 - \frac{d_A(\cdot)d_B(\cdot)(c_A - c_B) + d_A(\cdot)d_B(\cdot)(\alpha_1^B n_2^B - \alpha_1^A n_2^A) + \frac{1}{3}\left(\frac{1}{d_B(\cdot)} - \frac{1}{d_A(\cdot)}\right)}{3k[d_A(\cdot) - d_B(\cdot)]} \tag{8-17}$$

分别求 $D_A{}^*$，$D_B{}^*$ 关于 $d_A(\cdot)$、$d_B(\cdot)$ 的偏导可得：

$$\frac{\partial D_A{}^*}{\partial d_A} = \frac{3kd_B^2(c_B - c_A) + 3kd_B^2(\alpha_1^A n_2^A - \alpha_1^B n_2^B)}{[3k(d_A - d_B)]^2} \tag{8-18}$$

$$\frac{\partial D_B{}^*}{\partial d_B} = \frac{3kd_A^2(c_B - c_A) + 3kd_A^2(\alpha_1^A n_2^A - \alpha_1^B n_2^B)}{[3k(d_A - d_B)]^2} \tag{8-19}$$

为便于分析，我们对式（8－18）、式（8－19）进行简化，由于互联网平台企业具有低边际成本的特征，且在数据领域，成本结构相似，因此假设企业成本相同，即 $c_A = c_B$。为明确需求如何被数据影响，就需要判断两企业网络外部效应的关系。当 $\alpha_1^A n_2^A - \alpha_1^B n_2^B > 0$ 时，$\partial D_A{}^*/\partial d_A > 0$，$\partial D_B{}^*/\partial d_B > 0$，当 $\alpha_1^A n_2^A - \alpha_1^B n_2^B < 0$，$\partial D_A{}^*/\partial d_A < 0$，$\partial D_B{}^*/\partial d_B < 0$。根据假设，企业 A 代表边缘化、较为低端的产品或服务，企业 B 代表主流的、或较为高端的产品和服务，因此，对于 $\alpha_1^A n_2^A - \alpha_1^B n_2^B > 0$ 的情况，可以理解为企业所处的是边缘化的市场，而对于 $\alpha_1^A n_2^A - \alpha_1^B n_2^B < 0$ 的情况，可以认为企业所处主流市场。由此得出结论 8－3。

结论 8－3：在市场类型一致的情况下，数据对不同类型企业需求的影响方向总是一致的。在一个边缘化或低端的市场，需求量随数据量的增加而增加；在一个主流的或较为高端的市场，需求量随数据量的增加而减少。

结论 8－3 与结论 8－2 是自恰的，可以看作是结论二价格变动下的需求变动。结论 8－3 的现实含义是：（1）在一个边缘化，或较为低端的市场，数据积累于不同类型的企业都会产生提高产量或销量的效果。结合结论 8－2 可知，提供低于用户预期服务的企业会降低价格，形成薄利多销的局面；(2) 在一个针对主流需求的市场中，数据的积累会降低用户对企业产品或服务的需求量，这意味着精准定位的重要性。对于市场份额较高的企业 B 来说，数据使其可以以更贴近用户需求的方式进行市场活动——将产品和服务精准定位，并对目标人群提高价格，更大幅度地占领消费者剩余。也可以认为，在边缘化市场，数据积累使企业提供覆盖更广泛的大众化服务，在主流市场，数据使产品和服务更为集中。

进一步，我们可以由企业的定价公式 (8－14)、式 (8－15) 和需求函数式 (8－16)、式 (8－17) 综合考虑，分析数据规模对企业利润的影响。将式 (8－14)、式 (8－16) 和式 (8－15)、式 (8－17) 分别代入式 (8－12)、式 (8－13)，可得利润表达式：

$$\pi_A{}^* = (p_A{}^* - c_A) \times D_A{}^* = \frac{1}{3}\left[c_B - c_A + \alpha_1^A n_2^A - \alpha_1^B n_2^B - k\left(\frac{1}{d_B} - \frac{1}{d_A}\right)\right] \cdot \left[\frac{d_A d_B}{3k(d_A - d_B)}(\alpha_1^B n_2^B - \alpha_1^A n_2^A + c_A - c_B) + \frac{1}{3}\right] \tag{8-20}$$

$$\pi_B{}^* = (p_B{}^* - c_B) \times D_B{}^* = \frac{1}{3}\left[c_A - c_B - \alpha_1^A n_2^A + \alpha_1^B n_2^B - 2k\left(\frac{1}{d_B} - \frac{1}{d_A}\right)\right] \cdot \left[-\frac{d_A d_B}{3k(d_A - d_B)}(\alpha_1^B n_2^B - \alpha_1^A n_2^A + c_A - c_B) + \frac{2}{3}\right] \tag{8-21}$$

由式 (8－20) 和式 (8－21) 可以得出结论 8－4。

结论 8－4：在差异化竞争环境中，数据积累有助于提升平台企业利润。

结论 8－2 至结论 8－4 完整描述了数据规模对竞争性平台企业行为的影响，我们把这些结论总结在表 8－1。

表 8－1　数据规模对不同类型企业行为的影响

企业类型	特征	数据→定价	数据→需求	数据→利润
A 型企业	满足边缘需求	↓	↑	↑
B 型企业	满足主流需求	↑	↓	↑

从表 8－1 可看出，数据积累有助于提升不同类型的企业的利润，但提升的具体路径有差异。对于满足边缘化需求的企业，数据会通过降低价

格、扩大需求的方式增加其利润，而对于满足主流需求的企业，数据会通过提高价格的方式增加其利润。

8.3 进一步讨论

8.3.1 数据优势与价格歧视

价格歧视是垄断环境下企业主要的行为方式之一。传统理论中，价格歧视是指商品或服务的提供者，如本研究中的互联网平台企业，在向不同的消费者提供相同等级或相同质量的商品或服务时，在消费者之间实行不同的收费标准。企业通过降低价格，使销量达到和完全竞争相同的水平，与完全竞争不同，完全竞争条件下，消费者将获得均衡价格以上的经济剩余，而在完全价格歧视下，企业将获得全部经济剩余，可以把价格歧视看作企业占领消费者剩余、获取超额利润的销售手段。在传统市场中，由于企业与用户信息的不对称，使得价格歧视或差别化定价往往是企业根据经验进行的，也因为缺乏对用户偏好的了解，完全价格歧视难以实施。由此我们认为，对偏好的了解，是进行价格歧视的关键。

数据优势开始使完全价格歧视成为现实。本部分结论 8-1 显示，垄断条件下，数据积累会使垄断企业降低价格。垄断平台企业没有通过提价追求垄断利润，而是选择了降价策略，一种合理的解释是，其具有了实行完全价格歧视的可能。在数据丰富的市场中，相较于传统市场，用户的偏好可以通过其在网站的浏览记录、购买历史等途径低成本地被企业知晓。因此，企业可以通过对数据的不断积累，根据数据推断、判断消费者偏好，通过差别化定价，更多地攫取消费者剩余。值得说明的是，由于完全价格歧视可以使得垄断市场实现经济效率。因此可以认为，相较于传统垄断市场，数据的积累可通过实现完全价格歧视的路径，提高垄断平台市场的效率。

同时，数据积累也产生了新的价格歧视场景。在差异化竞争场景中，满足用户边缘化需求的企业可以通过收集用户数据，降低价格、增加销量，以“薄利多销”的方式增加自身利润（见结论 8 －2、结论 8 －3、结论 8 －4）。与传统理论的不同之处在于，传统理论认为，价格歧视往往存在于垄断或寡头垄断市场中，认为一定的市场势力是必须的，而本研究的分析显示，大数据时代，即使是在竞争性的市场中，企业只要注重交易数据的积累，依然可以通过价格歧视，实现自身利益增长。

8.3.2　数据优势与长尾效应

如果将不同类型的需求或偏好放在长尾效应的讨论框架中，可以更全面地得到数据优势对企业市场行为与市场定位的影响。互联网市场中的需求具有明显的长尾效应，大多数用户需求会集中在需求曲线的头部，成为主流的需求，而也有许多零散而小量需求分布在需求曲线的尾部，是相对边缘化的需求（如图 8 －3 所示）。对于互联网企业，在某一领域满足主流需求的往往是占据较大市场份额的寡头企业，这类企业提供的服务可以满足大部分用户的预期值，可以认为是以高于平均预期值的水平提供相应服务，对应模型中“相对高端的产品或服务”的假设；而尾部的企业主要满足用户与主流相似但不完全相同的需求，这类企业无法很好地满足主流需求，因此以多样化的服务另辟蹊径，捕捉市场中零碎的需求，可以认为该类企业对于平均期望难以满足，对应模型中“相对低端的产品或服务”的假设。本部分结论 8 －2、结论 8 －3、结论 8 －4 共同提出的不同类型的盈利路径（见表 8 －1），结合图 8 －3 可以看出，处于满足主流需求部分的企业面临着较为陡峭的需求曲线，价格弹性较小，对于价格变化的销量变动不明显，因此，这部分企业通常采用提价策略，通过增加垄断利润获得更多收益。另外，提供边缘化或称多样化服务的企业面对着较为平缓的尾部需求曲线，价格弹性较小，价格的变动将引起需求的巨大变动，这部分企业往往降低价格，以类似薄利多销的手段获得更多收益。综合来看，数据的积累使不同类型的企业行使不同的定价策略，产生了以价格为主的“纵向扩张”策略和以销量为主的“横向扩张”策略。数据对某领域内提供主流业务或高于用户预期产品或服务的企业的作用，是在价格层面的“纵向扩张”，而不关注销量的变化。网络约车领域中的“大数据杀熟”是这类定价机制的现实映射。网络约车业务中市场份额比较集中，大型网络约车企业可以根据用户以往的出行数据，分析得出用户需求曲线，在此基础上提高价格，以占领用户剩余。数据积累于提供的产品或服务低于用户预期或针对满足分散化、边缘化需求的企业，会使其采取降低价格提高销量"横向扩张"策略。由此反观互联网市场中盛行的补贴策略，一部分原因在于网络效应的影响下，企业对用户流量的追求；另一部分原因在于数据积累使企业意识到低价销售带来的好处。近年来兴起的、以拼多多为代表的电子商务"拼团模式"代表了这类企业的定价特征。

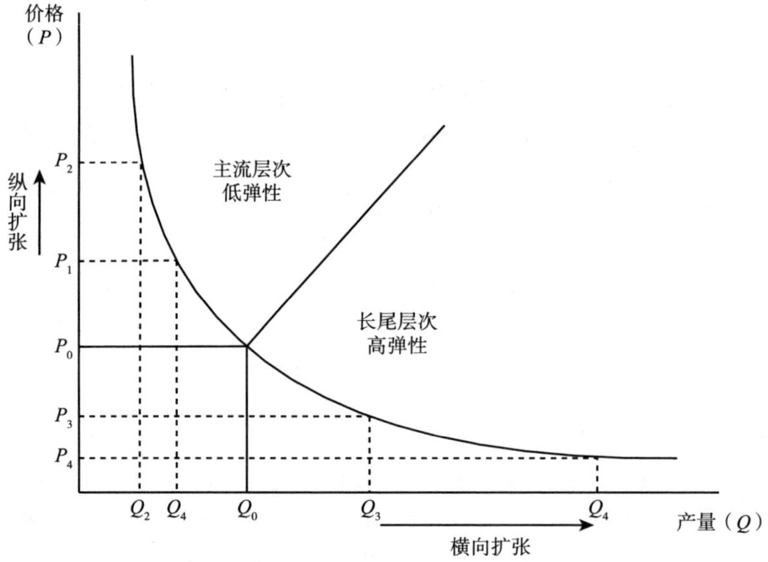

图 8－3　数据积累对企业定价机制的影响方式示意图

整体上看，在差异化竞争环境下，数据积累使得市场自发分为两个层次——主流层次和长尾层次，组成两个层次的主要企业有着不同的市场行为。主流层次的大型企业可以通过提高价格获得更多收益，长尾层次的企业也可通过"薄利多销"的策略获得生存空间。

从这个角度看，数据的丰富使企业可以更好地了解消费者偏好，因此可以更准确地评估自身条件，找准市场定位，获得适合自己的盈利模式。

8.3.3　数据优势与垄断特征

理论上，通常通过市场势力与福利效应描述垄断结果。从定义上看，市场势力是指企业将价格提高到边际成本以上能力。结论 8－1 与结论 8－2 均显示，数据使同一市场中出现不同定价方式，而不是单纯地提高定价。因此，数据的丰富降低了企业大幅度提高价格的可能性，一定程度上削弱了平台企业市场势力的产生。市场势力的内涵与垄断造成福利损失的内涵相似，均反映价格偏离成本的市场反映，因此，市场势力与福利效应分析总是放在一起分析的（胡德宝，陈甬军，2014）。经济学中通常将消费者剩余和厂商剩余（或利润）之和作为社会福利。在垄断条件下，数据会使垄断平台企业降低价格（见结论 8－1），使大型企业具有实行完全价格歧视的可能，如前文所述，此时消费者剩余转移为平台企业的利润，从社会总福利的角度看，并未产生无谓损失（deadweight loss），但的确影响了收入的分配。

市场势力和福利效应是对垄断特征的静态讨论，进一步，我们从动态的角度分析平台企业差异化竞争的可持续性。传统理论指出，竞争将产生垄断，在差异化竞争的市场中，数据的丰富使各类企业都有不同的利润形成路径（见结论四 8－4），数据也使不同类型的企业可以找准市场定位，提高了各类企业的生存概率，对相对边缘化的中小企业来说，数据积累有助于其不被市场淘汰，使行业保持一定的竞争活力，从而限制了主流企业垄断行为的形成。

同时，本研究认为数据的积累不完全依靠于用户基数或市场份额，将交易次数也呈现出正向关系作为假设之一，结合结论 8－2，可以为新进入市场，产品或服务相对边缘化的互联网中小型平台企业生存提供现实参考，在市场份额不高的情况下，这些企业可以通过培育用户黏性获取重复交易的大量数据，通过数据分析用户偏好，充分发挥长尾效应，不仅可使企业不被市场淘汰，也可获得更多利润。

8.4　本章小结

数据作为数字经济时代的关键要素，其对企业行为的影响日益明显，出现了“大数据杀熟”、数据归属权的激烈竞争等一系列问题。这些问题的产生，说明了数据对企业日益重要的作用，但对于数据如何影响企业行为缺乏机理上的探索，因此对于其产生的一系列反竞争效应缺乏共识。鉴于此，本章通过构建数理模型，分别分析了数据积累与数据优势在垄断市场结构与差异化竞争环境下对企业定价行为的影响。研究结果表明，在垄断条件下，数据积累于大型平台企业确实有助于其了解用户偏好，降低价格，并为其实行价格歧视，甚至完全价格歧视创造有利条件；而在差异化竞争条件下，数据积累并不会使所有企业提高价格，而是使不同类型的企业采取不同的定价策略，对于提供市场主流或高于用户需求预期产品或服务的企业，数据的积累将使其提高价格，而对于面对边缘化需求的企业来说，数据的积累将使其降低价格，以“薄利多销”的策略获得盈利。最后，本章进一步讨论得出，数据优势将有助于垄断企业形成完全价格歧视，也使市场自发形成两个层次，这种市场中的分层为既中小型企业创造了生存空间，也提高了行业的竞争活力，可以部分减少大型企业市场势力的形成。

第9章　平台企业规模、数据优势与价格歧视

本章在归纳平台市场数据价值发挥典型事实的基础上，建立数理模型，讨论了数据对不同规模的平台企业的定价及收益影响，并重点讨论了数据量与数据处理技术对定价的影响机制。与上一章不同，本章加入了企业规模和技术参数这两个变量。

9.1　典型事实

9.1.1　数据积累的基础：大小共生的市场结构

数据本身不是新兴事物，其被广泛注意到的主要原因在于其体量大幅增加，加之相应的收集、运算技术的逐步成熟，海量数据中蕴含的信息可以被精准地挖掘出来，此时，数据对缓解生产经营中的信息不对称、优化业务流程、提升风险管理能力等方面的作用逐渐显现出来。

对于平台企业，有价值的数据是可以反映用户特征的数据，这些数据产生与用户的上网行为，如购物行为、浏览行为。这些行为往往不是一次性的，平台企业可以通过多次的交易与重复的浏览数据推测用户偏好。这一过程说明，企业有价值的数据量是存量的概念，它来源于用户规模与用户使用服务次数共同作用下的积累——用户数量的增加为海量数据的获得提供了可能，实际当中对平台服务的反复使用产生了有价值的数据或信息。

海量数据构成了企业的新竞争优势，因此，企业也有激励参与数据领域的竞争。国内外许多企业在数据领域已经形成了明显的竞争关系，且最后走向了诉讼结局，这些企业包括：HiQ 与 LinkedIn、菜鸟网络与顺丰快递、新浪与今日头条、蚂蚁金服与企查查等。除了上述竞争案例外，一些大型企业凭借其

地位创造其在数据领域的竞争优势，如 Facebook 并购 WhatsApp，使 WhatsApp 的可用数据可以被 Facebook 使用，以筑牢其在网络广告服务的市场地位。

大型企业的数据优势十分明显，这非常容易使人忽略市场中另一类数据的拥有者——中小型企业。尽管平台市场因其显著的网络外部性，极易形成寡头的市场结构，但反观现实，也可以发现平台市场中除了头部巨头企业，也存在很多中小型企业，如在网络购物领域，除了网民用户覆盖率超过 70% 淘宝、京东等头部企业外，仍有一些用户覆盖率不足 5% 的购物网站，如市场占有率排名第十位的孔夫子旧书网，网民用户覆盖率仅为 2.02%①，在搜索引擎、社区论坛等领域也存在这种巨大的用户差距。值得注意的是，这些中小型企业并未因为市场占有率低而逐渐退出市场，一方面，它们凭借与巨头企业存在差异的业务迎合消费者多样化的需求，获得生存空间，在数据获取方面，尽管在用户规模与大型企业存在差距，但可以通过差异化业务中的高质量服务，锁定部分用户，通过服务次数获得有价值的数据；另一方面，这类中小型企业也会不断扩展自身规模，在长尾效应显著的平台市场渐进式地形成自己的优势，如近几年独角兽企业数量激增，即是中小型企业顺应规律发展而来的。综上所述，与传统市场不同，平台经济市场形成了一种“大小共生”的市场结构，即不同规模的企业均可以在市场中找到自己的定位，具有持续的生存能力。

9.1.2 数据价值实现的一般路径和企业差异

既然平台市场中持续存在着各种规模的企业，那么市场中拥有数据的主体就包括两类，大型企业和中小型企业。

数据的价值在企业实现，遵循“数据—信息—价值”的路径。无论是交易数据、还是平台服务数据，其实本身价值较低，当通过相应的算力与算法，提取出数据中的信息时，数据的价值才被发挥出来。在这一过程中，数据量越大，有用信息越多，对企业经验的影响也越深刻。下一个问题是，既然企业获取数据的门槛并不高，数据价值应如何实现。

---

① 以上数据均来自中国互联网数据平台（http：//www. cnidp. cn/）。

一方面，数据要达到一定规模才会产生价值。与其他生产要素不同，数据是伴随生产或服务过程自发产生的。以电子商务为例，每一次交易，交易记录中除了商品信息，还包含着消费者的性别、收货地址、历史交易记录、价格偏好、对商品的喜好程度（评论反馈）等信息，通过用户的多次交易记录，企业可以综合上述信息勾勒出消费者的偏好，形成用户画像。借由清晰的用户画像，企业可以进行精准推荐甚至歧视性定价。上述内容在不同规模的企业中表现基本一致，然而，除了交易次数，用户规模也有助于企业扩大数据规模，以更好地发挥数据价值。但由此也产生一个问题——平台市场中企业规模的差距会对数据规模造成明显的影响。艾瑞咨询发布的《BAT 数据洞察报告（2019）》显示，腾讯的行业渗透率到达 85% 以上，这意味着每 100 个手机用户中有 85 个正在使用腾讯系应用，而腾讯的“强制性”隐私条款授权其在自己平台上收集用户的信息，同时还授权从第三方合作伙伴获取用户相关信息，由此形成了腾讯的海量用户数据，这也是数据发挥价值的基础。

另一方面，数据价值的实现需要技术保障。与数据相关的技术包括两方面：一是采集、存储数据的基础技术，这类技术可以对数据做一般化的处理与分析，在网络世界中，收集和分析消费者的购物信息特别容易——HTTP 协议允许服务器读取 cookies——cookies 可以存储唯一的身份标识和交易信息。这些 cookie 在一次交易会话结束后仍然存在，以便下次该用户访问服务器时，服务器可以通过过去的交易信息匹配消费者的身份。即使没有 cookie，也可以通过多种机制识别每一个用户的特征，如静态网络地址、信用卡号或直接用户身份验证。上述技术手段已经非常普遍，各种数字平台企业几乎都可以无障碍地使用。二是可以对数据做精确分析，甚至是通过数据进行预测的新兴技术，随着云计算、人工智能等技术的日趋成熟和广泛应用，企业可以更为精确地识别用户偏好，提高信息质量和数据价值。但是这类新兴技术对于新创企业而言，却比较难以掌控。由于缺乏资金积累，这类企业在使用上述新兴技术时存在一定困难，首先，这类企业难以形成支撑这些技术运行的基础设施与环境，其次，不具备引进技术的投资能力，最后，缺乏承担试错风险的能力。可以认为，基础技术是数据发挥价值的可能性保障，新兴技术可以更好地实现数据价值。

以上内容说明，尽管不同规模的企业都具有实现数据价值的能力，那么，对于具有大量数据的大型平台企业“数据垄断”的隐忧又来自何处？由此引发的问题是，不同规模的企业在应用数据方面是否存在差异？或者说，不同体量的数据对不同规模企业的影响方式是否一致？为明确以上问题，后文通过构建一个数理模型进行讨论。

9.2 模型分析

9.2.1 基准模型

参考 Economides（1990）的研究，本研究使用预期实现需求函数（Fulfilled Expectations Demand）描述平台市场中的需求函数。该需求函数的核心思想是，在一个具有网络外部性的市场中，商品或服务的价值随着用户或销售数量的增加而增加，此时，需求曲线呈现出向右上方倾斜趋势，但是达到某一阈值后，基于网络冗余、市场饱和等原因，用户数量的进一步增加将导致价值的降低，在这后半部分，需求曲线向右下方倾斜，与传统需求曲线一致。总体上，需求曲线呈现出倒“U”形（如图 9－1 所示）。这种需求函数可以描述出不同规模用户的需求特征。

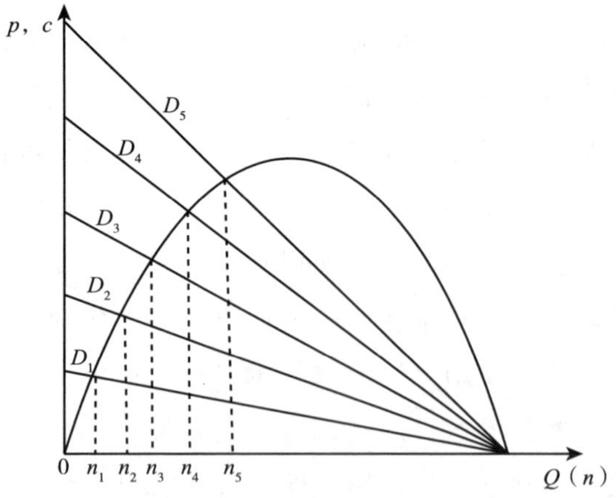

图 9－1　Economides（1996）提出的预期可实现的需求函数

为满足该需求曲线的增减性要求，本研究对需求函数 $p=p(n)$ 进行如下假设：

$$\lim_{n\to 0}\frac{dp(n)}{dn}>0 \tag{9-1}$$

$$\lim_{n\to \infty}\frac{dp(n)}{dn}<0 \tag{9-2}$$

$$\frac{d^2p(n)}{dn^2}<0 \tag{9-3}$$

其中，n 表示平台企业的用户数量，式（9－3）的增减性参照 Economides（1990）的研究设定为凸函数，同时，为了突出数据在定价中的作用，本研究在基础模型的设定上，参照了 Rochet 和 Tirole（2003）、Armstrong（2006），继续假设 c 为平台企业提供产品或服务的边际成本，与其思路一致，本研究将边际成本外生，一方面可以更直观地得出企业在基于成本这样的传统定价范式下的定价特征，另一方面也有助于后续更清晰地反映数据在定价中的作用。平台企业的利润函数为：

$$\pi = p(n)\cdot n - cn \tag{9-4}$$

对式（9－4）求关于用户数量的一阶条件，可得平台企业利润最大化下的最优定价规则：

$$p^* = c - n\frac{dp(n)}{dn} \tag{9-5}$$

将上式代入式（9－4），可得平台企业在该价格下的利润：

$$\pi^* = -n^2\frac{dp(n)}{dn} \tag{9-6}$$

观察式（9－5）、式（9－6）可知，当用户数量 n 趋于 0 时，$dp(n)/dn>0$，最优定价 p^* 低于边际成本 c，企业利润也呈现出负向亏损表现。随着用户数量 n 增加，当其逐渐趋于正无穷时，$dp(n)/dn<0$，此时企业最优定价由负转正，且开始盈利。这反映出这样一种现实情况，在平台企业创建初期，为了获取足够的用户规模，进而激发强者愈强的马太效应，会采取免费，甚至补贴用户的方式进行定价，通过“烧钱”方式来吸引用户，回顾一些典型的数字平台企业，如京东、滴滴，他们在建立初期是承担着相当大的亏损的。然而，随着企业用户规模的增加，已经到达可以触发“马太效应”的临界容量，企业不再以吸引用户为主要目的，而是尽快

建立用户黏性，借助用户价值实现企业盈利，现实中诸多平台企业在这一阶段通过改变减免补贴，改变加入平台费率来弥补前期成本以及实现盈利。

上述模型可以看作平台企业定价的一般模型，下面本研究将数据要素加入平台企业的定价模型中，通过对比得出数据对企业定价的作用。

9.2.2 引入数据与技术参数的定价模型

用户数据可以让企业更好地获取用户偏好，参考 Belleflamme（2016）的思路，此处引入参数 λ（$0 \leqslant \lambda \leqslant 1$），表示平台企业通过数据可以捕捉到消费者偏好的概率。

显然，λ 与数据量（k）相关，用户数量越多，平台企业可获得的数据量越大①。同时，数据的价值需要依靠算力才能充分发挥，更好的算力技术可以帮助企业更好地识别消费者偏好，参数 λ 亦与算力技术水平（t）相关，t 越大，表示算法越精准。随着数字技术的快速发展，企业对算法的应用门槛将逐渐降低，一方面，技术更迭速度将大幅降低技术应用成本，数据记录与信息获取的通用技术在各种规模的企业间的使用并无差别；当然，大型企业具有在先进技术使用方面的优势，考虑到实践中已有较为成熟的算法技术服务公司可以为各类企业提供算法技术解决方案，为了明确数据处理技术对企业运营的影响，此处仍假设其相对独立的变量。综上，不同规模的企业都有机会获得大量的数据和相应的数据处理技术。可以认为，不同规模的企业在通过数据获取用户偏好的方式或路径上应没有较大差异，综合考虑到 λ 的取值范围、模型的现实映射、后续求解的便捷性等原因，本研究将其设置成以下形式：

$$\lambda(k,t) = 1 - \frac{1}{kt} \tag{9-7}$$

式（9-7）满足：（1）$0 \leqslant \lambda \leqslant 1$；（2）$\lambda_1' > 0$；（3）$\lambda_2' > 0$，可以

---

① 如果此处进一步将参数 k 表达为用户规模的函数，后续推导将无法聚焦于“数据”对企业定价的影响，但显然，数据量与用户数量或企业规模存在明显的正向关系，这一关系将作为后续模型分析的基础。

反映数据量的增加与算力技术水平的提升，将有助于企业捕捉到用户偏好。加之前文指出当前企业获取数据与运用技术并没有显著差异的门槛，因此，参数 λ 的模型化表达在不同规模的企业中也没有明显差异。

在该假设下，企业的利润函数 π 可以表示成两部分，一部分为通过数据和算力技术结合，完全识别消费者偏好后，对其进行价格歧视获得的收益，这部分通过概率参数（λ）与利润函数的乘积实现。另一部分为企业具有一定市场势力后，通过制定定价规则获得的收益，见式（9－8）。

$$\pi_d = \lambda(k,t)\int_0^{n^e}(p(n) - c)dn + (1 - \lambda)\pi^* \tag{9－8}$$

这样“两部式”的收益函数设置实际上蕴含着这样一套逻辑：数据的丰富并未改变平台企业常规的市场运作方式，数据与技术的作用，在于使企业的定价决策有了更多的选择，这也是最贴近企业实现数据价值的路径。同时，该函数并未忽略企业规模在收益中的重要作用，无论是识别偏好的歧视性定价部分，还是未识别偏好的定价部分，均是用户规模（n）的函数。由此可以推导出在数据和技术的加持下，不同规模的企业在定价、利润上的决策差异。根据可实现预期理论，可得 $n^e = n$，进一步，式（9－8）和式（9－6）之差即为数据要素参与下企业的收益变化 $\Delta\pi$。

$$\Delta\pi = \pi_d - \pi^* = \left(1 - \frac{1}{kt}\right)\left\{\int_0^n [p(n) - c]dn + n^2\frac{dp(n)}{dn}\right\} \tag{9－9}$$

观察式（9－9）可以得出，当用户规模 n 较小时（$n \to 0$），$\Delta\pi > 0$，当用户规模持续扩大（$n \to \infty$），式（9－9）的最后一项逐渐由正变负，$\Delta\pi$ 减小。由此得出结论9－1。

结论9－1：数据对企业收益的影响因用户规模不同而存在差异，数据积累有助于提升中小企业的收益，而对于大型企业收益的提升作用则相对有限。

进一步，当用户规模较小（$n \to 0$），易得，$d\Delta\pi/dk > 0$，$d\Delta\pi/dt > 0$，因此可以得出结论9－2。

结论9－2：对于中小型企业而言，数据规模越大，运算技术水平越高，会使其收益增加程度更大。

结论9－1和结论9－2的现实思考是，数据对企业收益的影响在中小型企业中更为显著，具体表现为数据越多，企业收益提升越高。因此，对于中小型企业而言，收益的提高可以从两个方面来解释，一是用户规模的扩大会提升企业的网络价值，从而从“销量”的角度提高收益；二是用户规模的扩大会提高企业数据（k）的可获得量，使平台企业可以更好地挖掘用户剩余，进行动态定价，从“价格”的角度提高收益，前者是数据形成的基础，后者是数据产生的影响。而对于大型企业而言，更多的数据不一定意味着更高的收益。这主要是由需求曲线的性质决定的——产品或服务的价值随着用户规模或销量的变化而先增后减。当用户规模不断扩大时，其由网络效应带来的边际价值将开始下降。一些研究指出，庞大的用户规模中可能只有部分用户对网络价值有促进作用，超过核心群体地盲目扩张可能会降低整个网络的价值。这意味着大型企业可能面对着这样两难的局面——尽管数据的增加会提升其对消费者偏好的了解，但作为形成数据基础的用户规模的增加，却可能会降低企业形成的整个网络价值。

除了用户规模外，数据发挥价值的另一个关键是技术水平（t）。如果说用户量是数据积累的基础，旨在提供大数据分析的可行性，那么技术则是数据分析精确性的保障。事实上，本研究在强调大数据对平台企业帮助的同时，往往忽略了数据只有转化成信息，才能充分发挥作用，因此，数据价值的实现需要相应的算力与算法。前者是计算能力，需要完备的基础设施支撑，后者是计算方法，依靠人工智能、云计算、量子计算等新兴计算能力的应用。结论 9－2 表明，运算技术越高，越能发挥数据对企业收益的正向作用。但也如前文所述，诸如人工智能计算、量子计算等大数据分析技术对于中小企业而言，运用相对困难。这一现实痛点实则也为中小型企业利用大数据提供了新思路，即重视数据分析技术的引进与开发，在数据量相对薄弱的前提下，从提高分析精度的角度发挥数据价值，进而提高收益。

以上分析已经说明，丰富的数据确实会对企业收益产生影响，但对不同规模的企业的影响不同。下一步，本研究以价格为桥梁，分析数据与收益之间的内在逻辑，试图解答数据积累对不同规模企业的不同影响。求收益（π_d）关于用户规模（n）的一阶条件，可以得出平台企业的最优价格 p_d^*。

$$p_d^* = \frac{n}{kt-1}\left[2 \cdot \frac{dp(n)}{dn} + n \cdot \frac{d^2p(n)}{dn^2}\right] \tag{9-10}$$

求式（9－10）与式（9－5）之差，可得：

$$\Delta p = p_d^* - p^* = \left(\frac{2n}{kt-1}+n\right)\cdot\frac{dp(n)}{dn}+\frac{n^2}{kt-1}\cdot\frac{d^2p(n)}{dn^2}-c \qquad (9-11)$$

根据前文假设，进一步判断 Δp 的正负。

当用户规模非常大时（$n\to\infty$），$dp(n)/dn<0$，$d^2p(n)/dn^2<0$，此时，$\Delta p<0$，当用户规模较小时（$n\to 0$），$dp(n)/dn>0$，Δp 有大于零的可能。由此可以得出结论 9－3 和结论 9－4。

结论 9－3：对于规模较大的平台企业，数据的丰富与技术的应用会使企业以降低价格的方式获得最优收益。

结论 9－4：对于规模较小的平台企业，数据的丰富与技术的应用会使企业提高价格的方式获得最优收益。

结论 9－3、结论 9－4 共同说明，在数据成为一种生产要素后，不同规模的企业有不同的定价策略。

大型平台企业因其具有庞大的用户数据和相对相近的数据处理技术，因此可以更好地推断用户的偏好，进而将传统的垄断定价方式转变为更为隐蔽的一级价格歧视。正因如此，表面上看，这类企业似乎没有提价的行为，也更容易给人带来“客户至上”的错觉，而事实上，一方面，巨头平台企业可能是以贴近消费者需求函数的方式，更加隐蔽地获取用户剩余，从而提高自身收益。近年来出现的“大数据杀熟”即是对这种定价方式的现实反映，只不过这里的“杀熟”的对象更多是持有高保留价格的消费者。另一方面，海量的用户数据会从其他方面使大型平台企业获得更大的附加价值，比如帮助厂商升级和改造上游生产环节、实现精准营销、获得巨额的广告收入，以及发展云计算及相关的人工智能产业。史普润和江可申（2014）曾利用平台经济的分析框架分析了垄断性机场的定价策略，并指出机场的盈利很多时候更加依赖非航空收入的交叉补贴。平台经济的这种特征也在一定程度上影响了这些大型企业的定价行为，有效利用这种数据优势虽然可能不会直接带来更多的产品收益，但是，在其他经济层面，如利用海量数据开拓市场、借助垄断杠杆实现跨市场操纵等，这些庞大的数据资源产生的价值和效益也许会进一步巩固了他们的市场地位。总之，数据优势可以通过价格机制转变为大型企业的竞争优势。

对于中小企业而言，其提高收益的方法与传统方法比较类似——提高价格。不同之处在于，此时中小企业的提价策略是建立在较为精确的数据分析基础之上的——是以数据为基础，推算用户保留效用进行的精准提价。很多学者都曾提出互联网平台经济领域存在着垄断与竞争共存的市场结构（傅瑜等，2014；苏治等，2018），背后映射出不同规模企业共存的特征。本研究的结论从定价的角度解释了部分共存的可能性，如果说互联网头部企业是因为其强大的市场支配地位，那么中小型的平台企业采取歧视性定价的基础就是他们通过迎合消费者需求的异质性而产生的市场分割效应。中小型平台企业的目标用户相对固定，比起降低价格来吸引其他的消费者，数据分析的技术提升会使得这些企业进一步提升商品和服务的质量以及个性化的精准营销服务来巩固专属的客户群体。同时，用户常会形成在固定平台消费的习惯，对平台的依赖产生的“用户黏性”或“锁定效应”都有助于降低消费者对价格的敏感度，从而有助于中小型企业提高价格获取收益。

9.3 基本结论与对策建议

数字经济时代，数据作为一种生产要素已经开始渗透到企业的运营过程中。本研究发现，数据优势会对平台企业的定价产生影响，但所带来的影响可能会在不同规模的平台企业中有不同的体现。通过比较分析主要得到以下结论：首先，数据积累于不同规模的企业，将产生不同的定价决策。其中，具备产品差异化的中小规模平台企业运用基于数据分析的歧视定价机制可以以高价获取更多收益，并且数据规模的扩大与数据运算技术的提升会使得该定价模式下的收益及其价格保持增长；其次，对于头部企业而言，数据加持下的歧视性定价却不一定保障会比传统定价机制得到更高的收益，在识别精度不断提升的过程中这部分平台企业倾向于以降低价格的方式来获得最佳收益。在常规认知当中，只有互联网头部企业才拥有庞大的数据库资源及巨额的相关技术研发支出，这使得他们具备了强大的市场支配力量来操控价格欺凌处于弱势地位的消费者，而本研究的结论似乎与此不符。本研究的研究结果表明现实当中大型平台企业的巨大收益可能并不一定来自于这种差别定价。

鉴于数据对企业经营的重要作用凸显及隐藏在数据优势背后的信息安全与垄断隐忧，监管部门加大了对数据垄断的监管力度。如杭州搜道网络技术有限公司、杭州聚客通科技有限公司因擅自收集、存储微信用户数据，被判赔偿原告腾讯 260 万元人民币；脉脉软件因抓取、使用新浪微博平台用户信息，被开出了 200 万元以上的罚单。同时，关于数据层面的法律法规也逐步完善，自 2020 年起，《数据安全法》《个人信息保护法》《互联网信息服务算法推荐管理规定（征求意见稿）》等法律法规相继颁布，为规范平台企业的数据使用提供了现实依据。如对于“大数据杀熟”行为，《关于平台经济领域的反垄断指南》明确禁止具有市场支配地位的平台经营者对用户提供服务时的差别对待，《个人信息安全保护法》则进一步作出对利用个人信息进行自动化决策的针对性规范，明确赋予了个人对其信息控制的相关权利，特别是要求平台企业提供用户可拒绝被收集信息的选项，这为规范平台企业的歧视性定价行为提供了更坚实的法律依据。之后的《互联网信息服务算法推荐管理规定（征求意见稿）》将算法推荐服务从诸多互联网应用中剥离开来，为其单独制定管理规范，减轻了大型企业之间实施算法合谋的风险。但是，法律法规的落地、管制标准的建立、如何更好地保护用户权益，需要相应的理论支持，结合本研究结论，提出如下对策建议。

首先，警惕大型企业凭借数据优势占领消费者剩余。大型企业凭借数据优势，以降低价格的方式获取更高的收益，或体现出一种贴近用户需求曲线的一级价格歧视的定价行为，这种定价行为最大程度上或近乎全部占有了消费者剩余，随着数据量的进一步提升和数据分析技术的逐步完善，这种行为将更加显著，“大数据杀熟”也会以更隐蔽的方式进行。此前，由于制度的不健全，大型平台企业的快速发展已经使其积累了大量的用户数据，因此，从用户权益保护的角度看，需要警惕大型企业行使上述行为。一种方式是从用户权益入手，制定或完善相应的隐私保护机制，规范数据使用方式，从而把握好权益保护与经济效益之间的平衡。已有法律法规虽为企业提供了行为规范，但是技术加持下的价格歧视的隐蔽性难以直观判定，需要进一步强化该方面的理论研究和技术分析。

其次，以技术支持和数据开放激励减轻数据量差异，激活市场竞争活力。2021 年 8 月通过的《个人信息保护法》允许用户将个人信息转移到制定的个人信息处理者，这意味着中小型企业将有更丰富和更正当的理由掌握更多的数据资源。从要素的角度看，大型企业确实有资源上的优势，这形成了其市场势力的来源，也为其构筑市场壁垒提供了基础。因此，需要思考如何适当消除大型企业因此产生滥用市场支配地位行为的可能性。本研究结果显示，数据量与数据处理技术的结合将有效提高中小型企业的盈利能力，是其市场生存的必要条件。一方面，可以从为中小型企业提供数据技术支持的角度，稳固其市场地位。另一方面，适当激励大型平台企业开放数据接口，提升平台企业间的互联互通程度，由此降低大型企业依靠数据构建的市场壁垒。强化大小共生的市场结构，既让中小型企业与大型企业形成竞争关系，又让市场机制更好地发挥作用，由此保证平台市场健康发展。

最后，建立适应数字经济背景下的数据治理体系。鉴于利用数据可以行使更为隐蔽的价格歧视或掠夺式定价行为，有必要从要素的角度建立数据治理体系。以《数据安全法》为核心，明确数据的产权归属问题，在此基础上，建立数据行为规范、数据行为原则，实现对数据的高效利用动态保护。

第三篇

治理回应篇

第10章　平台经济领域反垄断：观点回溯与现实反思

本章与下一章分别从市场结构层面和企业行为层面讨论了平台经济的治理问题。2020年底，平台经济领域的反垄断执法趋向严格，本部分通过回溯经典理论、梳理国内外相关观点、分析典型案例与事实相结合的方法，讨论了平台经济领域反垄断政策取向由宽松到严格的内在逻辑。指出在综合考虑平台经济自身特征的情况下，平台市场运行机制会对垄断行为形成自发的约束力，然而，随着对平台经济认识的逐步深入，考虑到大型平台企业对数据、用户注意力等新型资源的占有，以及跨市场竞争的一系列策略性行为，平台企业依然有潜在的市场势力和垄断行为，且需要相应的反垄断管制。

10.1　制度背景与主要问题

2020年11月，市场监管总局发布了《关于平台经济领域的反垄断指南（征求意见稿）》（下文简称《指南》），旨在预防和制止平台经济领域垄断行为，引导平台经济领域经营者依法合规经营，促进线上经济持续健康发展。《指南》中对平台、平台经济等概念进行了界定，强调该指南中涉及“平台”为互联网平台。因此，百度公司、阿里巴巴集团、腾讯公司（下文简称BAT）等互联网巨头，均是《指南》的主要监管对象。同年12月，2020年中央经济工作会议明确提出将“强化反垄断和防止资本无序扩张”纳入2021年的重点工作。会议提出，国家支持平台企业创新发展，同时要加强规制，提升监管能力，坚决反对垄断和不正当竞争。几乎同一时间，由于阿里巴巴投资有限公司、腾讯控股企业——阅文集团以及深圳市丰巢网络技术有限公司违反《反垄断法》相关规定，市场监管总局对其进行了顶格行政处罚，分别处以50万元人民币的罚款。2021年2月7日，国务院反垄断委员会制定发布《国务院反垄断委员会关于平台经济领域的反垄断指南》，这是全球首次针对平台经济领域制定的反垄断政策文件。

2020年末至2021年初，针对平台市场反垄断的政策和举措频出，意味着对平台经济的监管或将走向严格。然而，我国理论界和实务界在一段时期以来对互联网行业持有的是包容原则（刘继峰，2021）。也正因如此，以平台企业为主要企业形式的数字经济在相对宽松的政策环境下，发展非常迅速。一方面，一些典型领域发展迅速，如商务部电子商务司发布的《中国电子商务报告2019》显示，中国的电子商务交易规模增长迅速，2019年，中国的电子商务规模以34.81万亿元达到世界第一；另一方面，数字经济对传统经济的带动作用逐渐显现，据中国信息通信研究院发布的《中国数字经济发展白皮书（2021）》测算，2020年数字经济增加值占GDP比重达38.6%，同比提升2.4个百分点；农业、工业、服务业数字经济渗透率分别为8.9%、21.0%、40.7%，同比分别增长0.7个、1.6个、2.9个百分点。由此产生的一个问题是，面对快速发展且对传统产业有诸多有利影响的新型经济形态，监管收紧的原因何在？其中一种解释是随着平台经济走向成熟，大型平台企业的出现，使市场结构呈现出垄断态势，一些限制竞争、无序扩张、侵害消费者权益的案例时有发生，由此暴露出监管中存在一定的滞后与空白。但事实上，以现象为线索不能很好地解释该问题。平台市场中的不正当竞争并不是近期才开始频发，自2010年"互联网反不正当竞争第一案"——"3Q大战"爆发后，平台企业之间的不正当竞争、侵害消费者权益的事件屡见不鲜，但有学者指出，我国的《反垄断法》自2008年颁布以来，几乎没有一家本土主导运营商被完整调查和处罚过①，这些高科技企业获得了事实上的"豁免"待遇（白让让，2020）。

政策制定的依据与行业市场特征密切相关，政策取向也通常伴随着对

① 从2011年起，平台类企业滥用市场势力的案件频发，但大多都已"无条件批准""启动调差（无结果）""约谈了解"而告终，如携程合并艺龙（2015）、滴滴收购优步中国（2016），以及本章第二节提到的支付宝收购Ascend Nano和True Money（2016）等案例。

市场特征认识的逐步深入而变化。深入理解平台市场的具体特征，是理解当前平台经济领域反垄断政策取向转变的重要前提。鉴于此，本章结合平台市场特征，对平台经济领域反垄断的观点进行了梳理和反思，探讨了监管政策由宽变严的内在逻辑和原因，进一步明确平台反垄断管制的关键环节，并提出相应的对策建议，以期平衡平台市场中“发展”和“规范”的关系。

10.2　平台经济反垄断政策取向的国际比较

如前文所述，中国对平台经济的反垄断政策似乎正在经历着由宽到严的变化。出于重视数字经济发展的目的，对于平台经济领域的反垄断一直以来都是在传统静态行业的反垄断实践中进行适用性修正的。虽有诸多法律法规或配套规章制度，如《反垄断法》《国务院关于经营者集中申报标准的规定》《国务院关于在市场体系建设中建立公平竞争审查制度的意见》等，但在具体执法过程中，仍以扶持行业发展为主要任务，营造出有利于平台企业快速成长的良好环境，如对于各类关于经营者集中案件——如支付宝（香港）控股有限公司收购 Ascend Nano 和 True Money、中国电子科技集团与微软公司设立合营企业、长江和记环球投资有限公司收购支付宝网络服务（香港）有限公司，“无条件批准”成为了最常见的结果。自 2018 年开始，中国的反垄断政策开始转变。为完善数字经济时代的治理，多部法律法规和政策文件陆续出台，或结合数字经济特征进行了修改，如 2018 年出台了《电子商务法》，明确了如何规范平台经营者行为；2021 年 2 月出台的《关于平台经济领域的反垄断指南》成为了平台经济领域反垄断执法的重要参考；2019 年出台了《禁止垄断协议暂行规定》《禁止滥用市场支配地位暂行规定》《禁止滥用行政权理排除、限制竞争行为暂行规定》等政策文件，上述规定均根据数字经济特点进行了调整，并把互联网经济等新业态纳入了监管中。以上实践说明中国的数字经济已经从包容发展走向规范发展阶段。

不仅是中国在面对平台经济兴起时，反垄断政策有收紧的趋势，同为数字经济大国的美国，对于平台企业的反垄断态度也经历了类似的转变。

美国初期的反垄断态度都是较为包容宽松的，旨在保护创新和增进社会福利。在这样的立法主旨下，美国对于平台企业的反垄断仍然沿用传统经济部门的反垄断法，比如，在《谢尔曼法》中设置了价格歧视、排他性交易等内容的禁止性规定；在《克莱顿法》《横向合并指南》中，对一些并购行为的不良后果审查予以强调和进行有针对性的修正。在具体执法上，很多反垄断调查最终走向和解，如 2013 年美国联邦贸易委员将谷歌（Google）滥用市场支配地位，将搜索结果人为调整排序的行为认定为没有损害消费者福利而结束了反垄断调查（白让让，2020）；又如，在脸书（Facebook）的近 100 项收购中，联邦贸易委员会仅对其于 2012 年收购 Instagram 的交易进行了审查。这些走向和解的案例表明，美国在平台经济领域早期的反垄断态度是宽容的。与之相对的，近年来美国加强了对平台企业的反垄断监管，如从 2019 年起，美国开启了对四家主要数字平台——谷歌、脸书、亚马逊（Amazon）、苹果（Apple）的重大反垄断调查。且所涉及的焦点问题也与传统反垄断有所区别，在美国众议院反垄断委员会公布的长达 449 页的《数字市场竞争调查》（Investigation of competition in digital market）报告中，公布了四家平台企业主要涉及垄断地位传导（谷歌）、恶意并购（脸书）、平台非中立（亚马逊、苹果）、算法滥用（苹果）等问题，预示着此次调查不会走向和解，美国的“四大巨头”将面临重大的反垄断处罚。与之前相比，美国在平台经济领域的反垄断执法更具针对性，政策环境也更加严格。

与中美两国在平台经济领域的反垄断政策取向有所转变不同，欧盟一贯对大型平台企业采取严格的规制策略。其在 2017 年、2018 年和 2019 年针对谷歌的“自我优待”“捆绑销售”和“限制性合同”分别处以 24.2 亿、43.3 亿和 14.9 亿欧元罚款，其中，2018 年对谷歌的处罚，创下了全球监管机构对个体企业的最高罚款记录。欧盟在平台经济领域的反垄断特征是在充分考虑平台企业特征的基础上，在垄断地位认定、垄断行为取证、规制工具选择等方面进行创新。如欧盟在认定垄断行为时，弱化了对价格因素的考察，转而对市场壁垒、用户多归属、用户议价能力等供给或替代性进行重点分析。

表 10－1 从反垄断态度、反垄断目标、法律体系、惩罚手段四个方面，

总结了中国、美国和欧盟在平台经济领域反垄断政策的异同。

表 10-1　中国、美国和欧盟平台经济领域反垄断政策对比

	中国	美国	欧盟
反垄断态度	从宽松转向审慎		一贯严苛
反垄断目标	保护公平竞争 提高经济运行效率 维护消费者利益和社会公共利益	保护创新 增进社会福利	保护中小型企业在竞争中机会平等 保护消费者福利 全球经济贸易竞争博弈工具
法律体系	以《反垄断法》《国务院关于经营者集中申报标准的规定》《关于在市场体系建设中建立公平竞争审查制度的意见》等为主要工具。	由《谢尔曼法》《克莱顿法》《联邦贸易委员会法》及修正案构成。	没有独立法典，主要由《欧盟竞争法》《欧洲联盟运行条约》第 101 条和 102 条等确定规则体系。
惩罚手段	平台经济领域的反垄断主要以司法审批为突破口。	反垄断调查最终大多走向和解。	巨额行政罚款非常常见。

资料来源：作者整理。

可以看出，反垄断政策态度不仅在时序上呈现出一定程度上的“摇摆”，也有着一定的区域差异，由此造成了不同的平台经济发展格局。在中美两国相似的反垄断态度下，产生了相似的结果——培育出一批互联网巨头企业，巨头企业的各类垄断行为、不正当竞争行为又进一步推动反垄断监管体系走向完善。中美两国在平台经济领域反垄断政策取向从宽松走向严格，是对市场特性认知的逐渐全面、反垄断规则与认定方法不断成熟、对大型平台企业规制能力逐渐成熟的反映。而在严苛的反垄断政策环境下，欧盟并没有出现本土大型平台企业。

不可否认，对政策起重要参考作用的基础理论观点不同，是产生政策态度存在差异的重要原因之一——曾深刻影响西方反垄断实践的哈佛学派与芝加哥学派就具有几乎相悖的政策主张。后面以产业组织与规制理论中最具影响力的学派发展为主线，回顾了传统理论对反垄断政策的影响，并跟进梳理了当前平台市场反垄断的主要研究观点。

10.3 平台经济反垄断的理论基础：溯源、分歧与困境

20世纪50年代至80年代，哈佛学派、芝加哥学派、图卢兹学派陆续登上产业组织与规制理论的舞台，并为规制实践提供了诸多新思路。表10－2是对三个学派的简要梳理。

表10－2　哈佛学派、芝加哥学派与图卢兹学派的主要政策影响

学派	诞生时间	政策影响
哈佛学派	20世纪50年代	严苛的反垄断和规制政策，通过拆分大型企业的方式引入竞争，其中包括对美国电话电报公司（AT&T）的拆分。
芝加哥学派	20世纪70年代	“取消规制（deregulation）”的管制思路在当时的西方盛行，也使美国在20世纪80年代经历了大规模的解除管制和减税运动。
图卢兹学派	20世纪80年代	最优规制政策和反垄断政策需要因地制宜；开创了双边市场的分析框架，为电信、电力、银行业等行业的规制改革提供了理论指导。

资料来源：作者整理。

具体而言，诞生于20世纪50年代末的哈佛学派基于“公共利益假说”，目的是增进公众福利，提出要对市场份额高度集中的行业实施规制。其基于结构主义框架得出的高度集中的市场结构意味着低社会福利，因而提出严苛的反垄断和规制政策，比如拆分大型企业。在具体执法实践中，美国、欧盟以及中国都曾受哈佛学派影响，在电信行业通过拆分的方式进行反垄断管制（见表10－3）。

表10－3　美国、欧盟、中国典型拆分案例

时间	发生地	案例	结果
1984年	美国	美国电报电话公司（AT&T）拆分案	AT&T被拆分为8个子公司。
2005～2008年	欧盟	欧盟电信业改革	成员国电信主管部门对本国处于垄断地位的电信巨头进行“功能拆分”，即实现电信服务与网络基础设施运营分离。

续表

时间	发生地	案例	结果
1999 年、2002 年、2008 年	中国	中国电信拆分	1999 年：原中国电信拆分成中国电信、中国移动和中国卫星通信公司 3 个公司； 2002 年：我国电信业形成中国电信、中国网通、中国移动、中国联通、中国铁通、中国卫通六家基础电信企业。 2008 年：中国联通和中国网通合并为新中国联通，原中国联通 C 网剥离给中国电信。中国铁通并入中国移动。

注：以上案例为作者根据公开资料整理。值得注意的是，AT&T 在 1984 年后，又分别于 1995 年、2000 年进行了两次拆分，但后面的两次更多的是公司战略的结果，而不是产业规制结果。

20 世纪 70 年代，以施蒂格勒、波斯纳、佩尔兹曼为代表的芝加哥学派兴起，并对哈佛学派的观点提出了质疑。两学派对不同市场结构优劣的认识存在分歧，由此导致了两学派截然不同的政策取向。芝加哥学派认为，集中度与利润率的正相关很可能并不反映高集中产业内主要企业相互勾结提高价格的行为，倒是更能反映高集中产业内主要大企业的更高效率和更低的成本，是高效率造成了高市场集中度。同时，芝加哥学派提出了“规制俘获”（Regulatory Capture）问题，认为规制最终会为某一利益集团服务。作为极端的效率主义者（范林凯和夏大慰，2015），芝加哥学派这一理论的含义是规制提高了产业利润而不是社会福利，同时指出规制俘获将降低效率，因此主张放松反垄断政策和规制政策。在 20 世纪 70 年代末至 80 年代初，“取消规制”（Deregulation）是全球范围内的一次重要的经济政策变化，在此背景下，美国社会在 20 世纪 80 年代经历了一段时间的“放任自由”，包括大规模的解除管制和减税运动。对于规模和效率的推崇也促成了一大批跨国企业的形成，兼并与收购活动达到了一个新的高潮。它的主要倡导者，就是芝加哥学派的代表人物波斯纳和佩尔兹曼。时至今日，芝加哥学派的思想依然指导着许多国家的反垄断执法过程。如由《谢尔曼法》《克莱顿法》《联邦贸易委员会法》三部法律组成的美国现行反垄断法体系，就深受芝加哥学派影响，强调和追求“效率”优先（Gifford & Kudrle，2017）。

反观我国在平台领域的反垄断实践，似乎很难用某一学派的理论全面覆盖——对平台市场结构过分集中的判断和隐忧仿佛来自于哈佛学派的SCP范式，而对各类案件中企业行为或经营者集中现象的灵活规制（包括处罚、约谈、批准等）又体现着芝加哥学派重视效率、减少干预市场结构的思想。理论的重要目的之一是解释现实，并服务于实践，在服务的过程中产生了相应的政策取向。当然，实践中的新变化也使得现有理论解释力逐渐不足，也由此产生了一些新的学派，如重视分析方法的图卢兹学派。以拉丰、梯若尔为代表的图卢兹学派强调不完全信息、不完全契约、不完美规制者等现实中广泛存在的摩擦对企业行为的福利效果、最优规制设计以及反垄断政策的影响。其在规制上的政策主张既不同于哈佛学派的强规制手段，也不同于芝加哥学派的自由放任，其更倾向于以“温柔的干预”来解决垄断产业中的市场失灵问题。同时，图卢兹学派紧随现实发展，开创了网络竞争和双边市场两类新竞争形式的理论分析框架，拉丰与梯若尔在2000年出版的《电信竞争》即是该框架在实践中的应用——该书给出了典型的网络产业——电信产业规制的“门槛”与具体手段。当前，这一框架依然指导着各国网络产业的规制工作，尤其是以平台企业为主要企业模式的互联网产业的反垄断执法。那么，“温柔的干预”是否是解决平台垄断的良方还有待实践检验，但不可否认的是，其主张的反垄断应针对具体问题提出具体措施的政策取向可以更好地适用于正处在深刻变化之中的平台经济。

从哈佛学派到芝加哥学派，再到后续的图卢兹学派，政策取向的不同很大程度上来源于现实市场环境的变化。如技术进步改变了传统产业中垄断企业地位的稳固性（乔岳和魏建，2019），需求的大幅增加改变了产业的垄断结构（Hertog，1996）等。亦如前文所述，政策取向不是一成不变的，在不同的市场环境下应有不同的政策思想。

回到当前，尽管在《指南》出台之前，对于互联网巨头是否应当进行严苛的反垄断管制并未形成一致的观点，但有诸多研究及现实情况已经对平台经济的市场环境形成了初步共识——平台经济已经形成了较高的市场集中度，在市场结构上具有了一定的垄断性质（李丹和吴祖宏，2005；姜奇平，2013；傅瑜等，2014；孙宝文等，2017），那么是否需要对高集中度的市场进行政策干预，要明确该市场结构的性质，包括两个方面。

一是对平台经济市场结构性质的考察。如果说反垄断的目的是保护公平竞争，那么首先需要明确的是，平台市场呈现出寡头化或垄断化的市场结构，是否保持着一定的竞争性？一种较为流行的观点是，尽管平台市场具有较高的市场集中度，但是仍保持较高的竞争活力，鉴于创新对行业的驱动作用明显，市场中的潜在竞争者使大型企业的“垄断”地位并不稳定，有学者用“竞争性垄断”（李怀和高良谋，2001）、“单寡头竞争性垄断”（傅瑜等，2014）、“分层式垄断竞争”（苏治等，2018）来描述竞争与垄断效应双双被放大的市场结构。二是对大型平台企业出现将产生的结果予以判断。由于福利是反映市场未能有效运转而产生的社会成本，因此，很多研究是从福利入手进行讨论的。一种观点认为，平台企业形成的双边市场有助于降低用户的交易成本，提高消费者剩余，并未产生明显的福利损失（Chakravorti & Roson，2004；吴汉洪和周孝，2017）；另一种观点认为，传统监管机制无法全面覆盖大型平台企业产生的新型垄断行为，将减损社会公共利益（杨东，2020）。也有研究是基于创新的动态效率角度考虑平台市场反垄断管制必要性的，认为平台市场中，技术的快速更迭，使初创企业拥有的新技术很可能导致熊彼特意义上的“创造性毁灭”（Creative Destruction），会限制大型企业滥用市场支配地位（冯丽和李海舰，2003）。当然，也有相反的观点，认为大型平台企业有更明显的资本、人才、技术优势，初创企业活跃的技术创新难以对其构成威胁，大型企业仍能凭借市场支配地位侵占中小企业的生存空间，并一定程度上阻碍行业创新（于绯，2012）。

观点上的分歧说明，对平台市场的垄断性质判断不够明确。因此，对平台反垄断管制的经济学讨论尚显分散。很多讨论是结合市场特性，分析平台经济反垄断管制实施中的困境，如双边市场中价格结构的复杂性，一方面使利用替代思想、当前在反垄断执法中使用最为广泛的假定垄断者（Small but Significant Not - transitory Increase in Price，SSNIP）测试进行相关市场界定变得困难，具体而言，双边市场中，垄断平台的单边价格与单边边际成本并不成比例，且价格结构与各边的需求弹性相关（Evans，2005），根据单边市场进行相关市场界定会导致执法过程中面向一个较窄的相关市场（Filistrucchi et al.，2013）。另一方面，考虑到交叉网络外部性与反馈效应，平台企业不会依据边际成本定价（Armstrong，2006），无法估计勒纳指数，进而难以评估企业的市场势力，使相应的反垄断措施缺乏落脚点。还有部分研究直接讨论如何对平台企业进行治理。上述研究认识到了平台垄断可能产生的问题不是结构性问题，而是企业行为上的规制失效，如掠夺性定价的出现（Armstrong，2006，2007）、平台用户之间的过度竞争，挤出提供高质量产品或服务的用户（Cennamo & Santalo，2013），对双边市场中某一边用户的效用产生负面影响（Atip et al.，2004）等。对于上述问题，有学者提出建立声誉机制（吴德胜，2007）、激发企业责任（阳镇，2018；肖红军和李平，2019）等规制思路。在具体规制方式上，学界倾向于构建政府、企业、社会大众等多主体参与的合作监管方式（Scott，2002；王旭晖和张其林，2015；王勇和冯骅，2017）。

上述研究强调大型平台企业"垄断"产生的具体结果，以及相应的治理思路。但对于规制的对象及重点，在政策层面的论述较为模糊，并不能很好地解释现有政策取向的选择原因。究其原因，一方面，对平台市场特征分析不够深入，现有研究的问题是经常将网络外部性、双边市场等特征独立起来看待，对市场特征的认识不足影响了对政策取向的理解。另一方面，在讨论如何对平台进行治理时，更多的是从实践层面提出建议，缺少了从理论层面寻找依据的必要步骤。平台的反垄断实践要顺应平台经济的发展特征，关于平台经济的特征，自图卢兹学派的开创性研究以来，研究数量众多，有洞见的结论也非常丰富，但散见于国内外文献。鉴于此，后文通过梳理国内外研究结论，提炼出与平台市场的产业组织相关的典型特征，并探索这些特征如何影响反垄断政策取向。在此基础上，提出平台领域反垄断的政策建议。

10.4 市场特性对平台垄断行为的自发性制约

不可否认，以百度、阿里巴巴、腾讯等为代表的大型互联网平台企业的出现，在提高市场运行效率、改善社会生活方式等方面发挥了积极作用，但这些企业似乎也在行使一些有碍行业健康发展的行为，如网约车领域的“大数据杀熟”事件、网络购物领域的“二选一”事件，其背后都有着深刻的垄断烙印。然而，上述企业似乎并未受到实质性的惩罚。如侵害消费者权益的“大数据杀熟”现象，停留在“媒体痛批、企业声明”的阶段[①]。对于平台企业相对宽松的监管政策从经验上看似乎有违常理，但实际上是与平台市场自身特征有关。需要明确的一个问题是：是否是平台经济自身存在一定的市场机制，可以制约大型平台企业的垄断行为或将要行使的垄断行为？

从具体的执法角度来看，垄断诉讼的成功有赖于两个方面的论证：一是市场势力；二是排他性行为。因此，平台市场特征如何影响企业垄断行为可以从三个方面讨论：首先，平台企业市场势力的来源问题——市场势力往往来源于企业的市场份额，在平台市场中，网络外部性通常被看作是企业市场份额形成的关键因素；其次，市场机制是否会约束平台企业的排他性行为，这点可以从平台用户中广泛存在的多归属性（multi - homing）中寻找线索；最后，引入动态视角，讨论平台经济中创新的特征及其蕴含的竞争含义。

10.4.1　重新审视网络外部性与市场结构寡头化之间的关系

当前，一种常见的观点是，互联网平台市场中的网络外部性以及交叉网络外部性促成了寡头化的市场结构（Evans，2002），其中蕴含着两方面基本逻辑。一方面，网络外部性主要是针对双边市场同侧用户而言的，对于某一边用户，其加入某个网络获得的效用或价值，是随着网络中用户数量的增加而增加的，典型的例子是在即时通信领域，使用微信的用户人数越多，对于用户个人而言，加入微信的庞大网络会因可以更便捷地沟通交流而获得更多的效用，进一步使得用户会自觉聚集于某家拥有众多用户的

---

① 2018 年 3 月 23 日，《人民日报》发表评论员观察文章《数据权力如何尊重用户权利》，痛批互联网“大数据杀熟”案例；网约车企业官方回应：“从未有过‘大数据杀熟’，以前没有，以后也永远不会有。”

企业中，形成“强者愈强”的马太效应。另一方面，双边市场中两侧用户一般呈现互补关系，如电子商务市场中的买卖双方、搜索引擎市场中的广告投放方和广告接收方——用户，由于交叉网络外部性的存在，双边市场中一侧用户的增长会使另一侧用户的效用水平上升，从而吸引该侧用户加入平台，同样，由于交叉网络外部性的存在，又使得另一侧用户进一步增加，如此循环往复，成为了用户集聚的正反馈效应——当用户数量超过某一临界值后，双边市场用户数量会自发增长，如网约车平台可以通过补贴手段吸引更多消费者加入平台，更多的乘客又会吸引更多的司机加入平台，更多的司机意味着使用车辆更加容易，又会反过来吸引更多的消费者。

在上述逻辑下，用户规模成为互联网领域中企业争夺的重点。因此，平台企业往往通过免费、补贴等手段吸引消费者。然而，免费定价似乎与企业的逐利本质有所背离，但在平台企业所组成的双边市场中，免费定价模式有着深刻的经济学逻辑，理论上是合理的。双边市场中由于平台价格结构非中性和交叉网络外部性，企业利润最大化的分析应当将市场两侧的定价策略纳入一起分析（陈林和张家才，2020）。网络外部性虽然使市场趋于集中，但却没有产生寡头化的实际结果——限产提价。上述现象及背后的理论机制，似乎为平台市场的垄断合理性提供了解释。

此外，即使在同一领域，或者说同类网络中，网络外部性的作用其实并不是同质的。消费者偏好的异质性可以抵消网络外部性带来的用户聚集现象，即需求方的规模经济，已在理论界基本达成共识。一种常见的观点是，无论现有网络规模有多大，额外增加用户量一定会增加整个网络的价值。但有一些实证研究表明，网络中用户之间的互动实则有限，如 Adams（2012）的研究报告指出，脸书用户平均每周仅与 4 人通信，每月仅与 6 人通信。可以认为，庞大的用户规模中可能只有部分用户对网络价值有促进作用，如果超出核心群体，盲目扩张网络，可能会降低整个网络的价值，核心用户与“边缘用户”对网络价值贡献上的差异，降低了由网络外部性带来的锁定效应（Liebowitz & Margolis，1995；Briscoe et al.，2006），平台企业也将重新思考“流量竞争”的关键——专注于核心群体的价值，而不是持续扩大网络规模。

还有一个现象往往被忽略，网络外部性除了给用户带来正向的效用外，也有可能带来负向的效用——并不是所有的网络效应都是积极的，一些用户可以以消极的方式影响其他用户（Evans，2012）。例如，Myspace 曾是世界上最大的社交网络，但由于其中一些用户刻意地向其他用户发送垃圾邮件，由此产生的负面网络效应造成用户快速流失，也加速了其走向衰落。

上述内容说明，当从多个角度思考网络外部性时，可以发现其与市场寡头化之间的逻辑联系并不紧密，也并不能用“显著的网络外部性”作为“市场集中度高具有合理性”的解释。

10.4.2　多归属性及其产生的反垄断威慑力

用户规模的重要性使得消费者选择成为影响企业竞争策略选择的重要因素。在数字技术与经济社会结合的初期，硬件上的安装基础决定了用户规模——企业只需要尽早进入市场，降低兼容水平，形成标准门槛，即可获得足够的用户规模及较为稳定的市场地位。如在 2004 年，美国加利福尼亚州多个城市政府联合对微软公司提起诉讼，控告其滥用在个人电脑操作系统领域的垄断地位，对商品制定不合理的价格。这场诉讼的关键在于，微软能够在计算机硬件和 Windows 操作系统之间建立高度联系。

随着数字技术与经济社会的深度融合，硬件产品上的竞争部分被服务模式竞争所取代。此时，用户的多归属性就表现的十分明显。Candeub（2014）指出，电信和数字技术同步革命的后果之一，在于消费者具有最为广泛的选择，使替代产品之间的转换成本（Switching Costs）最低。多归属性概念中的关键，在于转换成本的高低，如果用户可以以较低的转换成本选择不同企业的产品或服务，如在电子商务领域，消费者既可以通过淘宝网进行购物，也可以在京东商城进行购物，转换两种购物途径不需要支付额外的费用，那么即可认为该领域存在着多归属性。综合考虑前文提到的网络外部性在市场中并不是均匀分布的，对处于网络价值边缘的用户而言，其会在不同的网络间选择服务。由此，网络规模会产生由边缘到中心的缩小趋势，网络价值也会相应减小，必然会降低网络外部性带来的转换成本以及锁定效应，可以认为，多归属性是消除由网络外部性带来的锁定效应的重要途径。进一步，随着转换成本的降低，用户完全可以根据自己的偏好使用多个平台企业的产品或服务，一定程度上降低了单一平台企业产品或服务的稀缺性。因此，当某平台企业实行垄断行为，如提高价格、“二选一”“大数据杀熟”等，用户可以几乎无成本地选择其他平台提供的类似服务。上述过程对用户几乎没有损失，但对于平台企业而言却有两方面损失：一是用户直接流失的损失；二是在网络外部性和交叉网络外部性下，用户流失产生的网络价值降低，进而产生反馈式的用户损失，实则强化了负向的网络效应。

多归属性产生的市场效果可以表现在用户行为和产业组织两个层面。从微观用户行为来看，如果平台企业都有足够的替代方案，且用户的转换成本非常低，那么会自然地营造出较强的竞争氛围，既促使企业提供高质量的服务，也能避免大型平台企业实施垄断行为，造成用户流失。从产业组织层面来看，转换成本可以显著影响竞争策略和市场结构，如在需要重复购买的商品动态竞争中，起到促进竞争的作用（Dube et al.，2009），转换成本的存在，既会使双边市场中的新进入企业存活并获得发展机会，也容易使不注重用户收益、盲目提高转换成本的在位企业丢失市场份额。吴汉洪，王申（2019）将平台市场中转换成本的具体作用总结为，转换成本促进了事前的市场竞争，以及事后的市场势力。

值得说明的是，多归属性是双边市场发展中自发产生的效应，并不直接作用于寡头化市场结构的形成，而是制约平台企业相应的垄断行为。这种市场机制的存在，也是政府管制部门对平台市场实施包容监管的原因之一。

10.4.3 动态效率：平台经济中创新的竞争效应

企业规模、市场结构与创新向来就是产业组织理论中讨论的热点问题。亦有诸多研究提出，采取较为宽松的规制政策，原因在于大型企业具有一定的创新优势，技术创新可以更好地保护消费者长期福利，也可以更好地引领行业快速发展（任剑新，2004；Spulber & Yoo，2013；吴宗法和陈伟，2016），从政策层面上看，扶持企业成长比挤占企业生存空间更有利于行业整体发展。但也有另一种可能——互联网巨头会利用规模、技术、资本优势，通过兼并购、战略入股等手段，限制初创企业进入市场，从而扼杀行业中的创新力量，据数据服务公司 IT 橘子（www. itjuzi. com）的数据显示，BAT 等大型平台企业近年来已发生上百起投资并购操作，其中腾讯更是以 934 次投资位居 BAT 之首，所涉及领域包括文娱传媒、游戏、金融、智能硬件、医疗健康等。平台经济中除了传统理论中的技术创新以外，还在不断涌现出新的商业模式，即商业模式创新。两类创新均会对市场竞争产生影响，但是背后的逻辑有所不同。

传统理论中的创新主要是指技术创新，这里的创新主要是指通过更新技术节约成本，如熊彼特的“创造性毁灭”指出，有价值的竞争是“成本或质量上有决定性优势的竞争”。首先，平台经济中活跃的技术创新改变了其“自然垄断”的属性。网络产业需要规制的一个经典理由是其具有自然垄断性，自然垄断的主要特征是成本的次可加性。技术创新意味着平台企业的成本函数将随时间变化，削弱了大型平台企业由于规模经济而产生成本效益的观点，即使规模经济减少，更高效的公司进入也将产生成本效益。其次，与成本相关的技术创新会直接影响企业是否形成市场势力，而市场势力正是反垄断诉讼是否可以成功的主要依据。市场势力的现实含义是企业将价格提高到成本以上的能力，重点是企业定价与成本的差值——利润。技术创新可以通过降低成本提高企业利润，在效果上类似企业通过提高价格获得市场势力。也有研究指出，较高的价格或收益可以促进行业竞争，因为高价格或利润可以反映需求，对于新进入企业而言是一种正向的激励，如果企业可以获得非竞争性收益时，反垄断管制将是消除企业进入市场的主要动力。进一步，创新作为市场动态效率的主要表征，有学者指出，如果可以通过促进创新及连续市场进入行为带来长期动态效率增益，则需要承受短期的静态效率损失（Sidak & Teece，2009），这可以看作为保护创新而进行的“垄断豁免”的理由之一。最后，从具体反垄断执法过程来看，平台企业的成本特征容易使市场势力的测度结果偏高。勒纳指数是衡量市场势力的常用工具，以比例 $(P-MC)/P$ 测算市场势力的大小，其中，P 为市场价格，MC 为企业的边际成本。因此，反观平台市场，平台经济中产品或服务具有高固定成本、低边际成本的成本特征，企业提高价格的动机不仅在于增加盈利，还在于回收高额的固定成本，但后者并未体现在勒纳指数的计算中，结果是平台企业显示出巨大的市场势力但是仍会因无法回收固定成本而破产（Hovenkamp，2017）。因此，执法实践中对市场势力的实际测度可能并不能很好地反映平台企业的实际垄断行为。

在商业模式创新方面，平台经济的特性为不同规模企业的模式创新提供了可能性。首先，商业模式创新的兴起，为中小型平台企业创新创造了生存空间。当前的互联网产业属于知识密集型产业，技术壁垒相对较低，且有盈利前景的商业模式易受风险投资热捧，一些成功的商业模式来源于好的创意，如社交电商、团购等商业模式在技术本质上与传统电商并无本质差别，关键在于通过服务过程改造，迎合了行业中用户的不同偏好。上述内容降低了平台经济中的中小企业创新所需要的技术、资金壁垒，也改变了创新所需要的成本结构，使创新的主体向多元化发展。其次，由于用户需求的多样化，各细分领域中出现了新的利润空间。如此一来，中小企业的创新路径不再是激进式或颠覆式的创新，而是参照市场上已有的技术路径或商业模式进行渐进式创新，以满足市场上零散化的需求，如近期兴起的短视频网站、直播电商等，均是典型案例。以上分析说明，在平台经济的发展过程中，形成了不同规模企业的差异化创新方式与路径，多元创新主体的市场环境，加之网络外部性对创新扩散与创新接受的助推作用，使中小型企业也可对大规模企业造成威胁，缓解大型平台企业的“创新惰性”，最终形成行业中特有的创新激励，同时，活跃的创新也使平台经济整体上维持在一个较高的竞争水平，竞争压力又会将价格推向平均成本。这样一来，使平台市场更倾向于鲍莫尔提出的可竞争市场（Contestable Market），而不是垄断或寡头垄断市场——如果在位企业企图将价格提高到竞争价格之上，那么新进入企业将在有盈利时进入市场，价格下降到竞争价格水平时退出市场。

综上所述，平台市场虽形成了比较高的市场集中度，但当我们考虑网络外部性、交叉网络外部性、多归属性、需求多样化、创新驱动等因素时，发现上述市场特性均可以自发地制约部分垄断行为，使垄断不会对福利和效率产生过度的不良影响，因此，此时芝加哥学派波斯纳将“市场”引入规制和反垄断政策制定中的思想可以内恰于平台反垄断实践，即对处于正常运营的平台经济，可以通过市场机制替代部分规制手段，即营造出相对宽松的政策环境，达到既保证效率、又规范发展的目的。这也是在平台经济发展过程中，管制部门一直敢于审慎监管的理论依据。甚至有更激进的观点认为，政府的干预会使平台垄断的问题恶化，而不是改善（Bresnahan，1999）。在微软案最终的判决意见中——“寡头垄断者仅开发一个预期竞争对手不兼容的产品并不违反垄断法，只有兼容伴有欺骗、排他性协议或无任何商业理由的技术设计，才能说明它是有问题的”——也有减少管制干预的思想。

10.5　平台治理创新的必要性

通过上述讨论可以得到一个初步结论，平台经济中存在一些特殊的市场机制，可以制约大型企业的垄断行为，成为削弱反垄断管制的理由。中国和美国数字经济的蓬勃发展，也部分归功于相对宽松的政策环境，然而近年来，两国却又收紧了平台经济领域的反垄断政策，其中有着复杂的原因，但不可否认，平台市场的垄断特征，使市场机制对垄断行为的制约作用减弱（王坤沂等，2021；唐要家，2021），必然是关键因素之一。

前文的文献回顾与逻辑演绎，讨论的是企业拥有了较高的市场份额会采取哪些预期上的行动，整体上看借助了哈佛学派SCP的分析范式，但仍有两个关键问题讨论不清。一是对于“市场结构”的内涵没有予以足够的关注——从资源优势的角度看，高市场集中度究竟来源于企业对何种资源的掌握？二是与平台经济中企业竞争现状与特征结合不足——上述讨论均是基于传统产业组织的理论框架，认为竞争是存在于同质产品或服务之间的，而事实上，当前平台经济中许多大型企业均开始涉及多个业务，跨界竞争所包含的效应，上述讨论并未涉及，但是，这种现象以及企业多业务领域的扩张行为，更容易形成对市场的控制能力，从规制的角度来看，大型平台企业的跨界竞争是否有形成新型市场势力的可能？对两类现象的归纳，有助于帮助我们理解当前平台经济规制政策导向收紧的内在逻辑和深层次原因。

10.5.1 寡头化的典型事实

如果从用户数量的角度衡量市场份额，那么当前的互联网巨头在其主营领域确实存在着垄断或寡头垄断的事实，表10－4显示了2017年下半年平台经济几个典型领域中的用户规模的分布情况。

表10－4 平台经济典型领域的用户规模分布情况

领域	企业名称	排名	总覆盖人数（万人）	总覆盖人数比例（%）
网上购物	淘宝网	1	26847.9	85.18
	天猫	2	22225.0	70.51
	孔夫子旧书网	10	635.3	2.02
搜索引擎	百度	1	38539.5	90.05
	360搜索	2	26833.6	62.79
	好搜	10	871.5	2.04
社区论坛	百度贴吧	1	17606.2	89.52
	天涯社区	2	8594.1	43.70
	猫扑	8	383.2	1.95
网络视频	腾讯视频	1	18401.1	59.71
	爱奇艺	2	16419.3	53.28
	PPTV	10	4452.5	14.45

注：表中数据来源：中国互联网数据平台（http：//www.cnidp.cn/），其中，由于存在明显的多归属性，部分典型领域的市场份额相加大于100%。

表10－4显示出两方面内容：一方面，在平台市场中的几个重要领域，均呈现出较为集中的市场结构，表现为垄断或寡头垄断的市场结构。我国《反垄断法》第三章第十九条指出，一个经营者在相关市场的市场份额达到二分之一，或两个经营者在相关市场的市场份额合计达到三分之二，可以推定经营者具有市场支配地位。按照该标准，平台市场中的许多领域已经属于反垄断管制的对象。另一方面，即使存在用户的多归属性，排名靠后的平台企业可以吸引到的用户数量依然十分有限，在部分领域，尾部的企业具有的用户数量仅占头部企业的不足百分之三。

按照哈佛学派的观点，这种市场结构提高了大型平台企业滥用市场支配地位的可能性。如果说平台经济市场结构的形成源于市场对网络效应机制的被动接受，那么平台企业层出不穷的竞争行为，则是企业对网络经济特性的策略性利用。事实上，正因为平台经济中有显著的网络外部性，由此产生的正反馈和锁定效应有放大竞争结果的作用，也增加了企业运用战略性竞争行为牟利的动机。此时，如果把平台市场的高市场集中度合理化、合法化，可能会忽视互联网巨头潜在的垄断行为带来的不良后果。

10.5.2　新垄断资源：数据与注意力

按照传统理论，垄断企业一般会对资源具有一定的独占性。在传统产业中，“资源”多指生产中的资源，如典型的垄断类型——资源垄断、专利垄断都有此含义。随着数字经济时代的到来，数据成为了新的生产要素（杨汝岱，2018）。平台企业掌握了大量的用户数据，这些数据在算法、算力的加持下，成为了企业生产、销售时最有价值的资产。首先，数据可以帮助企业更好地分析用户行为。以电子商务领域为例，平台企业可以通过每一次的交易，以极低的成本获取消费者交易数据，并通过一定的运算方法，形成关于消费者偏好的有用信息，根据该信息，对消费者进行产品推荐以及改进自身产品，并通过价格歧视的方法，更大程度地占领消费者剩余。其次，数据以资源的形式在企业的集聚也会产生市场势力，在网络外部性的影响下，拥有大量数据的企业可以以更贴近需求的方式进行生产，避免了资源浪费所产生的成本，因此，可以形成强大的市场壁垒，阻碍其他企业进入市场，从而获得市场势力。最后，数据资源集中必然涉及用户信息安全和隐私保护问题。用户信息蕴含着丰富的商业价值，可以对平台企业的市场价值和长远发展产生重要影响。鉴于此，企业会在经济利益的驱使下，收集用户信息甚至侵犯用户隐私。一些研究指出，如果消费者不是完全理性的，仅凭市场机制是无法保证对个人隐私的保护。如果没有任何监管措施，企业将在交易过程中占有全部剩余。由于企业具有收集用户或消费者信息的动机，所以必须增加用户暴露个人信息的难度。

平台经济中的另一类重要的资源是用户的注意力。数字技术的普及，使信息从稀缺状态变为过剩状态。信息的丰富导致了注意力的匮乏（Simon，1992），因此，用户需要在庞杂的信息中高效地分配自己的注意力，而平台企业需要想方设法地吸引用户注意力。显然，大型平台企业已凭借先入优势、丰富的经验、已经形成的用户规模，获得了足够的注意力（表10-4的用户规模差距，也或多或少说明了这一问题），因此，用户可能很难注意到新进入市场的企业——用户对企业产品或服务的关注，形成了新型市场壁垒，加强了大型平台企业“垄断”的稳定程度。此外，注意力的稀缺引起了用户对搜索引擎的需求，对于各类平台企业而言——无论是专业的搜索引擎企业，如谷歌、百度，还是在服务中嵌入搜索功能的企业，如淘宝的商品搜索功能——均被赋予了新的权力。许多用户或商家希望自己的搜索结果在相对醒目的位置，因此会对平台企业支付额外的费用。我们所熟知的“竞价排名”模式，蕴含着注意力经济的理论背景。值得说明的是，注意力经济的理论思想已经逐渐渗透进了执法实践中。注意力经济在平台市场中的重要作用已形成共识，但注意力无论是对于企业，还是对于执法机构均是难以观测的，构成了在经营者市场份额判定上的难点。

10.5.3 跨界经营与多领域不正当竞争

数字经济时代，一方面，用户需求多样化，平台市场中产生了显著的长尾效应，另一方面，企业的价值创造从产品价值本身转变成了实现与创造用户价值。在此背景下，平台企业出于实现用户价值，寻找新的利润来源，占领市场份额等原因，不仅要关注用户规模，还要进行用户类别方面的竞争，即跨界竞争。具体表现为，大型平台企业开始进入相邻甚至不相关的领域，由在位者转变成新进入者，开始新一轮的跨界竞争。如阿里巴巴从电商领域向众多行业拓展，涉及金融（蚂蚁集团）、物流（菜鸟网络）、影视（阿里影业）等多个领域。一般而言，跨界竞争会加剧企业之间的业务重合度，提升竞争的激烈程度。如2010年爆发的“3Q大战”，即是腾讯与360在安全软件方面的竞争。

从平台企业自身运营角度来看，如果说平台企业在用户规模方面的竞争是为了发挥规模经济，那么其在用户类别方面的竞争则是追求范围经济的体现。平台企业在跨界竞争时，一些关键的生产要素，如技术、算法等可以在多个市场中使用，减少了企业成本投入。成本上的优势不仅降低了平台企业跨界经营所面临的市场壁垒，也是其构筑其他领域市场壁垒的关键因素。从平台市场产业组织角度来看，在网络外部性的作用下，大型平台企业可以将已积累起来的用户迁移至新业务市场。作为用户，在时间、注意力、风险偏好、口碑效应等因素的共同作用下，为了减少跨市场使用产品或服务的成本，其更偏向选择已使用过的大型平台企业的其他业务。在此背景下，平台企业在对自身业务进行多元化延伸的时候，用户规模优势成为了跨界竞争的基础，其通过激发网络效应，形成产品或服务之间的捆绑和集成，使平台可以涵盖多种业务下的用户。如亚马逊公司进入百货零售市场时其初始用户大部分从其线上售书市场“迁移”而来。

上述过程也被称为平台包络（Platform Envelopment）策略，即平台利用自身基础资源进入相邻的甚至看似毫无关联的市场（Eisenmann et al.，2011；蔡宁等，2015；玛琳等，2019）。在平台包络策略中，平台可以在交叉网络外部性下获取正反馈的网络效应，并促进用户规模的进一步扩张，同时，用户规模的增加赋予了平台企业提高收益的能力和更强的竞争优势[77]。平台包络策略会产生一定的杠杆效应——利用在一个市场中的市场势力来获取在其他市场中的市场势力。由于平台经济中市场边界日益模糊，而当前我国的平台治理体系又主要着眼于单一市场的平台竞争行为、过程和结果，因此不易察觉到藏匿于市场之间的隐蔽的市场势力，这无疑加大了平台企业利用包络策略进行的搭售、排他性交易的隐蔽性，为监管带来更大的挑战。

综上所述，持续采取包容审慎的监管原则也会产生一系列的隐忧。随着平台经济的快速发展，一些系统性新现象、新问题也开始涌现。一方面，是大型平台企业对新型资源的占有，如数据、用户注意力，加剧了大型平台企业行为的不确定性，产生了诸如“大数据杀熟”等新型价格歧视行为；另一方面，大型平台企业的行为更加多样，如通过包抄策略完成市场势力的跨市场传递，一些典型的不正当竞争案例，皆是企业多市场竞争进而导致业务重叠度加大的后果；此外，平台企业也可以通过提高转换成本使市场壁垒高筑，上述行为是平台企业利用市场特性的策略性行为，由于其不是直接作用于消费者或竞争对手，因此很难通过现有的管制方法对其进行垄断方面的判定，但这些行为的背后，都有限制竞争、排他性、侵害消费者权益等垄断烙印。

10.6　本章小结

与已有研究相比，本部分的理论贡献主要在于，通过回溯经典理论、梳理国内外观点、分析典型案例与事实相结合的方法，从一个更为动态的理论视角，提炼出了平台经济领域反垄断政策态度转变的一般逻辑，指出政策取向的转变，是对平台市场特征认识的逐步深入而开始的。在具体观点上，本研究提出了政策取向转变的原因，前期政策的宽松，主要源于平台经济的特性在一定程度上会制约传统意义的垄断行为，似乎并无亟须反垄断规制的直接证据；伴随着平台经济快速发展过程中产生的新问题，后期政策取向开始趋于严格，在这方面，本书提出了政策态度转变的关键——数据与注意力成为平台企业新的垄断资源、市场势力有跨界传导的可能性，这又使其具备了以更隐蔽的方式限制竞争、侵占消费者剩余的能力。

值得注意的是，当讨论规制平台企业的垄断行为时，总会面临一个两难问题：过于严格的执法是否会削弱平台企业在匹配供需，提高市场效率方面的积极作用，而相对宽松的监管力度又难以制约平台企业复杂多样的滥用市场支配地位行为。如何设计平台经济领域的反垄断管制方式及执法程序，以解决平台市场中的“发展”与“规范”的协调问题，变得尤为重要。

第 11 章　平台不正当竞争行为与管制强度关系探讨

前文指出，跨界经营、数据参与的背景下，可能会导致平台之间排他性行为、不正当竞争增加，制约了平台经济积极作用的发挥。我们需要思考如何对不正当竞争形成进行约束。根据产业组织理论，管制是破除行业垄断弊端、规范行业健康发展的良方。那么在平台经济领域，对平台企业行为如何引入管制因素？本章就此问题进行讨论。

11.1　制度背景和理论依据

平台经济在快速发展的同时不免也带来了一些不健康、不规范的企业行为，这严重阻碍了平台经济的快速发展，同时也对现行监管体系提出了挑战，这使得我们把目光转向平台企业的不正当竞争行为，试图通过合理的规制与引导，促进平台企业健康发展。2018 年之前，出于大力发展数字经济的国家战略需要，相应的政策环境较为宽松，一方面，缺乏平台经济领域专门的法律法规，相关治理政策是传统反垄断法律体系在实施中不断进行适用性修正；另一方面，对于高科技企业的市场集中问题往往通过“豁免”予以规制回应。2018 年以后，多部法律法规和政策文件出台或结合数字经济特征进行了修改，如 2018 年出台了《电子商务法》，明确了如何规范平台经营者行为；2021 年 2 月出台的《关于平台经济领域的反垄断指南》成为了平台经济领域反垄断执法的重要参考。此外，也对阿里巴巴、美团等涉嫌垄断的企业进行了调查及处罚。2022 年国务院印发的《“十四五”数字经济发展规划》（以下简称《规划》）中，明确“十四五”时期推动数字经济健康发展的指导思想、基本原则、发展目标、重点任务和保障措施。其中，“公平竞争”成为《规划》中明确提出需要坚持的基本原则。

平台经济反垄断政策态度的变化使我们重新思考应该如何看待大型企业的出现和与之相伴的垄断问题？平台经济反垄断的监管理论应如何创新才能够更好地规制当下平台企业的不正当竞争？相应的反垄断规制入手点在哪里？是遵照哈佛学派的SCP范式思路，认为当市场集中度提高时，企业更有可能做出排除、限制竞争的行为，所以通过拆分大型企业、引入竞争的方法保障公共利益，还是按照芝加哥学派的做法，主张放松监管，减少对市场的干预，鼓励企业积极开拓创新，从而保证市场效率？

卡尔·夏皮罗（Carl Shapiro）和哈尔·范里安（Hal Varian）在其经典著作《信息规则》（Information rules：A strategic guide to the network economy）中指出，竞争政策或反垄断政策的目的是保护公平竞争，而不是惩罚赢家，保护输家。这为数字平台企业的反垄断规制提供理论思路——对于网络效应显著的平台经济，不能仅以市场结构的集中程度作为实施反垄断管制的依据，要关注企业的排他性行为或不正当竞争行为（黄益平等，2022）。平台企业之间的不正当竞争问题不仅影响着平台企业的发展，同时也对消费者存在着潜在威胁。平台企业可能利用消费者自身存在的认知局限，通过入侵消费者的隐私数据，利用大数据算法帮消费者做出重要决策，从而完成“大数据杀熟”。同时，平台企业也会更加偏向于自己的产品或者与自己有相关合作的产品，进行“自我优待”，利用企业与消费者之间的信息差扩大自身利润，损害消费者权益，平台企业之间不正当竞争行为以及巨头企业为了维持自身垄断地位进行的强行并购等行为导致中小企业发展慢、创新难、严重阻碍了行业创新。

然而，在我国反垄断裁定中，“三阶段理论”——相关市场界定、在相关市场是否形成支配地位、是否滥用市场控制权的逻辑仍然根深蒂固，其中结构性救济的意味强于行为性救济，这无疑淡化了本应重点关注的企业不正当竞争行为。同时，大型平台企业可以借助技术手段使自身的不正当竞争行为更加隐蔽，从而加大了监管难度。面对如上困境，一个解决思路是，寻找平台企业之间不正当竞争的来源，从而从源头上、以一种事前执法模式，对可能发生的不正当竞争进行有针对性的、预期式的监督与管制，从而以减少市场干预的方式保证平台经济的规模经济优势和效率提升作用，并有效规范平台企业的不正当竞争行为。

诱发平台经济中不正当竞争的因素往往是复杂多样、相互关联的。鉴于此，本章通过定性比较分析（Qualitative Comparative Analysis，QCA）方法，以平台经济中不正当竞争案例为突破口，挖掘造成不正当竞争现象发生的关键因素及它们的组合关系，归纳出不正当竞争发生的一般规律。

11.2　定性比较分析的“组态”思想及其优势

其实在对传统行业相关的研究中，已有学者注意到如果将企业网络纳入市场结构范畴，则需要研究范式上的创新，比如由静态分析转向动态分析、由因果相关分析转向作用机理分析等（杜传忠，2006）。定性比较分析方法（Qualitative Comparative Analysis，QCA）为实现上述转变提供了可能性，也为研究互联网行业的复杂现象提供了新思路。

定性比较分析产生于 20 世纪 80 年代，此时正值西方科学界的主导范式向整体论转变。该方法最早由查尔斯·拉金（Charles Ragin）等提出，可以系统地分析小样本的数据。它综合了定性和定量两种分析方法的长处，将研究的各个案例视为一个整体，并分析案例中的解释条件及其相关关系，即“组态”（Configure，杜运周，贾良定，2017）。在此逻辑下，QCA 方法与传统回归分析表现出两点主要差别：一是视角上的差别，QCA 方法基于整体论，认为每一个案例的结果，都是由各种原因组成的整体产生的，其关注条件组态与结果间的复杂因果关系，是一种组态的视角，这种视角可以突破传统回归方法在分析存在多项交互效应时的局限性，避免了传统的思维惯性和传统经济学方法上的单纯性；二是研究结果形式上的差异，传统回归分析是基于自变量相互独立、单向线性关系和因果对称性的统计方法，其结果是自变量对因变量的边际“净效应”（杜运周，贾良定，2017），而 QCA 方法的结果由于考虑了条件变量（对应于回归方法中的自变量）之间的相互关系，结果一般以“路径”的形式给出，QCA 方法的结果的典型输出形式为：

条件变量 1*条件变量 2*~条件变量 3

OR →结果变量

条件变量 2*~条件变量 3*条件变量 4

该结果解读为：有两条包含多个变量交互效应的路径可以达成某种结果，（1）条件变量 1 与条件变量 2 共同发生且条件变量 3 不发生[①]；（2）条件变量 2 与条件变量 4 共同发生且条件变量 3 不发生。这种结果输出方式更便于理解某现象发生的原因，不仅可以对理论假设进行验证，还有助于扩展理论，发展新的理论。此外，由于 QCA 方法来源于“案例”，相较于“数据”，可以更好地与现实对话，有效避免了研究脱离现实之短。

QCA 方法在本研究主题下的突出优势在于：

第一，从研究对象上看，平台企业具有很强的复杂性，平台企业的策略选择也是多种因素共同作用的结果，平台的不正当竞争行为也依赖于多个变量。因此，QCA 方法具有的整体论思想与组态视角更契合本研究对象。如被誉为中国“互联网反不正当竞争第一案”的“3Q 大战”，奇虎 360 和腾讯双方在网络安全领域强迫用户进行“二选一”，双方互诉 3 场，最终以 360 败诉结束。“二选一”现象的产生不仅依赖于与平台企业的竞争方向有关，也与平台企业本身的特性有关，此现象的发生是多种原因综合而成的，我们不能从单个的角度去看待这个问题，而 QCA 为从整体的角度看待这类不正当竞争行为的产生提供了可能。

第二，QCA 方法可以更好地检验变量间的交互作用，部分原因在于传统回归方法难以检验三项以上变量的交互效应，而 QCA 方法可以分析变量之间多重交互关系，不仅可以验证理论，还能实现创新理论。以本章的变量而言，平台的规模差异、盈利差异、锁定效应差异及排他的努力程度差异，这几个变量中间存在着内生性，传统回归方法很难得出显著性的结论，而 QCA 很好地为平台企业不正当竞争行为的产生提供了组态路径分析。

---

① 符号“~”表示集合关系中的“非”，下同。

第三，传统定量研究需要大样本才能保证结论的无偏性，但对于平台企业不正当竞争行为的数据获取难度大，数据量非常有限，尤其是在目前对于不正当竞争行为的界定比较模糊，各种不正当竞争行为比较隐蔽的情况下，各类平台企业进行的策略选择是非常多变的，对于存在的隐性的不正当竞争行为很难捕捉到，这就造成了数据量的缺失。而 QCA 方法是以案例为基础的分析，可以缓解数据不足的问题。

11.3　研究框架

“不正当竞争”是竞争中的一种特殊现象，考察平台企业不正当竞争的来源，需要从竞争的基本内涵入手。《新帕尔格雷夫经济学大辞典》将“竞争”定义为“竞争系个人（或集体或国家）间的角逐，凡两方或多方力图取得并非各方均能获得的某些东西时，就会有竞争”。从该定义可以看出，在经济学稀缺性假设的条件下，企业能力的差异决定了竞争的具体态势。鉴于此，本研究综合考虑竞争的经济学内涵、平台企业竞争特性与本研究目标，重点讨论企业规模差异、盈利能力差异、排他的努力程度差异、锁定效应差异以及管制力度五个因素及其组成的组态对不正当竞争形成的影响，研究框架如图 11－1 所示。

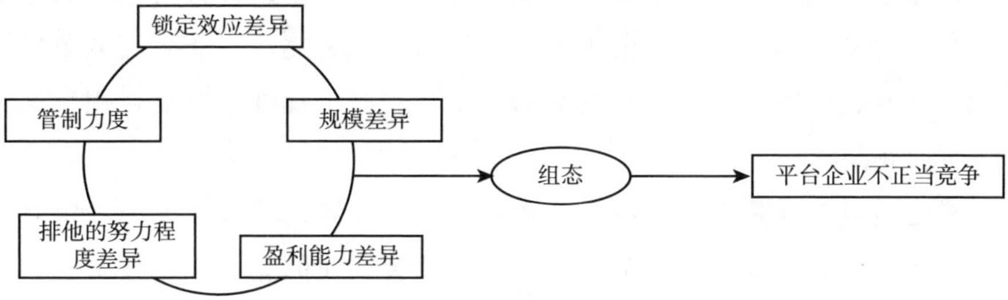

图 11－1　研究框架示意图

其中，规模差异是产业组织理论中关注的重要变量，尤其是企业规模产生的一系列经济效应——大规模企业的排他性行为，也是不正当竞争的重要来源。唐方成等（2022）在考虑交叉网络外部性的情况下，研究了平台企业为实现平台利润最大化，会如何利用自身规模大小等因素在发展过程中应积极进行生态化布局，完善自身的生态系统，从而在平台企业市场中占据有利地位。考虑后续数据的可得性，本研究使用营业额表征企业规模。一方面，营业额反映了企业在体量上的竞争优势；另一方面，平台企业的营业收入与其用户规模密切相关，用户规模又反映了网络外部性在平台经济中的作用，因此该变量也是平台重要特征的考量。

盈利能力反映了企业赚取利润的能力，是竞争优势的效率反映。新古典主义把竞争与价格形成机制放在一起讨论，最典型的论断是：完全竞争可以使价格机制非常完美地发挥作用，由此形成的均衡也是帕累托最优的。在该竞争均衡下，某个企业是缺乏议价能力的。平台市场竞争的多样性，势必会偏离完全竞争均衡，不同类型的企业将重新获得议价能力，最终反映在企业的利润层面，因此，盈利能力是该背景下竞争优势的重要反映。盈利能力越高，说明企业经营方式越有效、资金或资本增值能力越强，企业间盈利能力的差距，可以反映其在竞争中的相对优劣地位。

排他的努力程度差异是指平台企业为了进行竞争而付出的成本，其中包含宣传、研发等各类人力、物力消耗。回顾竞争的经济学内涵，无论是新古典经济学对竞争的解释，还是哈耶克、熊比特等人对竞争的阐释，其都认为，竞争关系总是存在于同一市场或对同种资源的争取，这暗含着产品或服务的替代性是形成竞争的基础条件。而要产生这种替代性从而完全替代另一种产品则需要平台企业通过排他的竞争去完成，在此类竞争发生过程中平台企业所需要付出的成本称为排他的努力程度，本研究用百度指数差异来衡量。

锁定效应差异是平台企业竞争优势的主要来源，具有强大的锁定效应的平台企业，其规模回报便不会断增加。平台企业的竞争，由技术创新牵引的成本竞赛转向了追求用户规模的“流量”竞争。为达到触发正反馈效应的临界容量，平台会制定如何抢夺用户以增加用户规模的竞争策略。因此，锁定效应是该背景下平台企业竞争能力的一种体现。平台锁定效应越强，平台企业的竞争优势越大。

管制力度构成了平台企业竞争的主要外部环境，随着管制力度的增强，势必会减少企业间的不正当竞争行为。但由于一些平台企业在竞争过程中采取竞争措施欠缺，形成不正当竞争，影响经济平稳运行，这就需要政府这只“看得见的手”去调节经济，完善有关平台经济的法律法规。从时间上看，我国对平台经济的监管整体上由包容逐渐走向审慎。2018 年以来，我国将三家反垄断机构（商务部、国家发改委、原工商总局）合并同一，由国务院组建国家市场监督管理总局，并出台《电子商务法》，将互联网等新经济、新业态纳入了监管之中，可以认为，2018 年前后对平台经济的监管态度发生了转变。

综上所述，上述五个因素既与传统理论相接轨（如排他的努力程度差异、盈利能力差异），也兼顾平台经济特征（如规模差异、锁定效应差异），还考虑了外部环境（管制力度）在其中的作用。这五个因素的相互作用，构成了平台不正当竞争行为的前因。然而，因素之间的组合方式却如“黑箱”一般，使我们无法全面理解平台企业不正当竞争行为的真实来源。本部分关注的主要问题是“平台企业间不正当竞争的来源”，这一现象的产生是多个因素相互关联的结果，使用定性比较分析方法有助于我们揭示其中的复杂路径。鉴于此，后文将运用定性比较分析，探索上述因素如何共同作用，引致平台企业不正当竞争。

11.4　分析过程

11.4.1　案例选取

本章选取了 20 个典型案例。从时间上看，这些案例的发生时间正值中国平台经济蓬勃发展（2010 ~ 2021 年），各类案例的出现具有代表性。同时，为了使 QCA 方法更好地满足一致性和差异性，需要选择两方面的案例，因此，所有案例中，平台企业选择不正当竞争案例共 12 个，反面案例——企业之间没有产生不正当竞争，以合作方式相处的案例共 8 个，具体见表 11 - 1。

表 11－1　　　　　　　　　　　　　　案例表

案例类型	案例中的竞争双方
不正当竞争案例	腾讯和搜狗、奇虎 360 和腾讯、UC 视频和腾讯、京东和天天快递、虎牙和斗鱼、腾讯和世界星辉公司、苹果和 Spotify、华多科技和网易公司、橙心优选和多多买菜、OPPO 和西斯威尔、美团和饿了么、百度和搜狗
非不正当竞争案例	腾讯和京东、淘宝和苏宁、长安汽车和阿里巴巴、上汽集团和阿里巴巴、招商银行和陌陌、比亚迪和滴滴、中汽研和联通、奇瑞和百度

11.4.2　路径分析

（1）变量设计与赋值依据。

依据研究目的与重点，本研究选择清晰稳定性比较分析（crisp - set Qualitative Comparative Analysis，csQCA）作为分析手段。主要原因在于，我们希望得出不正当竞争产生受哪些因素影响，明确变量的“有无”比“程度”对于回答该问题更有帮助，盲目地对变量进行多值划分反倒容易增加主观性。本研究中，结果变量是“平台企业间发生不正当竞争”，如果该结果出现，赋值为 1，如果该结果不出现，则赋值为 0。条件变量包括前文提到的五个因素——业务差异、规模差异、盈利能力差异、创新能力差异以及管制力度。按照“二分归属”（binary membership）的原则对上述变量进行 0，1 赋值，企业相关的原始数据，如营业收入、研发投入等来自于该企业当年年报，具体赋值依据见表 11－2。

表 11－2　　　　　　　　　　　　　　赋值依据

变量	赋值	赋值依据	赋值方法
企业排他努力程度的差异	1	企业排他努力程度的差异较大	两企业排他努力程度的差异大于等于全部案例的平均值
	0	企业排他努力程度的差异较小	两企业排他努力程度的差异小于全部案例的平均值
企业规模差异	1	企业规模差异较大	企业营业收入之差大于等于全部案例的平均值
	0	企业规模差异较小	企业营业收入之差小于全部案例的平均值
企业盈利差异	1	企业盈利能力差异较大	企业利润率之差大于等于全部案例的平均值
	0	企业盈利能力差异较小	企业利润率之差小于全部案例的平均值

续表

<table>
<tr><th>变量</th><th>赋值</th><th>赋值依据</th><th>赋值方法</th></tr>
<tr><td rowspan="2">企业锁定效应差异</td><td>1</td><td>企业锁定效应差异较大</td><td>企业锁定效应之差大于等于全部案例的平均值</td></tr>
<tr><td>0</td><td>企业锁定效应差异较小</td><td>企业锁定效应之差小于全部案例的平均值</td></tr>
<tr><td>管制力度</td><td>1</td><td>管制力度较强</td><td>2018 年以前，平台经济相应的管制环境是较为宽松的，赋值为 0；2018 年以后，管制趋向严格，赋值为 1。</td></tr>
</table>

（2）构建真值表。

通过将原始数据进行整合构建真值表，形成组态，并使每个组态可以对应零个、一个或多个案例。本书使用 fsQCA3.0 软件实现这一步骤，见表 11－3。

表 11－3　　真值表

案例名称	规模差异	盈利差异	排他努力程度差异	锁定效应差异	管制力度	不正当竞争产生
腾讯和搜狗华多科技和网易	0	0	0	0	0	1
奇虎 360 和腾讯	0	1	1	1	0	1
UC 视频和腾讯	0	0	0	1	0	1
京东和天天快递	1	0	1	1	0	1
虎牙和斗鱼	0	0	0	0	0	1
腾讯和世界星辉公司	1	0	0	1	0	1
苹果和 Spotify	1	1	0	0	0	1
华多科技和网易	0	0	0	1	0	1
橙心优选和多多买菜	0	0	0	0	1	1
OPPO 和西斯威尔	0	0	0	1	1	1
美团和饿了么	1	0	0	0	1	1
百度和搜狗	0	1	1	0	1	1
腾讯和京东	0	1	1	0	0	0
淘宝（阿里）和苏宁	0	1	1	0	0	0
长安汽车和阿里巴巴	1	0	0	1	0	0
上汽集团和阿里巴巴	0	0	0	1	1	0
招商银行和陌陌	1	0	0	0	0	0

续表

案例名称	规模差异	盈利差异	排他努力程度差异	锁定效应差异	管制力度	不正当竞争产生
比亚迪和滴滴	0	0	0	0	1	0
中汽研和联通	1	0	0	1	1	0
奇瑞和百度	0	0	1	1	0	0

（3）单条件变量分析。

在分析各条件变量如何组合进而促使企业选择进行不正当竞争的结果前，本研究首先对单个条件变量是否可以构成结果变量的重要性进行检验，检验结果见表 11 -4。

表 11 -4　　　　单条件变量分析

条件变量	不正当竞争		非不正当竞争	
	一致性（Consistency）	覆盖度（Coverage）	一致性（Consistency）	覆盖度（Coverage）
规模差异	0. 333	0. 571	0. 375	0. 429
~规模差异	0. 667	0. 615	0. 625	0. 385
盈利差异	0. 250	0. 600	0. 250	0. 400
~盈利差异	0. 750	0. 600	0. 750	0. 400
排他努力程度差异	0. 167	0. 400	0. 375	0. 600
~排他努力程度差异	0. 833	0. 667	0. 625	0. 333
锁定效应差异	0. 417	0. 556	0. 500	0. 444
~锁定效应差异	0. 583	0. 636	0. 500	0. 364
管制环境	0. 333	0. 571	0. 375	0. 429
~管制环境	0. 667	0. 615	0. 625	0. 385

当一致性水平高于 0. 9 时，我们即可认为该条件变量是结果变量的必要条件。由表 5 -4 可知，单条件变量均未通过一致性大于 0. 9 的要求，说明单条件变量不能作为行业不正当竞争发生的前提条件，也从侧面说明本研究使用定性比较分析的必要性。

（4）布尔最小化。

在 QCA 分析中，中间解（Intermediate Solution）纳入了符合理论方向预期和经验证据的逻辑余项，通过布尔最小化运算得到的合理有据的中间解，可以得出在平台经济中促成不正当竞争的五条路径，见表 11 - 5。

表 11 - 5　　不正当竞争产生的条件组合

路径	条件组合	原始覆盖率 (raw coverage)	唯一覆盖 (unique coverage)	一致性
路径 1	~规模差异 * ~盈利差异 * ~排他努力程度差异 * ~管制环境	0.333	0.333	1.000
路径 2	盈利差异 * ~排他努力程度差异 * ~锁定效应差异 * ~管制环境	0.167	0.167	1.000
路径 3	规模差异 * ~盈利差异 * ~排他努力程度差异 * ~锁定效应差异 * 管制环境	0.083	0.083	1.000
路径 4	规模差异 * ~盈利差异 * 排他努力程度差异 * 锁定效应差异 * ~管制环境	0.083	0.083	1.000
路径 5	~规模差异 * 盈利差异 * 排他努力程度差异 * ~锁定效应差异 * 管制环境	0.083	0.083	1.000
总体一致性 (solution consistency)		0.750		
总体覆盖率 (solution coverage)		1.000		

注：表中 "~" 代表集合语言 "非"，"*" 代表 "和"。

由表 11 - 5 可知，总体一致性、总体覆盖率均满足分析要求。其中，原始覆盖率表示给定条件变量覆盖案例的比例，唯一覆盖率表示结果案例被条件组合唯一覆盖的比例。

11.5　结果解读

11.5.1　基本结论

前文中通过布尔最小化得出的四条原始路径可作如下解读：

路径 1 表明，在管制较为宽松的环境下，不正当竞争容易产生于规模、盈利能力、排他努力程度能力相近的企业。典型案例包括腾讯和搜狗等。

路径 2 表明，在管制较为宽松的环境下，不正当竞争容易产生于排他努力程度、锁定效应差异较小但是盈利差异较大的企业。典型案例包括苹果和 Spotify 等。

路径 3 表明，在管制较为严格的环境下，不正当竞争容易产生于盈利能力、排他努力程度能力、锁定效应差异较小但规模差异较大的企业。典型案例包括美团和饿了么等。

路径 4 表明，在管制较为宽松的环境下，不正当竞争更易发生于盈利能力相近，但规模、排他努力程度和锁定效应差异明显的企业之间。典型案例包括京东和天天快递等。

路径 5 表明，在管制较为严格的环境下，不正当竞争更易发生于规模和锁定效应相近，但盈利能力和排他努力程度差异明显的企业之间。典型案例包括百度和搜狗等。

以上五条路径说明，规模差异、盈利差异、排他努力程度差异、锁定效应差异、管制环境均对平台企业的不正当竞争形成具有重要作用，它们通过不同的组合方式，促成了平台企业间的不正当竞争。

11.5.2 进一步讨论

上述内容为平台经济中的不正当竞争产生给出了来源路径。可以认为，平台经济中的不正当竞争行为的产生是非常复杂的，不能用单一变量解释的。如，平台不正当竞争既可以发生在规模相近的两企业之间，也能发生在规模相差较大的两企业之间；又如，企业的各种竞争优势并非不正当竞争的必要条件。接下来，我们将从竞争优势与管制环境两个维度，对上述路径作进一步解读。

在竞争优势维度，某家企业显著的竞争优势，容易降低不正当竞争产生的可能性。观察本研究得出的前三条路径，企业之间的不正当竞争均发生于多个竞争优势相似的情况下，即平台企业在规模、盈利能力、排他的努力程度、锁定效应较为相似的情况下，越容易诱发不正当竞争。这类情境的理论依据是，市场上同类型企业的增加会增加竞争强度，因此，如果企业缺乏显著的竞争优势，企业之间的“趋同”会加剧竞争强度，并进一步引发不正当竞争。与之相对地，如果某家企业有着绝对的竞争优势，那么其他企业从“理性”的角度出发，反而会避其锋芒，避免直接竞争。该角度的路径分析说明，平台经济虽有其明显的自身特征，但仍不至于颠覆传统理论，传统逻辑对于不正当竞争的解释逻辑在平台企业仍然适用。

但是在本章得出的后两条路径中，可以看出在其他条件不同的情况下，不正当竞争容易发生于排他的努力程度差异较大的企业中，这说明平台企业之间的不正当竞争与企业的主观意愿有着很大的关系，这是由于部分平台企业受经济利益驱动，使用短期化的竞争行为驱逐中小企业，以至达到自身的垄断地位；甚至于这是由于部分平台企业存在不正确的竞争意识而导致的。这与传统理论中提到的不正当竞争产生背景相似。

在管制环境维度，路径 1、路径 2 和路径 4，是以宽松的管制环境为核心因素的路径。它们反映出，在管制环境较为宽松时，对平台企业的锁定效应要求并不高。但是在路径 3 和路径 5 中，当以严格的管制环境为核心因素时，平台企业的不正当竞争常发生于锁定效应相似的平台企业。这似乎与我们的经验直觉相悖，但当我们回顾平台经济管制实践时，同时结合路径 3 与路径 5 中对管制环境的特殊需求，就会发现该结论与现实发展具有一致性。我国平台经济领域的监管呈现出从宽松到严格的演变过程，在这一过程中，不正当竞争行为的主体由多样的平台企业到了锁定效应较强的平台企业。一个可能的原因是，在管制力度较弱时，平台企业通过挤压中小企业生存空间，以此获得垄断地位，但是随着管制力度的增大，平台企业借助垄断地位挤压中小企业生存空间的行为容易受到处罚，但是锁定效应较强的企业多为体量相近的企业，这些企业之间本就存在竞争关系，所以他们之间的不竞争关系不易被察觉，甚至可以躲避过处罚。并且平台经济快速发展，市场上的潜在用户逐渐减少，用户使用倾向基本稳定，平台企业想要获得用户扩大规模只能选择争夺另一部分市场，也就造成了锁定效应相似的平台企业之间的竞争。同时，在具体行为上，平台企业采用了更为新颖的方式，如“算法合谋”“自我优待”“聘购”等。

由此，我们可以注意到管制环境能够很大程度地减少平台企业的不正当竞争行为，较强的管制环境降低了不正当竞争行为的产生，但这不意味着要盲目加强管制，平台经济的发展更需要适度的管制，既要能够规范不正当竞争行为，也要为平台企业发展提供空间。

第 12 章 对策建议：平台经济中的“威慑式治理”方式

平台经济的发展需要相应的制度引导，但在治理方式选择上，也不能盲目地对垄断进行严格规制，要合理引导，促进平台经济健康规范发展，并尽可能地激发其在经济发展中的赋能作用。鉴于此，本部分设计一种新的治理方式，旨在以最小的干预，约束巨头企业的各类有损市场效率的行为。

12.1 平台治理中的主要困境

一方面，平台企业兼具“企业—市场”的双重角色，使治理目标边界不清。平台企业既是追求利润的营利性组织，也是为供求双方提供匹配服务的市场中介，并具有一定的资源管理能力（范黎波和林琪，2020）。随着平台企业参与者增加，平台企业与平台商家之间存在足够明晰的连带责任关系，那么平台企业自身便可以产生足够的动力进行自我治理，大型平台企业就具备了市场监管者职责（Montalban M.，V. Frigant and B. Jullien.，2019；王勇等，2020）。可以认为，大型平台企业既作为盈利机构参与市场运营与竞争，也扮演着市场“看门人”的角色。

另一方面，当前治理的惩戒措施并未形成有效的约束力。如果执法过程起不到约束作用，那么都可以视为是社会资源配置的低效率状态（王健和张靖，2016）。在 2020 年之前[①]，对于平台领域的“垄断问题”，几乎没有一家高科技企业被完整调查和处罚过，见表 12－1。可以看出，对于很

① 考虑到 2020 年我国转变了平台经济领域的监管态度，因此此处的案例均为 2020 年之前。

多案例，相应的处罚办法并不会对平台的竞争模式、盈利路径造成根本上的改变，导致很多案例最终以“不了了之”的方式结束。同时，涉及罚款的案例，罚金数额是否足够大到起惩罚、警示等作用值得商榷。对比而言，美国和欧盟在反垄断中设置的罚金额度明显高于上述案例。如根据美国“联邦判决指南”规定，罚金的基础数额以美国境内“受影响交易量”（the volume of affected commerce）的20%计算；而在欧盟“2006年罚款指南”中更是提出了核心卡特尔需支付“进入费”（Entry Fee）的规定，即只要企业参与了核心卡特尔行为，就要被按当年销售额的15%～25%的比例被处以罚金。事实上，在上述案件发生后，已进行的惩戒并未减少类似的案件产生，关于“大数据杀熟”“二选一”等案例仍屡禁不止。

表12－1　部分平台垄断型案件处理结果

时间	案件	类型	阶段
2014年	阿里巴巴收购恒生电子	经营者集中	启动调查
2015年	百事通与微软设立合营企业	经营者集中	分别处以20万元的罚款
2015年	携程合并艺龙	经营者集中	约谈、了解
2016年	滴滴收购优步中国	经营者集中	启动调查
2016年	支付宝收购 Ascend Nano 和 True Money	经营者集中	无条件批准
2016年	中国电子科技集团与微软公司新设立合营企业	经营者集中	无条件批准
2019年	腾讯音乐遭反垄断调查	垄断协议	启动调查

资料来源：作者整理。

12.2　平台经济产生的积极效果：规模经济和市场效率

平台市场中广泛存在的竞争因素和平台经济具有的自发机制迫使我们思考：对于类似“可竞争市场”的平台经济是否需要加强监管？回答这一问题的首要步骤，需要厘清这种市场结构是否具有规模经济，或对市场效率的具体影响程度。

平台治理中的市场结构问题，是随着平台经济走向成熟自然产生的——

大型企业的出现与市场结构相对集中，必然使对“马歇尔冲突”（Marshall’s Dilemma）的隐忧——如何克服规模经济与市场效率之间的矛盾，出现在平台经济领域中。不可否认，从反垄断规制的效率角度对平台市场进行监管非常有必要，但在治理的具体实践中，需要厘清平台市场中规模经济与市场效率的表现和特征。

首先，我们需要回答平台企业扩大规模的激励是否与传统产业一致。在传统产业中，企业扩大生产规模会降低产品的单位成本，形成规模经济，这成为了企业扩大规模的主要动机。这种激励在平台经济中有着不同的表现。仅从单一领域上看，作为轻资产运营的产业，平台企业扩大规模的主要动机并不完全在于摊薄固定成本，更重要的是在网络外部性的影响下，提升自身用户规模，最终实现“强者愈强”的马太效应。因此，平台经济中的规模效应往往体现为平台企业所拥有的大量用户数量，而非传统意义上的产量或销量。正是因为平台经济的规模效应主要表现在用户端，这使得平台经济中规模经济与市场效率之间的冲突变得十分模糊。一方面，平台市场中由于用户的需求多样化程度高，并未出现较高的市场壁垒，相反，市场中各类企业的进入非常活跃，如虽然阿里巴巴在网购市场占据了较大的市场份额，但该领域市场的壁垒并未高筑，一些经营差异化业务的中小型平台企业，如拼多多、小红书等新型电子商务企业不断地进入市场。行业中企业的不断进入与退出，实则加剧了垄断结构下的竞争因素，因此，很多研究认为平台企业的市场结构是垄断与竞争并存的（傅瑜等，2014；苏治等，2018）。另一方面，由于用户往往注册一个领域内的多家平台企业，即多属（multi - homing）而非单属（single - homing），这显著降低了平台企业单方面提价动机，因为这很可能导致短时间内用户的大量流失，一定程度上限制了大型平台企业对消费者剩余的攫取。考虑到平台跨界问题，同样，平台企业在多个领域经营，也比如面对着吸引用户实现正反馈效应的目的，需求方的规模经济使其在跨界过程中对短期收益的追求并不强烈。其次，大型平台企业的跨界也可以看作一种市场进入行为，多归属性使得平台跨界有加大用户重叠度、提高竞争激烈程度的作用。在竞争的约束下，大型平台企业在跨界目标领域的市场行为仍然相对谨慎，一些侵害消费者权益的行为并不多见。上述内容与使得平台经济市场特征非常符合鲍莫尔（W. J. Baumol）等提出的“可竞争性市场”（contestable market）理论所设定的情形，因此，平台经济中有可能只需要有少数几家企业便可以实现较高的市场效率。

如果进一步从福利效应与创新激励的静态、动态两个维度考察平台市场的效率水平，我们可以得到两个初步结论。从福利角度看，福利损失来源于垄断前后消费者剩余与企业利润之和的差异。传统产业中，消费者剩余的减少主要来自于垄断企业的提价行为。但在平台市场中，平台企业的定价机制产生了变化。一是企业同时面临着双边市场中的用户，不是针对单一消费者的定价，而是形成了针对两边用户不同价格的价格结构，这在某种程度上为平台企业增进消费者效用、提高消费者剩余提供了基础，在交叉网络外部性的影响下，用户数量对于平台企业至关重要，由此形成了平台企业“流量至上”的策略定位，进而在定价之时，为吸引到足够的用户，往往会对某一边的用户实行低价甚至补贴，由此提升了这部分用户的消费者剩余；二是大型平台企业因具有的众多用户，事实上扩大了平台两端的供需范围，提升了供需匹配效率。从上述角度看，传统分析思路中反映静态效率的福利变动，在平台市场可能并不会出现明显的福利损失。从创新角度看，传统行业中大型企业的出现势必会产生一定的创新惰性（于绯，2012），从而降低市场的动态效率。但在互联网时代，用户的各类需求被不断激发，长尾效应显著，不同规模的企业可以通过捕捉用户不同的需求与偏好进入市场，降低了行业市场壁垒，强化了市场竞争程度。由于平台市场中充斥着各类企业，创新是使企业可以脱颖而出的重要手段，加之创新成果在网络外部性下极易扩散，快速形成的替代效应会对市场中已占据垄断地位的大型平台企业造成威胁。在这样的市场背景下，大型平台企业为了防止自己的垄断地位和垄断利润被新进入企业抢占，会保持着较高的创新水平，创新惰性因为行业中竞争的活跃而被自然化解。如在2011年以前，移动即时通信市场几乎被三大运营商的短信业务及腾讯的移动QQ占据。但在2011年腾讯自我革命式地推出了微信服务，该服务主要针对智能终端，并能实现跨运营商、跨操作系统的即时通信及流媒体传输，很快占领了移动即时通信市场大量市场份额，并成功替代了中国移动飞信。平台市场中充斥着熊彼特式的“创造性破坏”（creative destruction），新的技术乃至商业模式会主动淘汰落后的技术或模式，由此形成了针对平台企业特有的创新激励（荆文君，2021）。

综上所述，虽然平台市场具有较高的市场集中度或近似垄断的市场结构，但仍然保持着一定的竞争活力，同时，跨界竞争又会进一步制衡大型平台企业侵害消费者权益的行为。从效率的角度看，传统市场垄断所产生的消极经济后果，在平台市场尚难有定论。因此，不能通过以效率为导向的结构性规制或针对垄断问题的结构性救济在平台市场治理中“一劳永逸”。

12.3 新的治理方向：以负外部性行为为切入点的治理逻辑

平台治理中的企业行为是微观层面的问题，许多影响效率的排他性行为出于企业或个人的逐利目的而产生，且仅需付出有限代价。由于其不以价格为市场传导机制，我们将其称为“非市场行为”。然而，由于这些行为的复杂多样，目前并没有形成统一的治理思路及标准化的治理手段，是当前监管中较少涉及的部分，也是目前平台治理中的缺失环节。

因此，平台监管的重点，应是规范平台参与者的行为。从行为动机的角度看，平台企业的排他性行为、不正当竞争等行为背后都有着明显的机会主义动机——由于信息不对称的普遍存在，人们存在从事损人不利己等不道德、不合法的动机。同时，由于监管层面存在着部分空白或惩戒规制不足，导致这类行为可能只需承担有限代价。鉴于此，我们可以将上述行为认为是有限代价的“败德行为”。从经济学的观点看，经济参与方有限代价的败德行为其实可以从负外部性的角度进行阐释，在《新帕尔格雷夫经济学大词典》中将外部经济（External Economies）定义为“是一个生产者的产出或投入对另一个生产者的不负代价的作用”。由该定义可以得出外部性的两个基本特征：一是“决策的非参与性”，二是“缺乏有效的反馈机制”，即在特定的经济活动中，未参与决策的一方受到了经济活动的影响，并且缺乏有效的反馈机制进行补偿，外部性以这样的方式产生与存在（胡石清和乌家培，2011）。进一步，平台市场中的负外部性除了产生常见的经济社会问题外，平台市场的重要特征——网络外部性，会放大负外部性的效果。一方面，如果负外部性行为出现在平台企业自身，如竞价排名、强迫商家“二选一”等行为，会直接降低匹配效率，在网络外部性的作用下，负面效应会随着网络结构扩散，加速平台两边用户流失，从而直接降低平台企业收益；另一方面，诸多学者认为平台企业具有经济个体与市场环境两种角色，因此其对两边用户也具有监督作用，如果平台企业出现监督不力的情况，一边用户出现低质量的产品或服务，势必影响另一边用户的体验，加之交叉网络外部性，会造成两边用户的相继流失，亦会降低平台企业收益。同时，作为平台企业的用户，其负外部性行为也对处于双边市场同侧或异侧的用户形成负面影响，如 Myspace 曾是世界上最大的社交网络，其走向衰落的主要原因是其部分用户刻意地向其他用户发送垃圾邮件，在网络外部性的作用下，引发了用户快速且大量的流失。网络外部性或交叉网络外部性在两类不良行为中具有重要作用，使得负外部性行为不仅直接影响行为实施方的对象，也间接影响到行为实施方。

鉴于负外部性行为在平台市场中的重要影响，可以将平台治理的思路划定为减少参与者的负外部性行为，但当前尚难找到非常契合该思路的治理方式，需要相应的治理创新。

12.4 “外松内严”的治理模式和威慑思想的引入

前文从市场结构与企业行为两个维度对平台经济中监管的必要性和着力点进行了分析。其中，市场结构是平台经济运行的外部环境，从前序分析可知，尽管平台市场的部分领域已经出现了一些寡头企业，但在平台经济自身特征的影响下，这些企业的出现并未引发显著的效率损失，高度集中的市场结构甚至有助于提高社会福利与激发创新。然而，随着各类参与者负外部性行为的产生，这种从行为上带来的负面影响却有着更强的扩散能力。鉴于市场结构和企业行为之间影响的差异，在相应的治理环节也应有所区别。当前国家对平台经济的发展也有两方面要求，在 2020 年 12 月召开的中央经济工作会议上，提出了“强化反垄断和防止资本无序扩展”的重点任务，明确提出，一方面“要支持平台企业创新发展、增强国际竞争力”，另一方面“要依法规范发展，健全数字规则”。因此，对于平台经济的治理，在治理思路上应持“扬长避短”的基本思想——既要充分发挥平台经济的积极作用，又要降低其特有的负面影响。

本部分对平台治理范围的划分——市场结构与企业行为，为实现这一要求提供了实践路径。对于平台经济的整体市场运行而言，出于提升国际竞争力、培育创新等目的，应采取较为包容的监管态度，尽量减少对平台经济运行过程中的干预；对于市场中的微观主体，应在相对宽松的发展环境中，对其可能产生的负外部性行为进行约严格约束，形成一种“外松内严”式的治理模式。

如何在减少对市场干预的基础上，高效地约束企业行为，“威慑”概念为达到上述效果提供了可行方法。“威慑”是犯罪经济学（Criminal Economics）中的重要概念，早期的贝卡利亚、边沁指出，可以通过刑罚增加犯罪成本进而减少犯罪，即以威慑的思路约束个体行为。在此基础上，贝克尔提出“最适威慑”（Optimal Deterrence）的概念——最优化的威慑效应并不是铲除所有犯罪，而是通过合理的制度安排，以最小的成本实现威慑目标，约束个体行为。之后的以波斯纳为代表的法经济学家才将其引入与经济领域相关的反托拉斯法中，波斯纳指出：“反托拉斯救济系统的主要目的在于威慑违法。”由此我们可以认为，“威慑式治理”是一种基于事前治理的执法方式，通过制度安排，形成规范且严厉的惩戒办法，在惩罚违法主体的同时，威慑其他潜在违法主体，避免相同或相似的负外部性行为多次发生。然而，上述“威慑”思路不能直接用于平台企业行为的治理。首先，早期的威慑治理针对的是犯罪行为，依据的是一种“杀一儆百”式的作用机制，这种思路在平台市场日益复杂的经济行为中，是难以找到可以一以贯之的惩罚目标和约束边界的，积年累月的诉讼虽有一定的威慑作用，但也造成了对公共资源的极大浪费；其次，近期的威慑思想与早期一致，在使用方法上偏重罚金数额的设定，如程龙（2021）等针对企业的合谋行为，提出罚款可以降低合谋的稳定性，形成合谋威慑，但也可能诱发内生合谋程度加剧；最后，罚金处罚的监管模式在互联网平台市场的适用性值得商榷，主要原因在于，若使罚金达到威慑效果，必须高于违法者的预期所得或预期净收益，但显著的技术进步使得互联网平台与管制机构存在更为明显的信息不对称，出于信息劣势的管制机构难以确定具有威慑效力的罚金，如谷歌曾两年内被欧盟开出共计82亿欧元的罚单，但并未对其行为起到明显的约束。我们希望的威慑效果，是通过某些治理措施或行政手段，将“达摩克利斯之剑”悬于平台企业之上，对平台企业未发生的负外部性行为起到约束作用。在西方国家，一种类似的场景是大股东的退出威慑可以约束经理人的机会主义行为。参照该思路，我们需要找到一种具有良好属性的威慑因素，即探索如何使平台企业“忌惮”威慑，使威慑可信。

12.5　“威慑式治理”的实现机理：模型构建与求解

威慑式治理实现的关键在于保证威慑的可信。一方面，需要找到“威慑”的工具，前文已经提出，罚金对违规、违法的平台企业并不具备较高的威慑效力；另一方面，需要明确新的威慑工具如何作用于平台市场，及起到威慑作用的机制机理。

在威慑工具的选择上，需要明确在平台企业行使负外部性行为后，何种惩罚是其最为忌惮的。反观平台市场的特征，显著的网络外部性决定了企业在市场中面临的生存环境——强者愈强，弱者愈弱（Economides N.，1996），即企业若无法吸引足够的用户加入自身平台，将很难在市场中生存，相反，如果用户规模足够促发市场正反馈效应，那么企业将拥有“大而不倒”的市场地位。可以看出，用户规模对平台企业具有重要作用，用户规模的变动将深刻影响平台企业的决策行为。一种可能的情况是，参与方的负外部性行为会使用户离开平台，在网络外部性的影响下，强烈的溢出效应会使损失快速扩散，对更多的平台参与者造成负面影响，进一步导致用户大规模快速流失，也使平台企业自身难以在市场中生存。实践中已有从用户角度进行威慑执法的思想，如国家工商总局2018年发布的《网络交易违法失信惩戒暂行办法》指出可以创新性地运用在线实时触发提醒等方式，最大范围地向网络潜在消费者发布网络消费安全提示，从而制约违法失信主体。然而，由于缺乏对用户流失如何制约企业行为机理的探索，在该办法颁布实施后，平台市场仍有诸多侵犯消费者权益的案例，该办法的威慑效力还有待检验。

在威慑工具——用户规模如何发挥威慑作用的机理探索上，本部分利用“边缘政策”（Brinkmanship）的思路建立博弈模型。“边缘政策”是威慑理论在国际安全领域的应用，是指在冷战时期用于形容战争将要发动的情况，即通过威慑发动战争，说服对方屈服的战略术语。在这个过程中，战争可能带来的严重后果，将使威慑双方达成妥协。鉴于边缘政策的产生背景，越来越多的研究都将这一思想运用于政策制定（Edmans A.，Fang V.，& E. Zur，2013）。此外，由于威慑是主体间的互动性策略，且涉及的利益重大等原因，学界将博弈论作为分析威慑问题的基本方法之一（Andrew K.，2004）。以博弈论分析威慑式治理在平台市场中的有效性有方法论上的自洽性与情境上的契合性。一方面，博弈论与威慑理论均有“行为者是理性”的基本假设，由此滋生的机会主义动机，是引发平台参与者负外部性行为的重要来源；另一方面，威慑的可信性与子博弈精炼纳什均衡有着相同的含义（Zagare F. & M. Kilgou，1993），意味着通过模型化的博弈过程可以反映平台市场参与者的序贯互动行为，且“精炼纳什均衡”的概念是一种剔除了不可置信威胁的决策，由此在确保了参与人每次决策都是最优的基础上，能让我们更好地了解威慑的效果。我们将用户与平台企业设置成博弈的参与双方，由于威慑是事前发生的，有一定预期的含义，在策略选择时，本研究加入了混合策略的思路，以一定的概率表示预期上的威慑。已有研究表明，对于企业而言，用户使用具有一定概率的威慑（probabilistic threats）比纯概率威慑（pure threat）效果更好（Jahan H.，M. Hassan，& K. Das，2010），这也符合边缘策略的基本思想。

12.5.1　基本场景设计

市场中有两类参与人：平台企业及其用户（为了避免增加分析的复杂

程度，我们对平台两侧用户不加区分，均以“用户”代表）。其中，用户的目标是得到更好的服务，实现自身效用最大化，企业则会出于节约成本、追逐利益、占领市场份额等目的降低服务质量，如强迫商家“二选一”。用户与平台企业目标的冲突，使得两者在平台市场中呈现出一种博弈状态。为了考察用户数量变动作为威慑的可信程度，在这类博弈中，我们假设用户以“离开平台企业”作为威慑，以此建立起用户数量与用户行为的关系。用户效用与平台企业收益假设如下：

（1）用户的效用有三种类型。用户可选策略包括实施威慑和不实施威慑。当用户对平台企业实施威慑时，如果企业“接受”威慑，保持高质量服务，不产生任何负外部性行为，则用户所获得的效用为：$u_0+\beta n+\Delta u$。该收益有三部分构成：第一部分固定效用：u_0；第二部分网络外部性效用：βn，这部分收益与使用平台企业的用户人数 n 与网络外部性强度 β 正相关；第三部分，因平台企业不产生任何负外部性，因此会因提升用户使用安全感、持续的满足感等而产生额外效用 Δu。若平台不“接受”用户的威慑，此时用户的“威慑”成真，其将离开平台，因此在该平台获得的效用为 0，当用户不发出威慑，此时用户获得的效用仅包括固定效用和网络外部性效用，可以表示为：$u_0+\beta n$。

（2）平台企业的收益也有三种类型。首先，平台企业如果接受用户威慑，改进服务质量、减少自身负外部性行为，那么其收益为 $\alpha n-cn$，其中，αn 为平台企业的网络外部性收益，显然，这部分收益与平台企业的用户人数 n 正相关，为便于分析，并更准确地提炼出用户数量对威慑有效性的作用，我们将网络外部性强度、价格等因素均以 α 替代，即设 α 为企业用户人数与平台收益的转化系数。c 表示因持续提供高质量服务所需要的额外边际成本，其与用户人数 n 的乘积 cn 表示了企业提供高质量服务的额外总成本。其次，平台企业如果忽视用户威慑，其会由于用户流失而损失部分收益，最终收益为：$\alpha(n-\Delta n)$，Δn 表示流失的用户数。最后，如果用户不实施威慑而最终选择继续使用平台，此时平台收益为网络外部性收益：αn。

上述过程可以通过图 12－1 的博弈树表示。

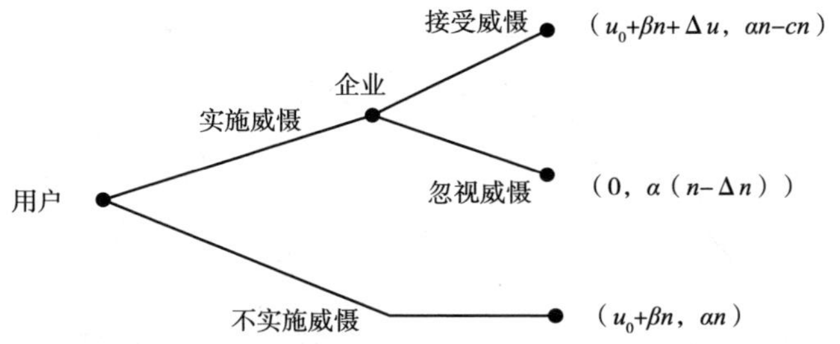

图 12-1　用户与平台企业的博弈树示意图

可以看出，企业选择接受或忽视威慑与其收益有关，而收益又与企业的用户规模 n 有关。因此，我们此处引入这样一种机制区分不同规模的企业——对比两种情况下的收益。可以认为，大型平台企业与小型平台企业的主要区别是以是否达到网络效应的临界容量为标准，对于大型平台企业而言，其用户基数较多，在网络外部性的作用下，已经形成了一定的锁定效应——预期流失的用户数 Δn 很小，所以忽视威慑往往是大型平台企业的占优策略；对于小型平台企业，由于其刚进入市场，用户数量有限，未达到形成用户规模正反馈的临界容量，如果在进入市场初期不能持续地满足用户偏好，用户会很快流失，即 Δn 相对较大，所以接受威慑是小型平台企业的占优策略。因此，用户是否实施威慑就与企业类型密切相关。我们在模型中区分企业的用户规模，并认为大型平台企业的用户规模为 n_1，小型平台企业的用户规模为 n_2，显然，$n_1 > n_2$，同时假设用户有概率 p 遇到大型平台企业，概率（$1-p$）遇到小型平台企业。将上述博弈树进行改写，如图 12-2 所示。

12.5.2　威慑可行域确定

我们得到了用户在实施威慑时的平台市场中各参与方的收益表达式。但事实上，此时只是假设用户有一定的概率实施威慑，该“威慑”其实是外生的，而我们的目的是探索威慑可信的机理。鉴于此，将上述博弈模型进一步改进，引入“边缘政策”的思路将威慑内生化，由此明确威慑如何在治理中起到事前防控的作用，以及用户数量如何影响威慑的可信性。

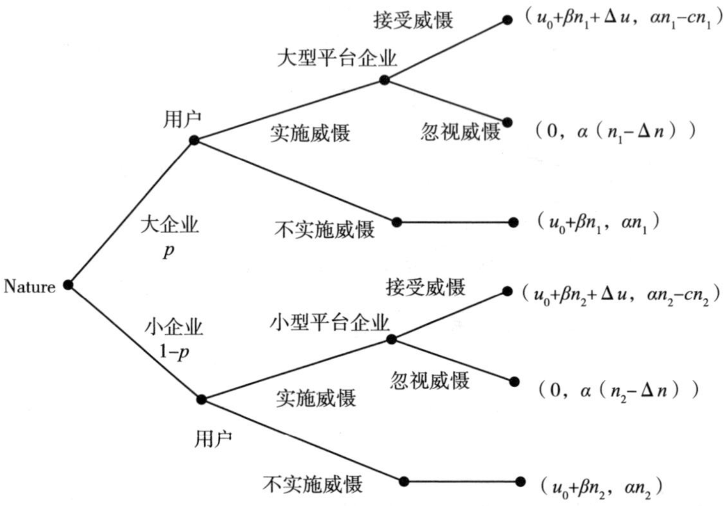

图 12－2　不同规模企业的博弈树示意图

在此处的场景设计中，用户以这样的形式向企业提出威慑："如果你的行为产生负外部性，我将有概率为 q 的可能选择其他的平台企业。"这里的关键在于，一是用户仅有一定概率（q），在平台企业产生负外部性行为时，选择离开平台企业；二是此处的用户是一个群体的概念，可以理解为是平台用户群体行动的概念。为更贴近现实，依旧假设平台企业也有不同的类型——大型平台企业和小型平台企业。两类企业都可选择接受或忽视威慑，即是否根据用户要求改进服务，减少市场中的负外部行为。对于用户来说，遇到忽视威慑的大型平台企业，其有 q 的概率离开平台，$(1-q)$ 的概率"忍气吞声"，继续留在平台，此时，用户的期望收益为：$0\times q+(1-q)\times(u_0+\beta n_1)=(1-q)\times(u_0+\beta n_1)$；同理，用户遇到忽视威慑的小型平台企业，其继续留在平台的期望收益为：$0\times q+(1-q)\times(u_0+\beta n_2)=(1-q)\times(u_0+\beta n_2)$。

对于企业来说，收益与企业类型有关。大型平台企业忽视威慑可以得到的期望收益为：$q\times\alpha(n_1-\Delta n)+(1-q)\times\alpha n_1=\alpha n_1-\alpha\Delta nq$；大型平台企业接受威慑可获得期望收益：$\alpha n_1-cn_1$，根据前文分析易得：$\alpha n_1-cn_1<\alpha(n_1-\Delta n)<\alpha n_1-\alpha\Delta nq$，$q\in(0,1)$，所以，大型平台企业一般会选择忽视威慑。同理，小型平台企业忽视威慑的期望收益为 $\alpha n_2-\alpha\Delta nq$，小型平台企业接受威慑的期望收益为：$\alpha n_2-cn_2$。我们以图 12－3 反映上述内容。

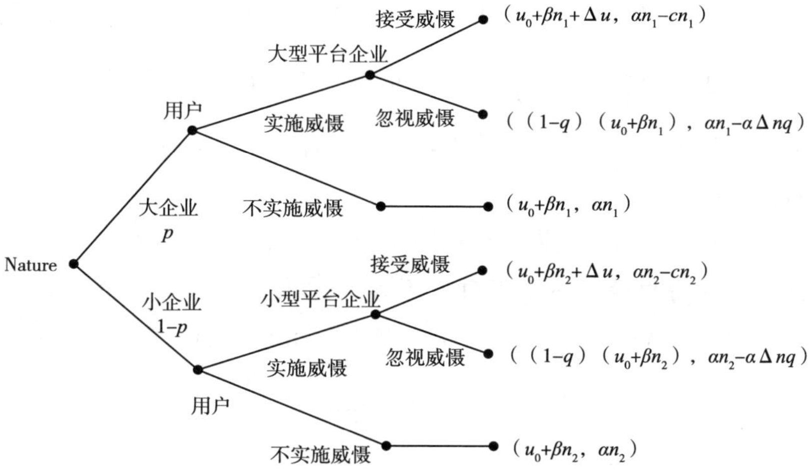

图 12－3　用户对平台企业的“边缘政策”博弈示意图

由图 12－3 可知，若威慑被接受，须有：$\alpha n_2-\alpha\Delta nq<\alpha n_2-cn_2$，即：

$$q^*>cn_2/\alpha\Delta n \qquad (12-1)$$

该条件表明，如果用户遇到小型平台企业，如果要求他们持续提供高质量服务、不产生负外部性，须使得其提供高质量服务的收益大于其他情况下的收益。同时，式（12－1）给出了威慑可信度的下限：$cn_2/\alpha\Delta n$，即如果离开平台概率 q 小于该表达式，则威慑是不起作用的。该下限被称作威慑的“有效性条件”（effectiveness condition，Jahan H.，M. Hassan，and K. Das，2010）。

进一步，我们可以通过图 12－2 求出 q 的上限。用户发出威慑，其有 p 的概率遇到大型平台企业并忽略这种威慑，有（$1-p$）的概率遇到小型平台企业并满足其要求。因此，用户通过边缘政策提出威慑的期望收益为：$p[q\times0+(1-q)(u_0+\beta n_1)]+(1-p)[u_0+\beta n_2+\Delta u]$。另外，用户如果不进行边缘政策式的威慑，其收益为：$p(u_0+\beta n_1)+(1-p)(u_0+\beta n_2)$。如果用户有使用威慑的动机，则须满足：

$$p[q\times0+(1-q)(u_0+\beta n_1)]+(1-p)[u_0+\beta n_2+\Delta u]>p(u_0+\beta n_1)+(1-p)(u_0+\beta n_2) \qquad (12-2)$$

由式（12－2）可得：

$$q^*<\frac{\Delta u}{u_0+\beta n_1}\times\frac{1-p}{p} \qquad (12-3)$$

式（12－3）给出了威慑可信度的上限，即对于用户来说，如果离开平台的概率 q 不小于 $\frac{\Delta u}{u_0 + \beta n_1} \times \frac{1-p}{p}$，那么用户没有实施威慑策略的内在动机。该上限被称为“可接受条件”（acceptability condition，Jahan H.，M. Hassan，and K. Das，2010）。

至此，我们得出了威慑可行需满足的两个条件——有效性条件和可接受条件。下面将反映这两个条件的不等式［式（12－2）、式（12－3）］放在一起讨论（见图 12－4），分析影响威慑有效性的因素。

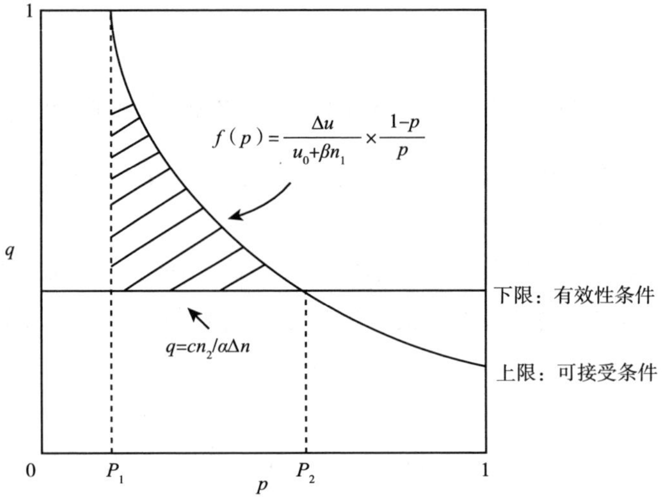

图 12－4 威慑可行区域的条件示意图

图 12－4 中的阴影部分即为威慑的可行区域。可以看到，除了可接受条件和有效性条件的上下限约束外，用户遇到不同企业的概率 p 同样存在一定限制。当 $p = P_1$ 时，用户离开平台企业的概率为最大值 1，说明当 $p < P_1$ 时，纯策略的威慑即可起到作用；同理，当 $p > P_2$ 时，并没有威慑的可行域。而我们的目标，是要求威慑以一定的概率存在，使其起到边缘政策的事前震慑效果，因此，若使概率威慑可行，p 需要满足：$P_1 < p < P_2$。

易知：$\frac{\Delta u}{u_0 + \beta n_1} \times \frac{1-p_1}{p_1} = 1$，$\frac{\Delta u}{u_0 + \beta n_1} \times \frac{1-p_2}{p_2} = \frac{cn_2}{\alpha \Delta n}$，由此可得：

$$p_1 = \frac{\Delta u}{u_0 + \beta n_1 + \Delta u} \tag{12-4}$$

$$p_2 = \frac{\alpha \Delta n \Delta u}{cn_2(u_0 + \beta n_1) + \alpha \Delta n \Delta u} \tag{12-5}$$

通过式（12－1）、式（12－3）、式（12－4）、式（12－5），可以通过积分求图 12－4 中阴影部分的面积，以确定用户人数影响威慑可信性的具体方法。令威慑可行区域面积为 y，则可得：

$$\begin{aligned} y &= \int_{p_2}^{p_1}\left(\frac{\Delta u}{u_0 + \beta n_1} \times \frac{1-p}{p} - \frac{cn_2}{\alpha \Delta n}\right)dp \\ &= \frac{\Delta u}{u_0 + \beta n_1} \times \ln \frac{\alpha \Delta n(u_0 + \beta n_1 + \Delta u)}{cn_2(u_0 + \beta n_1) + \alpha \Delta n \Delta u} - \frac{\Delta u(\alpha \Delta n - cn_2)}{\alpha \Delta n(u_0 + \beta n_1 + \Delta u)} \end{aligned} \tag{12-6}$$

12.5.3　算例仿真与基本结论

对式（12－6）中的参数进行分析，即可得到用户数量对威慑可信性的影响。下文从影响威慑可信的主要因素——用户流失数量（Δn）和用户规模（n_1，n_2）分别进行分析。

1. 用户流失数量（Δn）。

表 12－3 为本部分各参数的数值设定，该设定在简化计算的出发点的基础上，还符合以下标准：①根据中国互联网数据平台（www.cnidp.cn）、StatCounter GlobalStats 监测网站的数据，在搜索引擎、网络购物、浏览器等典型领域，覆盖用户数排名前三的企业为排名四名以后企业的 5～10 倍（见表 12－2），此处我们设定大型平台企业用户数为小型平台企业用户数的 5 倍；②平台企业提供服务的边际成本极低，$c < \alpha$，β；③大型平台企业选择忽视威慑的收益大于接受威慑，小型平台企业反之；④流失用户数 $\Delta n < \mathrm{Max}(n_1, n_2)$。数值模拟结果如图 12－5 所示。

表 12－2　典型领域用户规模对比

领域	覆盖用户数（比例）		比值
搜索引擎	前三名	153070.0 万人	4.89
	后序企业	31290.4 万人	
网络购物	前三名	88210.0 万人	10.82
	后序企业	8154.6 万人	

续表

领域	覆盖用户数（比例）		比值
浏览器	前三名	83.28%	4.98
	后序企业	16.72%	
网上社交	前三名	89.51%	8.53
	后序企业	10.49%	

注：表 12-2 中，搜索引擎、网络购物领域数据来源于中国互联网数据平台，浏览器、网上社交领域数据来源于 StatCounter GlobalStats 监测网站。两类数据来源的统计方式不同，前者以覆盖人数为指标，后者以市场份额为指标。

表 12-3　　算例参数设定

参数	u_0	Δu	n_1	n_2	α	β	c
数值	5	2	10	2	1	1	0.2

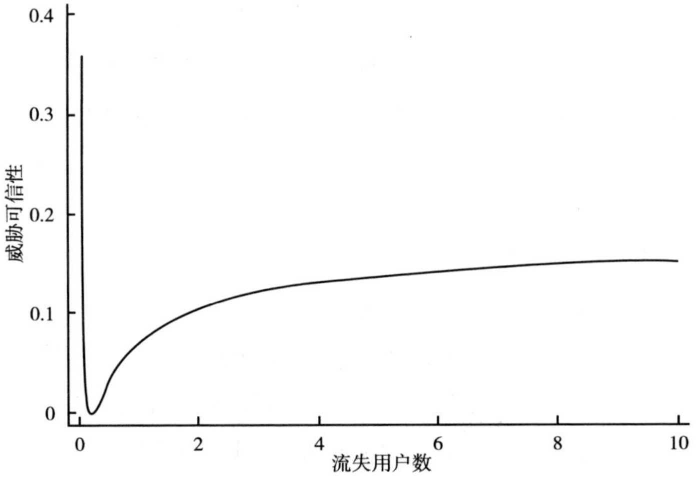

图 12-5　流失用户数与威慑可信性的算例模拟结果

从图 12-5 我们可以得出结论 12-1。

结论 12-1：随着用户流失数的增加，威慑的可信性在经历短暂下降后将持续上升。

对于这种先下降再上升的趋势，一种可能的解释是：对于具有较大用户规模的平台企业而言，其已经在网络外部性的作用下具有了“马太效应”，用户对其服务或产品已经形成了一定的路径依赖，所以其在仅有少量用户出现不满情绪、发出威慑时，往往显得有恃无恐。但随着流失用户数量的增加，低于“马太效应”的触发条件，用户由于自身的网络价值无法被满足而大量流失，大幅降低平台企业的市场份额，甚至促使其退出市场，在该情况下，威慑的可信性是逐渐增加的。

2. 用户规模（n_1，n_2）。

在本部分的算例模拟中，基本参数设定与前文相同。在此基础上，进行以下设置：①将用户流失量 Δn 设定为 1，结合表 12－3 设计（$n_1=10$，$n_2=2$），该数值相当于初始设定中的小型平台企业用户规模的二分之一，大型平台企业用户规模的十分之一。根据表 12－2 数据，在平台经济的典型领域中，如视排名前三以后的企业为中小型企业，则这部分典型企业用户规模的半数将近领域内领头企业的 5%～10%，这一数据基本上也是行业中巨头企业的年新增用户数目比例。从实践中看，这一比例是比较高的，这样的设定，目的是避免该参数设置过小无法触发威慑式治理的可行性，进而无法讨论用户规模对威慑式治理的影响；②通过设置不同用户数量比例反映企业规模差异对威慑可信的影响——将小型平台企业规模设定为 2 的基础上，将大、小两类平台企业用户规模比设置为 1∶1，2∶1，5∶1，10∶1，20∶1，50∶1。结果如图 12－6 所示，其中，横轴中的“用户规模”代表两类企业中规模较小企业的用户规模。

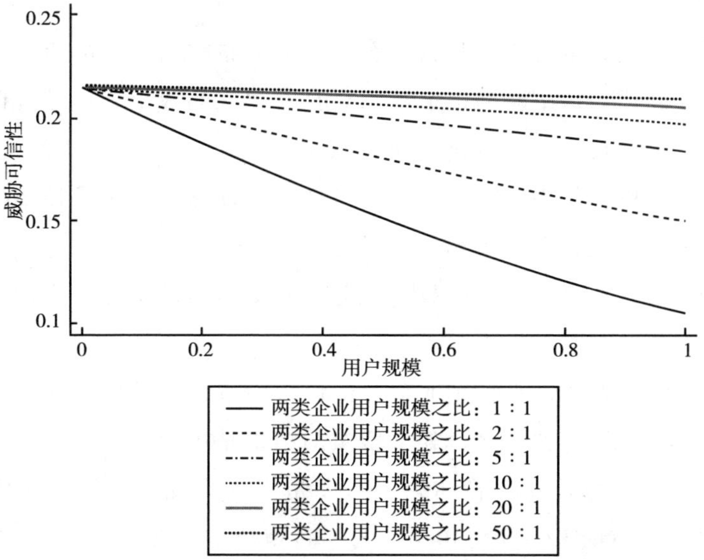

图 12－6　用户规模与威慑可信性的算例模拟结果

从图 12 - 6 可以得出两点结论。

结论 12 - 2：威慑的可信性会随着平台企业用户规模的增加而降低。

结论 12 - 3：平台市场中企业的用户规模差异越大，用户规模对威慑可信性的影响越小。

结论 12 - 2 在直觉上是易于理解的，即拥有较大用户规模的企业，会在网络外部性及交叉网络外部性条件下对用户产生锁定效应，降低用户离开威慑的可信程度。

结论 12 - 3 说明，当平台市场中两类企业用户规模差距非常大时，威慑的可信性随用户规模增加而下降的趋势逐渐减缓。用户规模的差异事实上反映了市场集中度或垄断程度——用户规模差异越大，垄断程度越高。该结论的现实意义在于，平台市场中的垄断程度越高，威慑的可信性将始终保持在一个较为固定的高水平。该结论的得出，可以说明对于大型平台企业而言，用户数量的增多对于威慑可信的边际贡献是极低的，即在垄断的市场结构中，威慑的可信性不会随着用户的增加出现大幅降低，反倒会维持在一个相对较高的水平。一种解释是威慑是通过预期的形式作用于企业行为的，因此，与完全竞争市场相比，垄断市场中的大型平台企业更在乎用户数量的积累，畏惧用户的流失，从而使威慑保持在一个较高的可信水平。

同时，该结论也说明，相较于企业规模分布较为平均的市场，威慑式治理对于垄断或近似垄断的市场结构会具有更好的效果。再结合前文对平台市场效率的分析——平台市场可能会兼具规模经济与市场效率，因此，威慑式治理可以在集中度较高的平台市场中发挥作用，在维持市场结构和市场效率的基础上，约束市场参与者的负外部性行为。

综合来看，在平台市场中具有优势的威慑式治理是可以实现的，但实现起来存在一定困难。

结论 12 - 1 表明，平台企业负外部性行为造成的预期用户流失数是实现有效治理的关键。换言之，如果威慑的结果是用户大规模流失，那么该威慑是可信的。另外，尽管结论 12 - 2 指出用户规模的增加会降低威慑的可信性，但结论 12 - 3 也指出，若平台市场中企业用户规模差距较大，反而会弱化用户规模增加对威慑可信性的负面影响。上述内容都为威慑式治理的可行性提供了理论基础。然而，结论12－2表明，威慑的可信性会随着用户数量的增加而降低。从威慑可信度的上限来看，用户是否发出威慑取决于其在平台企业获得的初始效用（$u_0+\beta n_i$，$i=1$，2）。在网络外部性强烈的平台市场中，用户获得的效用会随着平台已经积累的用户数量增加，大型平台企业往往积累了极大的用户基数，保证了用户获得较高的初始效用，用户在此背景下提出威慑的可能性不高，即“可接受条件”难以实现。同时，互联网平台市场中用户易于集中于大型平台企业，这些用户满足于网络外部性带来的效用而很少弃用该平台企业的服务，进而使得预期用户流失的数量（Δn）不足，加之大型平台企业的占优策略为“忽略威慑”，由此导致“有效性条件”难以形成。

因此，需要结合平台市场特征，采取相应的保障措施，实现威慑式治理，完善平台治理体系。

12.6 威慑式治理的实现保障与分层治理体系构想

前文结论为政府监管部门如何引导用户流动提供了理论基础。结论12－1指出，用户的流失可以对企业产生威慑的效果，结论12－2、结论12－3指出企业规模、市场结构对威慑可信的影响。上述分析说明，威慑式治理的实现，可以通过调整平台用户流动实现。但在现实中，平台用户个体总是出于信息劣势等原因，流动的方向是不确定的，也使得威慑式治理无法完全依靠用户的自发行为实现，因此，需要政府介入来保障这种治理方式实现。在“威慑式治理”的情境下，政府监管部门包括两方面工作：一是减轻用户流动的市场障碍，保证威慑的有效；二是适度控制平台企业的规模差距，适当引导用户流向，提高威慑式治理的效果。以上内容又包括三个具体问题：首先，用户是否可以实现自由流动？其次，用户流动到何种程度才能使威慑有效？最后，如何引导用户流动？这三个问题构成了威慑式治理实现的基础、路径与措施。

12.6.1 基础：用户的多归属性

减轻用户流动的市场障碍，目的是使预期上的用户流失可信，以此降低大型平台企业的“有恃无恐”，进而提升服务质量，减少负外部性行为。平台市场中用户的多归属性为实现这一效果提供了基础。

用户多归属性是指在平台市场中，用户可以以极低的转换成本（Switching Cost）使用多个平台提供的类似的产品或服务，如对于线上购物这类服务，用户既可以使用淘宝网，也可以使用京东，在切换平台时几乎不需要付出额外成本。用户可以根据自己的偏好同时使用多个平台企业提供的服务，降低了单一平台服务的稀缺性——若某平台出现问题，其可以无成本地使用其他相似的平台。这种机制在保证了用户效用基本不变的基础上，又对平台企业行为起到了约束作用。多归属性可以给平台企业带来用户流失的直接损失或由网络外部性产生的反馈式的间接损失。更重要的是，在威慑式治理中，多归属性将提高用户流动的可能性以及顺畅程度是平台市场中的共同知识（Common Knowledge），从侧面制约着平台企业的行为，提升“用户流失”威慑的可信程度。

12.6.2 路径：激发“反向马太效应”

尽管用户流失可以成为威慑的来源，但是，个别用户离开平台事实上并不对平台的核心网络价值产生影响（Liebowitz S. J. and S. E. Margolis, 1995），也不足以由此约束平台企业行为。这恰恰是现实中极易发生的情况——在平台企业未提供符合用户预期的服务或做出有损用户利益的行为时，用户因为网络外部性、使用惯性等原因，会继续使用该平台，用户的“忍气吞声”是促成大型平台企业“有恃无恐”的原因之一。

产生该现象的主要原因在于大型平台企业较高的网络价值已经产生了用户黏性。从理论上看，网络价值的产生可以归因于网络外部性产生的需求方规模经济，但是，企业用户数量须达到产生正反馈的临界值或临界容量时，网络外部性才能产生“强者愈强”的马太效应（Economids N.，

1996)。借助这一思想，可以认为，与用户的增加类似，用户的减少也存在触发反向网络效应的临界值——当用户数量缩小到一定程度时，由于网络价值的无法实现，用户规模会快速缩小，即“弱者愈弱”的反向马太效应。进一步，从威慑可信的角度来看，如果用户持续流失，那么对企业威慑的可信程度将是逐渐增加的（见结论 12 - 1）。由此可见，用户的持续、快速流失可能产生的“反向马太效应”将以威慑的形式，打破大型平台企业的“有恃无恐”，促使其提供高质量的服务，减少市场中负外部性的产生。

12.6.3　措施：信息公示的平行治理

不可否认，用户的流动，很大程度上仍是用户选择是否离开平台的自发行为。因此，以用户规模为关键的威慑式治理，既要保证可流动用户的规模足以激发反向马太效应，又要兼顾平台市场份额的合理，监管面临着如何提供用户流动的激励，并适当引导用户流向的问题。

用户是否离开平台的盲目性，主要来源于平台市场的信息不对称，而用户个体总处于信息劣势。因此，可以通过信息公开来强化“反向马太效应”实现的可能性，即对于平台企业及以平台企业为中心的双边市场进行监督，并对企业自身与参与方的各类不良行为进行公示。该工作可作为已有治理体系的补充内容，与当前行政式的治理平行共存。一方面，对已发生企业负外部性行为由行政部门实行应有的问责与惩罚，如警告、罚款、停业整顿等，随着近年来相关法律法规的完善，该层面的治理效率已得到了很大提升；另一方面，建立平台市场相应的公示措施——使市场中所有用户及同类业务平台对该行为予以知晓，也为用户选择平台提供了依据，可以作为引导用户流向的措施。这样做的作用在于：首先，市场中各类负外部性行为的公示将为用户选择继续使用或离开某平台提供依据，在网络外部性下，会形成负外部性行为企业对用户快速流失的担忧，提高威慑的可信性；其次，信息公开机制的长期实施，可以以建立声誉机制的方式促进企业提供高质量的服务，减少负外部性行为；再次，在同类业务平台企业之间进行公示，实则为各类平台企业扩大用户规模提供了机遇，重新激发了平台市场的竞争活力，形成了对平台企业提供高质量服务的潜在激励；最后，以传统治理形成相互补充的治理方式，既保证了当前对违规平台企业治理的时效性，随着公示信息的积累，也会以一种预期的形式，对平台企业未来行为起到约束作用——约束未来可能产生的负外部性，这也是威慑式治理的理想效果。

12.6.4 进一步讨论：平台市场的分层治理体系

用户的流动必然导致市场结构的变化。这就要求从更广泛的角度考虑应该采取怎样的治理体系——既要约束各类平台企业负外部性行为，又要发挥平台经济的市场效率。前文指出，以“外松内严”的治理框架可以在发挥平台经济提升资源配置效率等优势的同时，对平台企业的负外部性行为予以约束，这实际上要求形成一种分层式的治理体系，如图 12－7 所示。

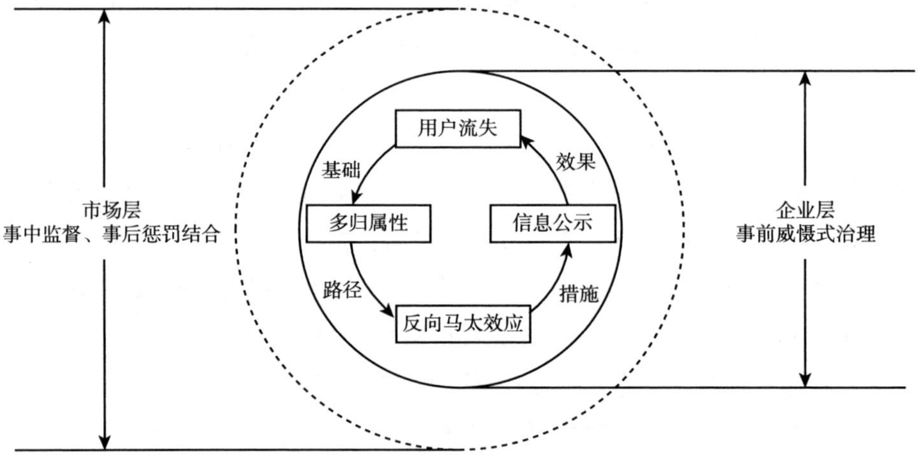

图 12－7 平台分层治理体系框架

治理分层的主要原因是“市场”与“企业”在治理思路方面的差异。“市场层”侧重市场运行过程，是平台经济发挥积极作用的场所，总体上可以采取包容宽松的态度，营造适合创新型产业发展的相对宽松环境，在具体的治理过程中，围绕经营者集中问题，重视事中监督和事后惩罚。事实上，出于支持数字经济发展的初衷，在宏观监管环境的构建上，很长一段时间内，中国也采取了相似的政策取向。当我们回顾平台经济领域的一些反垄断案例时，会发现处罚方式大部分为事后罚款、警告、约谈或是无条件批准，如携程与艺龙的合并、支付宝收购 Ascned Namo 和 True Money，均未形成严厉的处罚结果。与之相对地，“企业层”的主要治理对象是负外部性行为，作为市场的微观主体，在实践中产生的问题多样且复杂，难以预判且损害巨大，因此，平台企业的行为治理应相对谨慎，本研究提出应以事前威慑进行约束。同时，本研究的仿真结果表明，“威慑式治理”在具有高集中度的市场结构中，威慑的可信度更高，说明“威慑式治理”与平台经济的市场结构有较高的契合性。“市场层”与“企业层”的不同治理思路有机结合所形成的分层治理体系，涵盖了治理过程中事前、事中、事后各个时点，可以平衡平台经济中“效率”和“规范”的关系。

参 考 文 献

[1] 白让让．平台产业反垄断规制的执法范式、困境和新趋势——基于“谷歌购物案”的研究述评［J］．财经问题研究，2020（11）：42－50.

[2] 白让让．竞争政策执法：保护还是抑制企业创新？——“谷歌比较购物案”引发的理论分歧及对中国的启示［J］．人文杂志，2020（12）：25－35.

[3] 白让让．我国经营者集中的反垄断审查与执法者的“行为性救济”偏好分析——兼论专利密集领域的执法困境［J］．经济研究，2019，54（2）：166－181.

[4] 蔡宁，王节祥，杨大鹏．产业融合背景下平台包络战略选择与竞争优势构建——基于浙报传媒的案例研究［J］．中国工业经济，2015（5）：96－109.

[5] 陈林，张家才．数字时代中的相关市场理论：从单边市场到双边市场［J］．财经研究，2020，46（3）：109－123.

[6] 陈甬军，周末．市场势力与规模效应的直接测度——运用新产业组织实证方法对中国钢铁产业的研究［J］．中国工业经济，2009（11）：45－55.

[7] 陈永伟．平台反垄断问题再思考：“企业－市场二重性”视角的分析［J］．竞争政策研究，2018（5）：25－34.

[8] 董媛媛，魏泽鹏．跨界双元搜索对双元创新绩效的影响——知识合作链与战略柔性整合视角［J］．科技进步与对策，2021，38（22）：124－131.

[9] 范林凯，夏大慰．图卢兹学派对产业组织及规制理论的贡献［J］．经济学动态，2015（2）：120－129.

[10] 方兴东，严峰．浅析超级网络平台的演进及其治理困境与相关政策

建议——如何破解网络时代第一治理难题［J］. 汕头大学学报（人文社会科学版），2017，33（7）：41－51.

［11］冯丽，李海舰. 从竞争范式到垄断范式［J］. 中国工业经济，2003（9）：14－22.

［12］傅瑜，隋广军，赵子乐. 单寡头竞争性垄断：新型市场结构理论构建——基于互联网平台企业的考察［J］. 中国工业经济，2014（1）：140－152.

［13］韩慧莹. 结构性与行为性救济措施的比较分析［J］. 新疆社会科学，2014（3）：112－115.

［14］胡岗岚，卢向华，黄丽华. 电子商务生态系统及其演化路径［J］. 经济管理，2009（6）：110－116.

［15］华忆昕，许恒，马清. 网约车平台公司并购的福利效应研究［J］. 财贸研究，2020，31（9）：88－98.

［16］贾开. "实验主义治理理论"视角下互联网平台公司的反垄断规制：困境与破局［J］. 财经法学，2015（5）：117－125.

［17］姜奇平. 论互联网领域反垄断的特殊性——从"新垄断竞争"市场结构与二元产权结构看相关市场二重性［J］. 中国工商管理研究，2013（4）：12－14.

［18］荆文君. 互联网行业垄断会阻碍创新吗？——兼论熊彼特假说争论的新解释视角［J］. 财经问题研究，2021（7）：44－56.

［19］荆文君，刘倩，孙宝文. 数字技术赋能经济高质量发展：一种改进的"技术－经济"分析范式［J］. 电子政务，2023（10）：2－13.

［20］荆文君，刘璇，何毅. 跨界经营行为会削弱大型平台企业的竞争优势吗［J］. 财贸经济，2022，43（11）：156－172.

［21］荆文君，孙宝文. 数字经济促进经济高质量发展：一个理论分析框架［J］. 经济学家，2019（2）：66－73.

［22］李丹，吴祖宏. 产业组织理论渊源、主要流派及新发展［J］. 河北经贸大学学报，2005，26（3）：48－55.

［23］李广乾，陶涛. 电子商务平台生态化与平台治理政策［J］. 管理世界，2018，34（6）：104－109.

[24] 李海舰，原磊．论无边界企业［J］．中国工业经济，2005（4）：94－102.
[25] 李怀，高良谋．新经济的冲击与竞争性垄断市场结构的出现——观察微软案例的一个理论框架［J］．经济研究，2001（10）：29－37.
[26] 李勇坚，夏杰长．数字经济背景下超级平台双轮垄断的潜在风险与防范策略［J］．改革，2020（8）：58－67.
[27] 李元旭，胡亚飞．新兴市场企业的跨界整合战略：研究述评与展望［J］．外国经济与管理，2021，43（10）：85－102.
[28] 刘继峰．我国互联网平台反垄断制度的立法模式选择［J］．价格理论与实践，2021（1）：53－59.
[29] 刘满凤，李圣宏．基于三阶段 DEA 模型的我国高新技术开发区创新效率研究［J］．管理评论，2016，28（1）：42－52.
[30] 卢安文，王艳．互联网信息服务业竞争行为演化博弈及监管研究——基于产品附随扩散的视角［J］．图书馆学研究，2018（18）：72－81＋71.
[31] 鲁彦，曲创．互联网平台跨界竞争与监管对策研究［J］．山东社会科学，2019（6）：112－117.
[32] 鲁彦，曲创．用户迁移、单边锁定与市场进入［J］．当代财经，2016（5）：98－107.
[33] 罗文．互联网产业创新系统及其运行机制［J］．北京理工大学学报：社会科学版，2015，17（1）：62－69.
[34] 马琳，金淳，霍云福，胡祥培．基于网络效应的多服务平台包络进入与对策研究［J］．系统工程学报，2019，34（6）：736－747.
[35] 欧阳日辉，荆文君．数字经济发展的“中国路径”：典型事实、内在逻辑与策略选择［J］．改革，2023（8）：26－41.
[36] 乔岳，魏建．波斯纳与佩尔兹曼对规制经济学的贡献［J］．经济学动态，2019（8）：148－160.
[37] 曲振涛，周正，周方召．网络外部性下的电子商务平台竞争与规制——基于双边市场理论的研究［J］．中国工业经济，2010（4）：120－129.
[38] 任剑新．反垄断经济学的新发展［J］．经济学动态，2004（4）：55－59.

[39] 苏治，荆文君，孙宝文．分层式垄断竞争：互联网行业市场结构特征研究——基于互联网平台类企业的分析［J］．管理世界，2018，34（4）：80－100，187－188.

[40] 孙宝文，荆文君，何毅．互联网行业反垄断管制必要性的再判断［J］．经济学动态，2017（7）：58－73.

[41] 孙震，徐欣祯，王勇．平台经营者合并的福利分析：市场定位与账户互通［J］．管理世界，2024，40（2）：117－142.

[42] 唐要家．数字平台反垄断的基本导向与体系创新［J］．经济学家，2021（5）：83－92.

[43] 王京．平台生态系统演化机理研究——以云制造产业为例［J］．中国软科学，2021（11）：29－35.

[44] 王兵，朱宁．不良贷款约束下的中国银行业全要素生产率增长研究［J］．经济研究，2011，46（5）：32－45，73.

[45] 汪旭晖，张其林．平台型网络市场“平台—政府”双元管理范式研究——基于阿里巴巴集团的案例分析［J］．中国工业经济，2015（3）：135－147.

[46] 王坤沂，张永峰，洪银兴．中国互联网平台市场垄断：形成逻辑、行为界定与政府规制［J］．财经科学，2021（10）：56－69.

[47] 王乐，王璐瑶，孙早．隐私侵犯经历对网络用户自我披露的影响机制［J］．系统工程理论与实践，2020（1）：79－92.

[48] 王俐，周向红．结构主义视阈下的互联网平台经济治理困境研究——以网约车为例［J］．江苏社会科学，2019（4）：76－85.

[49] 王晓晔．论电商平台“二选一”行为的法律规制［J］．现代法学，2020，42（3）：151－165.

[50] 王勇，冯骅．平台经济的双重监管：私人监管与公共监管［J］．经济学家，2017（11）：73－80.

[51] 吴德胜．网上交易中的私人秩序——社区、声誉与第三方中介［J］．经济学（季刊），2007（3）：859－884.

[52] 吴汉洪，周孝．双边平台横向并购的福利效应：基于文献的评论［J］．中国人民大学学报，2017，31（2）：146－156.

[53] 吴汉洪，王申．转换成本视角下互联网企业的创新竞争策略［J］．经济理论与经济管理，2019，339（3）：6－19.
[54] 吴瑶，肖静华，谢康．从价值提供到价值共创的营销转型——企业与消费者协同演化视角的双案例研究［J］．管理世界，2017（4）：146－165.
[55] 吴宗法，陈伟．互联网反垄断规制的难点及应对思路［J］．价格理论与实践，2016（6）：37－40.
[56] 夏德建，王勇，石国强．自建 VS. 并购：物流一体化竞争下的电商平台演化博弈［J］．中国管理科学，2020，28（4）：122－130.
[57] 肖红军，李平．平台型企业社会责任的生态化治理［J］．管理世界，2019，35（4）：120－144＋196.
[58] 谢富胜，吴越．平台竞争、三重垄断与金融融合［J］．经济学动态，2021（10）：34－47.
[59] 熊鸿儒．数字经济时代反垄断规制的主要挑战与国际经验［J］．经济纵横，2019（7）：83－92.
[60] 阳镇．平台型企业社会责任：边界、治理与评价［J］．经济学家，2018（5）：79－88.
[61] 许光耀．互联网产业中排他性交易行为的反垄断法分析方法［J］．中国应用法学，2020（1）：37－48.
[62] 杨东．论反垄断法的重构：应对数字经济的挑战［J］．中国法学，2020（3）：206－222.
[63] 杨汝岱．大数据与经济增长［J］．财经问题研究，2018（2）：10－13.
[64] 阳镇．平台型企业社会责任：边界、治理与评价［J］．经济学家，2018（5）：79－88.
[65] 于绯．互联网寡头垄断、创新惰性与道德法律思考——以腾讯和 360 的纷争为例［J］．生产力研究，2012（2）：121－122.
[66] 赵艺璇，成琼文，郭波武．创新生态系统情境下核心企业跨界扩张的实现机制——社会嵌入视角的纵向单案例分析［J/OL］．南开管理评论：2021（3）1－23.
[67] 张广亚，周围．规制“二选一”行为的反垄断法适用［J］．中国应

用法学，2020（2）：119－132.
［68］张小宁．平台战略研究评述及展望［J］．经济管理，2014，36（3）：190－199.
［69］张昕蔚．数字经济条件下的创新模式演化研究［J］．经济学家，2019（7）：32－39.
［70］张一进，高良谋．基于价值传递的平台企业生态位测度研究——以电子商务行业为例［J］．管理评论，2019，31（9）：116－123.
［71］郑称德，于笑丰，杨雪等．平台治理的国外研究综述［J］．南京邮电大学学报（社会科学版），2016，18（3）：26－41.
［72］郑小碧，孙晓雨．领导企业跨界融合、多边平台构建与产业集群技术创新［J］．产业经济评论，2021（6）：101－113.
［73］朱战威．重识"垄断"：基于经济学与法学的分歧［J］．竞争法律与政策评论，2019，5（9）：80－93.
［74］Acquisti A，Varian H R. Conditioning Prices on Purchase History［J］. *Marketing Science*，2005，24（3）：367－381.
［75］Adams P C. Grouped：How Small Groups of Friends are the Key to Influence on the Social Web［R］. New Riders，2012.
［76］Adner，R. Ecosystem as Structure［J］，*Journal of Management*，2017，43（1）：39－58.
［77］Aghion P，Bolton P，Tirole J. Exit Options in Corporate Finance：Liquidity versus Incentives［J］. *Review of Finance*，2004，8（3）：327－353.
［78］Aldrich H，Herker D. Boundary Spanning Roles and Organization Structure［J］. *Academy of management review*，1977，2（2）：217－230.
［79］Amelio A，Jullien B. Tying and Freebies in Two－Sided Markets［J］. *International Journal of Industrial Organization*，2012，30（5）：436－446.
［80］Armstrong，M. Competition in Two－sided Markets［J］. *RAND Journal of Economics*，2006（37）：668－691.
［81］Armstrong，M.，& Wright，J. Two－sided Markets，Competitive Bottlenecks and Exclusive Contracts［J］. *Economic Theory*，2007（32）：353－380.

[82] Arthur, W. B. Competing Technologies, Increasing Returns, and Lock - in by Historical Events [J]. *Economic Journal*, 1989 (99): 116 - 131.

[83] Atip Asvanund, Karen Clay, Ramayya Krishnan, Michael D. Smith. An Empirical Analysis of Network Externalities in Peer - to - Peer Music - Sharing Networks [J]. *Information Systems Research*, 2004, 15 (2): 155 - 174.

[84] Baumol W. J. Contestable Markets: An Uprising in the Theory of Industry Structure: Reply [J]. *American Economic Review*, 1986, 72 (1): 1 - 15.

[85] Bhuyan S. Visiting an Old Battleground in Empirical Industrial Organization: SCP versus NEIO [J]. *Physics Letters B*, 2014, 736 (3): 154 - 162.

[86] Bresnahan T F. New Modes of Competition [M] // Competition, Innovation and the Microsoft Monopoly: Antitrust in the Digital Marketplace. Springer Netherlands, 1999.

[87] Bresnahan, T. & P. Reiss. Entry and Competition in Concentrated Market [J]. *Journal of Economic*, 1991 (99): 977 - 1009.

[88] Briscoe B, Odlyzko A, Tilly B. Metcalfe's Law is Wrong [J]. IEEE Spectrum, 2006 (7): 26 - 31.

[89] Cabral, L. Dynamic Price Competition with Nctwork Effects [J]. *Review of Economic Studies*, 2011, 78 (1): 83 - 111.

[90] Cabral, L. M., Salant, D. J., & Woroch, G. A. Monopoly Pricing with Network Externalities [J]. *International Journal of Industrial Organization*, 1999 (17): 199 - 214.

[91] Callander S, Matouschek N. The Novelty of Innovation: Competition, Disruption, and Antitrust Policy [J]. *Management Science*, 2022, 68 (1): 37 - 51.

[92] Candeub A. Behavioral Economics, Internet Search, and Antitrust [J]. *SSRN Electronic Journal*, 2014, 256 (4): 1515 - 1547.

[93] Cennamo, C., & Santalo, J. Platform Competition: Strategic Trade - offs in Platform Markets [J]. *Strategic Management Journal*, 2013 (34):

1331 - 1350.

[94] Cennamo C, H Ozalp, T Kretschmer. Platform Architecture and Quality Trade - Offs of Multihoming Complements [J]. *Information Systems Research*, 2018, 29 (2): 461 - 478.

[95] Chakravorti S, Roson R. Platform Competition in Two - sided Markets: The Case of Payment Networks [J]. Working Paper Series, 2004, 5 (1): 118 - 143.

[96] Chen K, E T Tse, Dynamic Platform Competition in Two - Sided Markets [J]. *Social Science Electronic Publishing*, 2008.

[97] Cohen - Almagor R. Internet History [J]. *International Journal of Technoethics*, 2011, 2 (2): 45 - 64.

[98] Choi J P. Tying in Two - Sided Markets with Multi - Homing [J]. *The Journal of Industrial Economics*, 2010, 58 (3): 607 - 626.

[99] Cohen - Almagor R. Internet History [J]. *International Journal of Technoethics*, 2011, 2 (2): 45 - 64.

[100] Comanor W. S, Leibenstein H. Allocative Efficiency, X - Efficiency and the Measurement of Welfare Losses [M]. Readings in Industrial Economics. Macmillan Education UK, 1982.

[101] Corts, K. S. , & Lederman, M. Software Exclusivity and the Scope of Indirect Network Effects in the US Home Video Game Market [J]. *International Journal of industrial Organization*, 2009 (27): 121 - 136.

[102] Csorba, G. , & Hahn, J. H. Functional Degradation and Asymmetric Network Effects [J]. *Journal of Industrial Economics*, 2006 (54): 253 - 268.

[103] David, P. A. Clio, the Economics of QWERTY [J]. *American Economic Review*, 1985 (75): 332 - 337.

[104] Dixit A. A Model of Duopoly Suggesting a Theory of Entry Barriers [J]. *Bell Journal of Economics*, 1979 (10): 20 - 32.

[105] Dixit A, Stiglitz J E. Monopolistic Competition and Optimum Product Diversity [J]. *American Economic Review*, 1977, 67 (67): 297 - 308.

[106] Dixit A, Stern N. Oligopoly and Welfare: A Unified Presentation with Applications to Trade and Development [J]. *European Economic Review*, 1982, 19 (1): 123 - 143.

[107] Dube J P, Hitsch G J, Rossi P E. Do Switching Costs Make Markets Less Competitive? [J]. *Journal of Marketing Research*, 2009, 46 (4): 435 - 445.

[108] Economides N, Katsamakas E. Two - Sided Competition of Proprietary vs. Open Source Technology Platforms and the Implications for the Software Industry [J]. *Management Science*, 2006, 52 (7): 1057 - 1071.

[109] Edelman, B. Does Google Leverage Market Power through Tying and Bundling? [J]. *Journal of Competition Law & Economics*, 2015, 11 (2): 365 - 400.

[110] Edlin A S, Harris R G. The Role of Switching Costs in Antitrust Analysis: A Comparison of Microsoft and Google [J]. *Yale Journal of Law & Technology*, 2013, 172 - 173, 177.

[111] Eisenmann, T., Parker, G., & Van Alstyne, M. Platform envelopment [J]. *Strategic Management Journal*, 2011 (32): 1270 - 1285.

[112] Evans D S, Noel MD. Defining Antitrust Markets When Firms Operate Two - Sided Platforms [J]. *Columbia Business Law Review*. 2005 (3): 667 - 702.

[113] Evans, D. S., and R. Schmalensee. Some Economic Aspects of Antitrust Analysis in Dynamically Competitive Industries [J]. *Innovation Policy & the Economy*, 2002, 2 (2): 1 - 49.

[114] Evans, D. S, and Schmalensee, R. The Antitrust Analysis of Multi - Sided Platform Businesses [J]. *NBER Working Paper*, 2013.

[115] Ezrachi A, Stucke M E. Artificial Intelligence & Collusion: When Computers Inhibit Competition [J]. *Social Science Electronic Publishing*. 2017 (5): 1776 - 1809.

[116] Farrell J, Saloner G. Standardization and variety [J]. *Economics Letters*, 1986, 20 (1): 71 - 74.

[117] Farrell, J., and M. L. Katz. Innovation, Rent Extraction, and Integration in Systems Markets [J]. *The Journal of Industrial Economics*, 2000, 48, (4): 413 -432.

[118] Filistrucchi L, Geradin D, Damme E V, et al. Market Definition in Two - Sided Markets: Theory and Practice [J]. Working Papers - Economics, 2013, 10 (2): 293 -339.

[119] Foerderer, J., Kude, T., Mithas, S., & Heinzl, A. Does Platform Owner's Entry Crowd out Innovation? Evidence from Google Photos [J]. *Information Systems Research*, 2018 (29): 444 -460.

[120] Gandal N, Mp A K, Rob R. The Dynamics of Technological Adoption in Hardware/Software Systems: The Case of Compact Disc Players [J]. *RAND Journal of Economics*, (31): 43 -61.

[121] Geringer J. M., Tallman S., Olsen D. M. Product and International Diversification among Japanese Multinational Firms [J]. *Strategic Management Journal*, 2000, 21 (1): 51 -80.

[122] Gifford D J, Kudrle R T. Antitrust Goals, Procedures, and Policies in the U. S. and the EU [J]. *Antitrust Bulletin*, 2017, 62 (2): 239 -253.

[123] Grewal, R. A. Chakravarty, and A. Saini. Governance Mechanisms in Business - to - Business Electronic Markets [J]. *Journal of Marketing*, 2010, 74, (4): 45 -62.

[124] Hagiu, A. Two - sided platforms: Product variety and pricing structures [J]. *Journal of Economics & Management Strategy*, 2009 (18): 1011 -1043.

[125] Hagiu, A., & Spulber, D. First - party Content and Coordination in Two - sided Markets [J]. *Management Science*, 2013 (59): 933 -949.

[126] Hagiu, A., & Wright, J. Multi - sided Platforms [J]. *International Journal of Industrial Organization*, 2015 (43): 162 -174.

[127] Hall R E. The Relation Between Price and Marginal Cost in U. S. Industry [J]. *Journal of Political Economy*, 1988, 96 (5): 921 -947.

[128] Hannan M. T., Freeman J. Structural Intria and Organizational Change

[J]. *American Sociological Review*, 1977, 49 (2): 147 - 161.

[129] Harberger A C. Monopoly and Resource Allocation [J]. *American Economic Review*, 1954 (44): 77 - 87.

[130] Hauser, J. R., Liberali G., and Urban, G. L. Website Morphing 2.0: Switching Costs, Partial Exposure, Random Exit, and When to Morph [J]. *Management Science*, Strategic Management, 2014, 60 (6): 1594 - 1616.

[131] Helfat C E, Raubitschek R S. Dynamic and Integrative Capabilities for Profiting from Innovation in Digital Platform - based Ecosystems [J]. *Research policy*, 2018, 47 (8): 1391 - 1399.

[132] Hertog J D. The Policy of Deregulation in the Netherlands [J]. *European Economic Review*, 1996, 40 (3 - 5): 979 - 987.

[133] Ho S C, W Y Sun, Y M Wang. Investigation of Factors Influencing the Adoption of Mobile Data Services [C]. Proceedings of the 13th International Conference on Electronic Commerce, 2011.

[134] Hoberg, G., Phillips, G. Text - Based Network Industries and Endogenous Product Differentiation [J]. *Journal of Political Economy*, 2016, 124 (5): 1423 - 1465.

[135] Hovenkamp H J. Markets in IP and Antitrust [J]. *SSRN Electronic Journal*, 2012, 100 (6): 2133 - 2158.

[136] Hovenkamp H J. Antitrust and Information Technologies [J]. *Florida Law Review*, 2017, 68 (2): 419 - 465.

[137] Jacobides, M. G., Cennamo C., Gawer A. Towards a Theory of Ecosystems [J]. *Strategic Management Journal* (39): 2255 - 2276.

[138] Jacobides, M. G., Knudsen, T., & Augier, M. Benefiting from Innovation: Value Creation, Value Appropriation and the Role of Industry Architectures [J]. *Research Policy*, 2006 (35): 1200 - 1221.

[139] Jacobides, M. G., MacDuffie, J. P., & Tae, C. J. Agency, Structure, and the Dominance of OEMs: Change and Stability in the Automotive Sector [J]. *Strategic Management Journal*, 2016 (37): 1942 - 1967.

[140] Jahan H. Hassan M, Das S K. A Brinkmanship Game Theory Model for Competitive Wireless Networking Environment [C]. The 35th Annual IEEE Conference on Local Computer Networks, LCN, 10 - 14 October 2010.

[141] Katsamakas, E., & Xin, M. An Economic Analysis of Enterprise Adoption of Open Source Software [J]. *Working Papers*, 2005.

[142] Katz, M. L., & Shapiro, C. Network Externalities, Competition, and Compatibility [J]. *American Economic Review*, 1985 (75): 424 - 440.

[143] Katz, M. L., & Shapiro, C. Product Introduction with Network Externalities [J]. *Journal of Industrial Economics*, 1992 (40): 55 - 83.

[144] Katz, M. L., & Shapiro, C. Systems Competition and Network Effects [J]. *Journal of Economic Perspectives*, 1994 (8): 93 - 115.

[145] Katz, M. L., & Shapiro, C. Technology Adoption in the Presence of Network Externalities [J]. *Journal of Political Economy*, 1986 (94): 822 - 841.

[146] Klette T J. Market Power, Scale Economics and Productivity: Estimates from a Panel of Establishment Data [J]. *The Journal of Industrial Economics*, 1999, 47 (4): 451 - 476.

[147] Lancieri F, Sakowski P M. Competition in Digital Markets: A Review of Expert Reports [J]. *Stan. JL Bus. & Fin.*, 2021 (26): 65.

[148] Lee, R. S. Vertical Integration and Exclusivity in Platform and Two - sided Markets [J]. *American Economic Review*, 2013 (103): 2960 - 3000.

[149] Lerner, J., & Tirole, J.. Some Simple Economics of Open [J]. *Journal of Industrial Economics*, 2002, 50 (2): 197 - 234.

[150] Liebowitz S J, Stephen E. Margolis. Are Network Externalities a New Source of Market Failure? [J]. *Research in Law and Economics*, 1995 (17): 1 - 22.

[151] Liebowitz S J, Stephen E. Margolis. Should Technology Choice Be a Concern of Antitrust Policy? [J]. *Harvard Journal of Law & Technology*, 1996, 9 (2): 283 - 318.

[152] Mantena, R., R. Sankaranarayanan, and S. Viswanathan. Platform -

based Information Goods: The Economics of Exclusivity [J]. *Decision Support Systems*, 2011, (1): 79 - 92.

[153] Mantovani, A., & Ruiz - Aliseda, F. Equilibrium Innovation Ecosystems: The Dark Side of Collaborating with Complementors [J]. *Management Science*, 2016 (62): 534 - 549.

[154] Mcafee A, Brynjolfsson E. Big Data: The Management Revolution [J]. *Harvard Business Review*, 2012, 90 (10): 60 - 66.

[155] Oh D, HESHMATI A. A Sequential Malmquist - luenberger Productivity Index: Environmentally Sensitive Productivity Growth Considering the Progressive Nature of Technology [J]. *Energy Economics*, 2010, 32 (6): 1345 - 1355.

[156] Penrose E. the Theory of Growth of the Firm [M]. Oxford, Oxford University Press, 1995.

[157] Pianka, E. R. Niche Overlap and Diffuse Competition [J]. *Proceedings of the National Academy of Sciences*, 1974, 71 (5): 2141 - 2145.

[158] Posner R A. The Social Costs of Monopoly and Regulation [J]. *Journal of Political Economy*, 1975, 83 (83): 807 - 827.

[159] Prahalad C K, Ramaswamy V. Co - opting Customer Competence [J]. *Harvard Business Review*, 2000, 25 (1).

[160] Rietveld J, Schilling M A. Platform Competition: A Systematic and Interdisciplinary Review of the Literature [J]. *Journal of Management*, 2021, 47 (6): 1528 - 1563.

[161] Rochet, J. C., & Tirole, J. Platform Competition in Two - sided Markets [J]. *Journal of the European Economic Association*, 2003 (1): 990 - 1029.

[162] Rochet, J. C., & Tirole, J. Two - sided Markets: A Progress Report [J]. *RAND Journal of Economics*, 2006 (37): 645 - 667.

[163] Rysman M. Competition Between Networks: A Study of the Market for Yellow Pages [J]. *The Review of Economic Studies*, 2004, 71 (2): 483 - 512.

[164] Segal I R, Whinston M D. Exclusive Contracts and Protection of Investments [J]. *The RAND Journal of Economics*, 2000: 603 - 633.

[165] Scott, C. Private Regulation of the Public Sector: A Neglected Facet of Contemporary Governance [J]. *Journal of Law and Society*, 2002, 29 (1): 56 - 76.

[166] Shapiro, C. & H. R. Varian. Information Rules: A Strategic Guide to the Network Economy [M]. Harvard Business School Press, 1998.

[167] Sidak J G, David Teece. Dynamic Competition in Antitrust Law [J]. *Journal of Competition Law & Economics*, 2009, 5 (4): 581 - 631.

[168] Simonsohn U. Bay' s Crowded Evenings: Competition Neglect in Market Entry Decisions [J]. *Management Science*, 2010, 56 (7): 1060 - 1073.

[169] Shy, O. Technology Revolutions in the Presence of Network Externalities [J]. *International Journal of Industrial Organization*, 1996 (14): 785 - 800.

[170] Singh N. , X. Vives, Prices and Quantiy Competition in a Differentiated Duopoly [J]. *RAND Journal of Economics*, 1984 (15): 546 - 554.

[171] Simon H A. Altruism and Economics [J]. *Eastern Economic Journal*, 1992, 18 (1): 73 - 83.

[172] Spulber D F. Deregulating Telecommunications [J]. *Yale Journal on Regulation*, 1995 (12): 25 - 67.

[173] Spulber D F, Yoo C S. Antitrust, the Internet, and the Economics of Networks [J]. *Faculty Scholarship at Penn Law.* 2013, 4 (1): 568 - 610.

[174] Stucke M E, Grunes A P. Big Data and Competition Policy [M]. Oxford University Press. 2016.

[175] Taylor C R. Consumer Privacy and the Market for Customer Information [J]. *The RAND Journal of Economics*, 2004, 35 (4): 631 - 650.

[176] Tullock G. Welfare Costs of Tariffs, Monopolies and Theft [J]. *Economic Inquiry*, 1967, 5 (3), 224 - 232.

[177] Wen, W. , & Zhu, F. Threat of Platform - owner Entry and Complementor Responses: Evidence from the Mobile App Market [J]. *Strate-*

gic Management Journal, 2019 (40): 1336 - 1367.

[178] Whinston M D. Tying, Foreclosure, and Exclusion [J]. *The American Economic Review*, 1990, 80 (4): 837 - 859.

[179] White A, Weyl E. Imperfect Platform Competition: A General Framework [R]. *NET Institute Working Paper*, 2010, No. 10 - 17.

[180] Windrum, P. Leveraging Technological Externalities in Complex Technologies: Microsoft' s Exploitation of Standards in the Browser Wars [J]. *Research Policy*, 2004 (33): 385 - 394.

[181] Woroch G A, Warren - Boulton F R, Baseman KC. Exclusionary Behavior in the Market for Operating System Software: The Case of Microsoft [J]. *Opening Networks to Competition*, 1998, (27): 221 - 238.

[182] Xue L, Ray G, Whinston A. Strategic Investment in Switching Cost: An Integrated Customer Acquisition and Retention Perspective [M]. M. E. Sharpe, Inc. 2006.

[183] Yoo C S. When Antitrust Met Faceebook [J]. *George Mason Law Review*, 2012, 19 (5): 1147 - 1162.

[184] Zeidan R M, Resende M. Measuring Market Conduct in the Brazilian Cement Industry: A Dynamic Econometric Investigation [J]. *Review of Industrial Organization*, 2005, 34 (3): 231 - 244.

[185] Zuboff S. Big other: Surveillance Capitalism and the Prospects of an Information Civilization [J]. *Journal of Information Technology*, 2015, 30 (1): 75 - 89.

后　记

距离我的上一本专著《互联网平台企业的“垄断”现象与福利效应》出版已过去将近六年了。当时，书的后记中有这样一句话：“互联网经济学中值得研究的内容仍是一片蓝海，值得进行更广泛与深入的讨论。”果然，近年来学界关于平台经济垄断与竞争问题的讨论持续升温，高质量的研究成果层出不穷。作者虽一直深耕此领域，但在如此活跃的研究氛围中，难免相形见绌。但作者最终还是决定将这些年相关研究成果集结成册并出版，作者的“勇气”可能来自于两个方面：一是相对自己这些年的研究做一个总结，形成一个哪怕有些自我感动因素充斥其中的里程碑；二是书中提到的这些新场景、新问题确实值得关注，并需要通过学术语言予以解释。

正因为本书的问题导向十分明显，读者读后可能会有一种感觉，书中的分析框架似乎没有严格遵照已有的经济学范式。事实上，作者在进行相关研究的时候也很苦恼——跨界竞争、数据参与这些内容很难严格按照经典的理论或方法进行阐释。因此，作者“离经叛道”地尝试用资源视角、生态位理论、组态分析等跨学科思路，对平台经济中的新场景予以分析。同时，作者也尝试将分析结果“拉回”经济学范畴，尽量弥合“创新”与“规范”之间的隔阂。

本书得到国家社会科学基金项目（24BJY025）“平台跨界发展对市场效率的影响研究”；教育部人文社会科学研究规划基金项目（23YJA790037）：“数字平台的跨界竞争、市场势力传导与监管创新研究”的资助，感谢项目组织者对本书的大力支持！

不可否认，本书是一部众力所成的作品，感谢研究团队——刘璇、侯薇薇、王淋淋、池佳林、牛妍妮、黄冰虹、王俞琴、卢煜桢等在本书撰写过程中提供的帮助！

同时，本书能顺利地与读者见面，离不开中国财政经济出版社的大力支持，对此深表谢意！